T0209872

Printed in the United States
By Bookmasters

بسم الله الرحمن الرحيم

مراكز مصادر التعلم
والتكنولوجيا المُساعدة
للأطفال ذوي الإعاقة السمعية

محفوظة
جميع الحقوق

المملكة الأردنية الهاشمية
رقم الإيداع لدى دائرة المكتبة الوطنية
(٢٠٠٩ / ١٢ / ٥٣٧٣)

٣٧١,٩١٢
الفايز، فايزة فايز
مراكز مصادر التعلم والتكنولوجيا المساعدة للأطفال ذوي الإعاقة السمعية / فايزة فايز عبد الله الفايز _ عمان : دار الحامد ، ٢٠٠٩ .
(   ) ص .
ر. أ. : (٢٠٠٩ / ١٢ / ٥٣٧٣) .

❖ أعدت دائرة المكتبة الوطنية بيانات الفهرسة والتصنيف الأولية .
❖ يتحمل المؤلف كامل المسؤولية القانونية عن محتوى مصنفه ولا يعبّر هذا المصنف عن رأي دائرة المكتبة الوطنية أو أي جهة حكومية أخرى.

* (ردمك) ISBN ٩٧٨-٩٩٥٧-٣٢-٤٩١-٩

دار الحامد للنشر والتوزيع

شفا بدران - شارع العرب مقابل جامعة العلوم التطبيقية
هاتف: ٠٠٩٦٢-٥٢٣١٠٨١ فاكس : ٠٠٩٦٢-٥٢٣٥٥٩٤
ص.ب . (٣٦٦) الرمز البريدي : (١١٩٤١) عمان - الأردن

Site : www.daralhamed.net
E-mail : info@daralhamed.net
E-mail : daralhamed@yahoo.com
E-mail : dar_alhamed@hotmail.com

مراكز مصادر التعلم

والتكنولوجيا المُساعدة

للأطفال ذوي الإعاقة السمعية

الدكتورة

فايزة فايز عبد الله الفايز

دراسات عليا دكتوراه تكنولوجيا التعليم
لذوي الاحتياجات الخاصة- جامعة القاهرة

الطبعة الأولى

١٤٣١هـ - ٢٠١٠م

الحامد

إهداء

إلى من لها الفضل بعد الله عز وجل......

إلى من دفعتني إلى مزيد من الصبر والمثابرة والطموح

إلى فرحة قلبي ....

إلى صدر حمل همومي لأعوام

إلى أمي الحبيبة....

من علمتني بأنني خلقت للنجاح

بارك الله لها في عمرها وأبقاها لي فخرًا وذخرًا

إليها أهدي نتاج عملي هذا

المؤلفة

يناير 2010م

المحتويات

المقدمة

تعتبر الثروة البشرية من أغنى الثروات لدى الأمم، ومن ثم فليس غريباً أن تُعنى بها وتقوم على تربيتها وتوجيهها بأفضل الوسائل والأساليب الممكنة إلا أن الأفراد ذوي الإعاقة السمعية - وهم جزء يعتد به من هذه الثروة - ظلوا مهملين لفترة طويلة بدعاوي مختلفة منها أنهم غير قابلين للتعلم أو أن تعليمهم باهظ التكاليف حتى بدا حقهم في هذا التعليم كما لو كان من قبيل الإحسان عليهم.

وبما أن الأفراد ذوي الإعاقة السمعية جزء من المجتمع، لهم جميع الحقوق فيجب أن نعاملهم وفق قدراتهم وحاجاتهم، فالتربية الخاصة هي الخدمات التربوية الخاصة التي تقدم للأفراد ذوي الحاجات الخاصة وذلك حتى تصل بهم إلى أقصى أداء ممكن.

وبظهور المستحدثات التكنولوجية المرتبطة بمجال التعليم ظهرت مفاهيم جديدة في ميدان التعليم ارتبطت بالمستوى الإجرائي التنفيذي للممارسات التعليمية بصفة خاصة ومن هذه المستحدثات التعليم مراكز مصادر التعلم، باعتبارها بيئة تعليمية تعلمية متكاملة للتعلم النشط الفعال، والدراسة الفردية المستقلة والجماعية, ويشتمل على كافة مصادر التعلم المكتوبة والمسموعة والمرئية والملموسة والتفاعلية والالكترونية، ونظم الوسائط المتعددة, منظمة ومصنفة ومخزنة, بطريقة يسهل استرجاعها، وسرعة الحصول عليها، كما يوفر الإمكانيات والتسهيلات المناسبة التي تتيح للمتعلمين والمُعلمين فرص استخدام هذه المصادر والتفاعل معها, فرادى أو جماعات, بهدف تحقيق أهداف العملية التعليمية، وتحسين مهارات التعلم لدى المُتعلمين، وتطوير الأداء المهني لدى المُعلمين.

وقد حاول هذا الكتاب معالجة موضوع مصادر التعلم لأفراد ذوي الإعاقة السمعية، من خلال طرحه نموذجًا مُقترحًا في ضوء احتياجاتهم التعليمية، وقد جاءت فصول الكتاب على النحو التالي:

الفصل الأول: تعليم الصم وخصائصهم واحتياجاتهم التعليمية.

الفصل الثاني: مراكز مصادر التعلم .

الفصل الثالث: التكنولوجيا المساعدة للصُم.

الفصل الرابع: مركز مصادر التعلم للأطفال الصُم

وترجو المؤلفة من الله أن يكون هذا الكتاب عوناً للطلاب والباحثين على الدراسة والبحث، وما كان مـن صواب فمن الله، وما كان من خطأ فهذا طبيعة البشر، والله من وراء القصد.

الفصل الأول

تعليم الصم وخصائصهم واحتياجاتهم

- مفهوم الإعاقة السمعية (الصُم وضعاف السمع).
- تصنيفات الإعاقة السمعية.
- خصائص الصُم واحتياجاتهم التربوية.
- أساليب وطرق التواصل للأطفال الصُم.
- الاتجاهات المُعاصرة لأساليب تعليم الصُم.
- التصميم التعليمي للأطفال الصُم.
- خصائص البيئة الصفية لتعليم الصُم.
- خصائص وأدوار مُعلم الأطفال الصُم
- التجربة السعودية في مجال تعليم الصُم.

تعليم الصم

وخصائصهم واحتياجاتهم

تُعتبر حاسة السمع من أهم الحواس التي أنعم الله سبحانه وتعالى بها على بني البشر، فيقول عز من قائل (وَاللَّهُ أَخْرَجَكُمْ مِنْ بُطُونِ أُمَّهَاتِكُمْ لَا تَعْلَمُونَ شَيْئًا وَجَعَلَ لَكُمُ السَّمْعَ وَالْأَبْصَارَ وَالْأَفْئِدَةَ لَعَلَّكُمْ تَشْكُرُونَ) (النحل: الآية 78)، والمتأمل في هذه الآية الكريمة يتبين أن لدى الإنسان قوى مدركة، وأن من هذه القوى السمع أولاً ثم البصر ثم العقل.

مفهوم الإعاقة السمعية (ضعف السمع والصمم):

يُعد الفقدان السمعي من أشد أنواع الفقدان الحاسي الذي يُمكن أن يتعرض له الإنسان، نظرًا لما يترتب على الفقدان السمعي من عقبات، تتصل باكتساب اللغة والخبرات وتنميتها، والاتصال مع الآخرين، والتوافق مع البيئة، والقدرة على التعبير عن الحاجات والرغبات، ومشكلات اجتماعية وانفعالية وأكاديمية.

الإعاقة السمعية:

إن مصطلح الإعاقة السمعية مصطلح عام يُغطى مدى واسع من درجات فقدان السمع يتراوح بين الصمم أو الفقدان الشديد الذي يعوق عملية الكلام واللغة، والفقدان الخفيف الذي لا يعوق استخدام الأذن في فهم الحديث وتعلم الكلام واللغة، وتشمل الإعاقة السمعية كل من الصمم (Deafness) والضعف السمعي(Hard Of Hearing) ، ويتراوح مداها من فقد سمعي خفيف (Mild) مرورًا بفقد السمع المتوسط (moderate) وحتى فقدان السمع العميق (profoundly) .

واتفق كلاً من (أمل سويدان، منى الجزار، 2007)، (حسين التهامي،2006)، (مجدي عزيز، 2003)، (زينب شُقير، 2005)، (عبد الحافظ سلامة، 2001) على أن الإعاقة السمعية تتضمن الصمم الكلي والجزئي، فالطفل الأصم كليًا هو ذلك

الطفل الذي فقد مقدرته السمعية في السنوات الثلاث الأولى من عمره، ونتيجة لذلك لم يستطع اكتساب اللغة، ويطلق عليه الأصم الأبكم (deaf mute child)، أما الطفل الأصم جزئيًا فهو ذلك الطفل الذي فقد جزءًا من مقدرته السمعية، ومن ثم فهو يسمع عند درجة معينة، وينطق اللغة بمستوى يتناسب مع درجة إعاقته السمعية، إلى الحد الذي يجعلهم في حاجة لرعاية خاصة تختلف عن أساليب الرعاية التي يحتاجها العاديون من العمر نفسه، وتختلف درجة الرعاية ونوعها باختلاف درجة الفقدان السمعي.

وقد أشار كل من (علي حنفي، 2007)، (فاطمة عواد، 2005)، (زينب شُقير، 2005)، (مجدي عزيز، جمعة حمزة، 2006) إلى أن الإعاقة السمعية تتراوح في شدتها من الدرجات البسيطة والمتوسطة التي ينتج عنها ضعف سمعي إلى الدرجة الشديدة، التي ينتج عنها صمم. فالأطفال الصم، هم أولئك الأطفال الـذين فقدوا حاسة السمع منذ الولادة أو قبل سن سنتين (بداية تعلم اللغة)، وتكون عتبة السمع لـديهم أكثر من (70) ديسبل، وهم لا يكتسبون أية خبرات أو معارف إلا عن طريق الاتصال (التهجي الإصبعي، لغـة الإشارة، قراءة الشفاه، الاتصال الكلي). أما ضعاف السمع، فهم أولئك الأطفال الـذين فقدوا أجـزاءً مـن سمعهم، كما أنهم قادرون على فهم الكلام واللغة المنطوقة عـن طريق استخدام المعينـات السـمعية أو بدونها، وتكون عتبة سمعهم من (35-69) ديسبل. ويمكن تصنيف الأطفال ضعاف السمع إلى: الطفـل ضعيف السمع(15-20) ديسبل، أو بسيط (20-30) ديسبل، أو متوسط (35-65) ديسبل، وهـو يحتاج إلى تدريب مُبكر علـى الكلام باستخدام معينات سـمعية، أو فقدان كُلي (75ديسبل) لا يستفيد بالأجهزة السمعية التعويضية.

وحددت (نعيمة حسن، 2003) مجموعة من المُؤشرات السلوكية للطفل المُعـاق سمعيًا، أهمها: يُظهر حدة أثناء المُناقشات، وصعوبة في مهارات الاتصال والكلام والعجز عنه، وصعوبة في التركيـز والانتبـاه، الاعتماد على زملائه العاديين في أداء

المهام التعليمية، صعوبة المُشاركة في الأنشطة الشفوية، والشعور الزائد بالخجل والانسحاب مـن المواقف الاجتماعية.

وهناك قدر كبير من الخلط بين الأطفال الصم وضعاف السمع نتيجة الاختلاف في التخصص الذي ينتسب إليه واضع التصنيف. فالبعض ينظر (لضعيف السمع) على أنه ذلك الطفل الـذي أُصيب بالصمم بعـد أن تعلم الكلام وتكونت لديه حصيلة لغوية، بالرغم من أنه قد لا يكون قادرًا على سماع اللهجات أو الحديث حيث يُقال إن هذا الطفل عادي على خلاف الطفل الأصم فطريًا، الذي لم يحصل على الكلام بشكل طبيعي نسبيًا، ويبدو أن هذا التصنيف قد نظر للعملية الاتصالية من وجهة النظر الفسيولوجية والتعليميـة، بينما يزداد الموقف تعقيدًا إذا ما نظرنا إليها من اتجاه درجات فقدان السمع ووقت ظهـور الصمم، وفي هـذه الحالة نجد مصطلحات مثل الأصم والأبكم والصامت والأصم الصامت وشبه الأصم وشبه الصامت والأصم جزئيًا وغيرها - وفي الواقع أن هذه المصطلحات تكون ذات قيمة أيضًا عندما ننظر إليها مـن وجهـة النظر الفسيولوجية والتعليمية، بينما تكون مضللة في الجوانب الأخرى.

ومن ثم يُفرق (عصام نمر، أحمد درباس،2007) بين وجهـة النظر الطبيـة والتربويـة في تعريف المعـوق سمعيًا: فالوجهة الطبية تُعرفه بأنه ذلك الفرد الذي أُصيب جهازه السمعي بتلف أو خلل عضوي منعه من استخدامه في الحياة العامة بشكل طبيعي كسائر الأفراد العاديين. أما الوجهة التربويـة فتُعـرف المعـوق سمعيًا بأنه ذلك الشخص الذي لا يستطيع الاعتماد على حاسة السمع لتعلم اللغة أو الاستفادة من بـرامج التعليم المختلفة المقدمة للعاديين، وهو بحاجة إلى أساليب تعليميـة تعوضه حاسـة السـمع. وضعيـف السمع هو ذلك الشخص الذي يُعاني من فقدان في القدرة السمعية قد يمكنه تعويضها بالمعينات السـمعية وارتفاع شدة الصوت، ويُمكنه التعلم بالطريقة ذاتها التي يتعلم بها الأفراد السامعين بعد استخدام الأجهـزة التكنولوجية المُساعدة.

وبالنظر إلى تعريفات الإعاقة السمعية نجد أنها غالبًا تتفق على أنها فقدان سمعي نتيجة قصور أو إصابة الجهاز السمعي بتلف أو خلل عضوي وراثي أو مُكتسب، بحيث تتراوح درجات فقدان السمع بين الصمم أو الفقدان الشديد - أكثر من 70 ديسبل- الذي يعوق عملية الكلام واللغة والتعلم بالطريقة الطبيعية الخاصة بالعاديين السامعين، إلا باستخدام طرق الاتصال (التهجي الإصبعي، لغة الإشارة، قراءة الشفاه، الاتصال الكلي)، والفقدان الخفيف الذي لا يعوق استخدام الأذن في فهم الحديث وتعلم الكلام واللغة، باستخدام الأجهزة المُساعدة أو بدونها.

وأخيرًا يتضح أن الفرق بين الأصم وضعيف السمع ليس فرقًا في الدرجة، ذلك لأن الأصم هو الفرد الذي تتعذر عليه أن يستجيب استجابة تدل على فهم الكلام المسموع، بينما الفرد الذي يشكو ضعفًا في سمعه، في مقدرته أن يستجيب للكلام المسموع استجابة تدل إدراكه لما يدور حوله، بشرط أن يقع مصدر الصوت في حدود مقدرته السمعية. معنى هذا أن الشخص الأصم يُعانى عجزًا أو اختلالاً يحول بينه وبين الاستفادة في حاسة السمع فهي معطلة لديه. وهو لذلك لا يستطيع اكتساب اللغة بالطريقة العادية المنطوقة، على حين أن ضعاف السمع يعانون نقصًا في مقدرتهم السمعية، مما يؤثر تأثيرًا كبيرًا في اكتسابهم اللغة الاجتماعية المنطوقة، والأصم في قواه العقلية مثل الطفل العادي سواء بسواء، فإذا ما استطعنا أن نهب له عن طريق المعينات البصرية ونبدله بعالم الأصوات عالمًا بصريًا غنيًا يُفجر لديه الصور والمعاني، بلغنا من أمره ما يجعله كائنًا اجتماعيًا سويًا. والسبيل الوحيد إلى هذه الغاية هي سبيل التعليم، فالطفل الأصم أحوج الأطفال إلى ثقافة منظمة بصرية، إذ بها وحدها يستطيع أن يكتسب قدرة التعبير اللفظي وذلك بتدريبه منذ صغره على اللغة المنطوقة، وحركات الشفاه المستخدمة في نطق الحروف والكلمات المتداولة والجمل، بعد أن يمهد بتدريبه على إدراك الصلة بين الألفاظ ومعانيها التصويرية وشكل نطقها ومعانيها.

الضعف السمعي Hard of Hearing :

يُعرف (عبد المطلب القريطي، 2005) ضعيف السمع بأنه الفرد الذي لديه قصور سمعي أو بقايا سمع، ومع ذلك فإن حاسة السمع لديه تؤدي وظائفها بدرجة ما، ويمكنه تعلم الكلام واللغة، سواء باستخدام المعينات السمعية أو بدونها.

ويُعرف (يوسف التركي، 2005) ضعف السمع بأنه فقدان سمعي يجعل الفرد يواجه صعوبات في فهم الكلام بالاعتماد على حاسة السمع فقط، سواءً باستخدام المعينات السمعية أم بدونها.

وتُعرف (زينب شُقير، 2005) ضعيف السمع بأنه شخص يعاني من بعض المشكلات البسيطة في حاسة السمع يؤدي إلى قصور أو نقص في الاستفادة الكلية من حاسة السمع أي أنه يعاني من فقد جزئي في السمع ويمكنه الاستعانة بوسائل معاونة لتحقيق السمع لديه والتدريبات اللغوية والسمعية المناسبة، مما يجعله قادرًا على اكتساب اللغة والاستمتاع بالحياة والاندماج في مجتمع العاديين.

ويُعرف (أحمد نبوي، 2006) ضعاف السمع بأنهم الذين لديهم قصور في حاسة السمع بدرجة ما، وتتراوح درجة فقد السمع عندهم ما بين (35-70) ديسبل، ويمكنهم الاستجابة للكلام المسموع إذا وقع في حدود مقدرتهم السمعية باستخدام المعينات السمعية أو بدونها، ويحتاجون في تعليمهم إلى أساليب خاصة.

وبالنظر إلى تعريفات الضعف السمعي نجد أنها غالبًا تتفق على أن ضعاف السمع لديهم قدرات سمعية محدودة، يمكن تؤدي وظيفتها بدرجات متفاوتة ،إذا ما توفرت لديهم المُعينات سمعية، وهم بحاجة إلى أساليب خاصة بهم مع توفر البيئات والتصميمات التعليمية المناسبة لخصائصهم واحتياجاتهم المختلفة.

الصمم Deafness :

يُعرف (ديان براولى وآخرون ، 2000) الصمم بأنه ضعف سمعي شديد بحيث يؤدى هذا الضعف إلى عدم حصول الأصم على المعلومات اللغوية من خلال حاسة

السمع سواءً باستخدام المعينات السمعية أم بدونها، ويتراوح مدى هذا الحرمان في شدته من فقدان السمع الخفيف إلى فقدان السمع العميق.

وحددت منظمة الصحة العالمية للطفولة الطفل الأصم بأنه الطفل الذي وُلد فاقدًا لحاسة السمع إلى درجة تجعل الكلام المنطوق مُستحيلاً مع أو بدون المُعينات السمعية، وهو الطفل الذي فقد القدرة السمعية قبل الكلام أو الذي فقدها بمُجرد أن تعلم لدرجة أن آثار التعليم فقدت بسرعة فهو يُعاني عجزًا أو اختلالاً يحول بينه وبين الاستفادة من حاسة السمع لأنها مُعطلة لديه، ولذلك فهو لا يستطيع اكتساب اللغة بالطريقة العادية.

والصمم طبقًا لتعريف هيئة الأمم المُتحدة هو فقدان السمع الذي يتعدى(80) ديسبل، أو عدم القدرة على التعرف على الأصوات في حالة استخدام الأجهزة السمعية المُعينة بدون اللجوء إلى استخدام الحواس الأخرى للاتصال بالآخرين.

ويتفق كل من (أيمن مدكور،2006)، (أحمد نبوي، 2006)، (حسين التهامي، 2006)، (مجدي عزيز، جمعة حمزة، 2006)، (عبد المطلب القريطي، 2005)، (زينب شُقير، 2005)، (كمال زيتون، 2003) على تعريف الطفل الأصم: بأنه الفرد الذي لا يُمكنه الانتفاع بحاسة السمع في أغراض الحياة العادية سواءً من ولد فاقدًا للسمع تمامًا، أو بدرجة أعجزته عن الاعتماد على آذانه في فهم الكلام وتعلم اللغة والاتصال بالطرق المعتادة للأفراد العاديين، أو من أُصيب بالصمم في الطفولة المبُكرة، قبل سن الخامسة، قبل أن يكتسب الكلام واللغة، أو من أصيب بفقدان السمع بعد تعلم الكلام واللغة مباشرة لدرجة أن آثار هذا التعلم قد تلاشت تمامًا، مما يترتب عليه في جميع الأحوال افتقاد القدرة على الكلام وتعلم اللغة، وبحيث لا تقل درجة الفقدان السمعي عن (70-75) ديسبل إلى الحد الذي يحتاج معه لأساليب وطرق خاصة به للتواصل والتعلم والتدريب.

ويتفق كل من (مراد عيسى، وليد خليفة، 2007)، (يوسف التُركي، 2005)، (فتحية بطيخ، 2005) على تعريف الصمم بأنه حالة فقد السمع بصورة كلية.

نتيجة لأسباب وراثية أو مكتسبة من البيئة، مما يؤثر على تعلم اللغة، ويحُول دون الاعتماد على حاسة السمع في فهم الكلام سواءً باستخدام المُعينات السمعية أم بدونها، وقد يحدث الصمم في سن مبكرة وقبل تعلم الكلام، وبالتالي يكون مصحوبًا بإعاقة كلامية، وقد يحدث في سن متأخرة بعد تعلم الكلام، وهذا يقتصر أثره على عدم القدرة على فهم الكلام المسموع، وصعوبة في التعبير عن الأفكار بصورة مناسبة، بالإضافة إلى الحرمان من تعلم مفردات وكلمات جديدة.

ويتضح مما سبق وجود اتفاق بين التعاريف السابقة للطفل الأصم على:

- سبب فقد السمع فهو إما وراثي أو مُكتسب.
- ضرورة وجود تعديلات في العملية التعليمية بحيث يتمكن الأصم من تحصيل المادة الدراسية.
- تراوحت درجة فقدان السمع: بين فقد حاسة السمع نهائيًا أو جزئيًا.
- تراوحت التعديلات في العملية التعليمية: بين الحاجة إلى برامج تربوية تأهيلية واستخدام طرق وأساليب تخاطب مناسبة، ووجود تعديلات في الإجراءات التعليمية كلها بما يتلاءم مع طبيعة الطفل الأصم وتعديلات في أساليب الاتصال الخاصة بالصُم.

تصنيفات الإعاقة السمعية:

صنف الكثير من الأدبيات الإعاقة السمعية إلى:

أولاً: تصنيف الإعاقة السمعية وفقًا **للعمر الذي حدثت فيه الإعاقة**؛ وينقسم إلى:

- **الصمم ما قبل اللغوي** (lingual deafness)، أو الصمم الولادي ويُشير إلى الأطفال الذين فقدوا قدرتهم السمعية منذ الولادة أو قبل اكتساب اللغة، أي قبل سن الثالثة، وتتصف هذه الفئة بعدم مقدرتها على الكلام لأنها لم تسمع اللغة المنطوقة.

- **الصمم بعد اللغوي** (post-lingual deafness): وُيشـير إلى الأطفـال فقـدوا مقـدرتهم السـمعية بعـد اكتسابهم اللغة، وتتصف هذه الفئة بمقدرتها على الكلام؛ لأنها سمعت اللغة المنطوقة من قبل.

ثانيًا: التصنيف تبعًا **لطبيعة الإعاقة السمعية**؛ ويُقسم إلى:

- **ضـعف سمع توصيلي** (conductive hearing loss): ويحـدث نتيجـة إعاقـة توصـيل الصـوت إلى الأذن الداخلية، بسبب مرض بالأذن الخارجية أو الوسطى أو كليهما، نتيجة التهاب الجهاز التنفسي العلـوي، أو نتيجة عيب وراثي ينشأ عنه تصلب عظمة الركاب.

- **ضعف السمع النفسي** (psychological impairment hearing): ويحدث نتيجـة وجود اضطرابات نفسـيه تحويلية أو حالات هستيرية، مع وجود جهاز سمعي سليم، وتحتاج هذه الحالة إلى علاج نفسي.

- **ضعف السمع الحسي ـ العصبي** (sensor neural hearing loss): يحـدث نتيجـة تلـف جـزئي أو كُلي بالعصب السمعي أو مراكز السمع بالمخ أو الخلايا الحسية بالأذن الداخلية نتيجـة لأسـباب وراثيـة أو نقص الأكسجين أثناء الولادة، أو الحصبة الألمانية. ويُعاني المصاب بهذا النوع بضعف في تمييـز الأحـرف والكلام، وحساسية عالية للأصوات العالية. ويُصعب علاجه إلا في حدود ضيقة.

- **ضعف السمع المُختلط** (mixed hearing loss): وهـو يجمع بين نـوعي الضـعف السـمعي التوصـيلي والحسي عصبي.

- **ضعف السمع المركزي** (central hearing loss): وهو ناتج عن منع تحويل الصـوت مـن جـذع المُخ إلى المراكز السمعية في المخ نتيجة وجود أورام أو جلطات في المخ أو نتيجة لعوامل وراثية.

ثالثًا: التصنيف تبعًا **لدرجة الضعف السمعي**؛ وينقسم إلى:

- **الضعف السمعي الخفيف جدًا** (hearing impairment) وتتراوح درجة الضعف السمعي بـين (20-40) ديسبل.

- **الضعف السمعي البسيط** (mild hearing impairment) وتتراوح درجة الضعف السمعي بـين (41-55) ديسبل.

- **الضعف السمعي المتوسط** (moderate hearing impairment) وتتراوح درجـة الضـعف السـمعي بـين (56-70) ديسبل.

- **الضعف السمعي الشديد** (sever hearing impairment) وتتراوح درجة الضعف السمعي بـين (71-90) ديسبل.

- **الضعف السمعي الشديد جدًا** (profoundly hearing impairment) وتزيد درجة الضعف السمعي عـن (90) ديسبل.

خصائص الأطفال الصُم:

نظرًا للاختلافات في أنواع الإعاقة السمعية ومسبباته، والظروف البيئية المحيطة بـذوي الإعاقـة السـمعية مثل: الاتجاهات الأسرية والاجتماعية وطبيعة الخدمات التربوية والتأهيلية والاجتماعيـة والنفسـية التـي تقدم لهم، فإنه من الصعب تحديد خصائص معينة يمكن أن يندرج تحتها جميـع ذوي الإعاقـة السـمعية، وقد أشارت الكثير من الأدبيات في مجال التربية الخاصة إلى أن الأطفـال الصُم وضعاف السـمع يتسـمون بمجموعة من الخصائص الجسمية والانفعالية والعقلية والأكاديمية واللغوية التي تميـزهم عـن الأطفـال العاديين، يمكن تناولها على النحو التالي:

أولاً: الخصائص الجسمية للصُم:

أشار الكثير من الآراء فيما يتعلق بالخصائص الجسمية للأصم إلى عـدم وجود فروق جوهريـة بينـه وبـين الشخص العادي في خصائص النمو الجسمي ومراحله وحاجاته (باستثناء حاسة السمع)، ويُلاحـظ انخفـاض مستوى الأداء الحركي من حيث

التنسيق والإدراك الحركي البصري لدى الأصم؛ نتيجة لوجود بعض القيود على النمو الحركي له، وضعف التغذية الراجعة السمعية، مما يؤدي وجود حركات جسمية خاطئة.

بالإضافة إلى نشاط حركي كبير عند ممارسته للخبرات التربوية المختلفة، ويتميز النشاط الحركي للأصم عامة بالجمود والعنف والاندماج، وضعف التوافق بين حركتي الأيدي والأرجل عند المشي، وذلك لعدم سماعه تشجيع الآخرين له، وعدم سماعه لصوت قدميه، مما يجعله لا يعرف مدى صحة مشيته، ويُحدث الأصم في بعض الأحيان أصواتًا عند تناول الطعام أو مضغه أو عند تناول أي شراب أو استعمال الملعقة، والجهاز التنفسي للأصم أقل مرونة، لذلك فهو أقل قدرة على التحكم في تدفق النفس والصوت، فنجد ارتفاعًا غير عادي للأصوات الصادرة منه أو انخفاضًا ضعيفًا جدًا لدرجة لا تكاد أن تسمع مقارنة بالشخص العادي، وذلك لعدم سماعه للآخرين وتقليدهم، كما أن حاسة الإيقاع لدى الأصم أقل نموًا أو تحسنًا، وجهاز النطق والكلام لديه أقل كفاءة مقارنة بالشخص العادي.

وتتطلب هذه الخصائص الجسمية توفر مجموعة مُتطلبات تربوية عند تصميم الخبرات التعليمية للصُم، وذلك على النحو التالي:

- تصميم مجموعة من الخبرات التي تستغل النشاط الحركي للأصم.
- استغلال جميع الحواس السليمة، وبالأخص حاسة البصر، وذلك بالاستعانة بالكثير من الوسائط التعليمية والتنوع فيها قدر الإمكان.
- مشاركة الأصم في الكثير من التدريبات التي تهدف إلى تدريب اللسان والشفاه، لإمكان السيطرة والتحكم فيها.
- التدريب على النفس السليم لتنشيط العضلات الصوتية.
- مساعدة الأصم في تقبل التغيرات التي تطرأ عليه نتيجة لنموه الجسمي.
- تشجيع الأصم على ممارسة العمل اليدوي وأنشطة اللعب الهادف.

- التعامل مع الأصم برفق ولين، فذلك يساعد في بعده عن العنف والجمود الذي يتسم به نشاطه الحركي.

ثانياً: الخصائص العقلية للصُم:

تضاربت نتائج البحوث بشأن ذكاء الصُم، حيث كشفت بعض منها عن أن مستوى ذكاء الصُم يقل عن مستوى ذكاء العاديين بحوالي (10-15) نقطة، بينما كشف بعضها الآخر عن عدم وجود فروق في الذكاء بين الصُم والعاديين، وكشف نتائج ثالثة عن أن معدل ذكاء الصُم يقل عن متوسط أقرانهم العاديين، لكنه قابل للتحسن بالتدريب. ومن ثم ُوجدت ثلاث وجهات نظر فيما يتعلق بذكاء الأصم وقدراته العقلية واستعداداته:

- وجهة النظر الأولى هي: هناك علاقة ارتباطية بين شدة الصمم وتدني مستوى القدرات العقلية والذكاء، فالصمم له تأثيره المباشر والواضح على القدرات العقلية والذكاء، لذلك فالأصم لابد أن يكون متخلفًا عقليًا. لهذا فالأصم أقل ذكاء من قرينه العادي بحوالي (10) نقاط على مقاييس الذكاء؛ وقد أشار (أحمد نبوي، 2006) إلى انخفاض قدرة الأصم على تركيز الانتباه وكثرة نسيانه، كما أشارت دراسة (عبد الغفار الدماطي، 2002) إلى وجود فروق بين العاديين والصم في اختبارات الذكاء المُقننة.
- أما وجهة النظر الثانية: هي على النقيض من وجهة النظر الأولى، حيث ترى أن الصمم ليس سببًا رئيسًا للتخلف العقلي، فقد يكون الأصم متخلفًا عقليًا، ولكن هذا التخلف العقلي لا يكون بسبب الصمم نفسه، ويُرجع أصحاب هذا الرأي هذه الاختلافات في اختبارات الذكاء إلى طبيعة الاختبار المستخدم، حيث أن معظم الاختبارات التي تستخدم لقياس الذكاء اختبارات لفظية، وهذا لا يتناسب مع طبيعة الأصم، وقد أشارت دراسة (على عبد النبي،2003) إلى أن الإصابة بالصمم لا تتضمن بالضرورة التخلف العقلي، ولا توجد علاقة مباشرة بين الصمم والذكاء.

- أما وجهة النظر الثالثة، فتحاول الدمج أو التوافق بين وجهتي النظر الأولى والثانية، حيث ترى أن الصمم قد يؤثر في القدرات العقلية للأصم، فقد يتأخر نمو بعض قدراته العقلية عن معدلها الطبيعي، لكن هذا التأخر لا يؤدي إلى التخلف العقلي أو تدني مستوى الذكاء لديه، كما أن تدريب العمليات العقلية وتعليم اللغة للأصم في وقت مبكر من عمره ووفقًا لبرامج تربوية خاصة يؤدي إلى النمو العقلي الطبيعي له.

ويتسم الطفل الأصم بمجموعة خصائص عقلية معرفية، أهمها: سرعة النسيان، قلة التركيز، صعوبة في إدراك المُثيرات اللفظية المجردة والرمزية، تباين كبير في سرعة التعلم، انخفاض مستوى الدافعية لمواصلة التعلم لفترات طويلة، تأخر في النمو اللغوي يؤثر سلبًا على التحصيل الدراسي، كما أن كثيراً من الصُم يقرأ الصحيفة ولا يفهم معناها، لأن ثروته اللغوية محدودة، وعندما يكتب، يكتب بطريقة مبسطة وبلغة غير سليمة، والاستنتاج الخاطئ لكثير من الأمور. فمثلاً لا يعرف الصُم مرادفات الكلمة التي تحمل نفس المعنى والتي لها رمز أو صورة ذهنية بذاكرته، فمثلاً لا يفرق كثير من الصُم بين كلمة "علم" بفتح العين وبين كلمة "علم" بكسر العين ويفهمها حسب الرمز الذي حفظه في ذاكرته.

وتتطلب هذه الخصائص العقلية توفر مجموعة مُتطلبات تربوية عند تصميم الخبرات التعليمية للصُم، وذلك على النحو التالي:

- تحقيق مبدأ التكرار المستمر، والتدرج في المعلومات التي تقدم للأطفال الصُم من المحسوس إلى المجرد، ومن البسيط إلى المركب، وربط الكلمات بمدلولاتها الحسية، استخدام الوسائط البصرية في توضيح المفاهيم المُجردة.
- مراعاة أنواع الذكاءات المُتعددة، بدلاً من التركيز على مستوى الذكاء.
- عدم الافتراض بأن الأطفال الصُم متخلفون عقليًا أو يعانون من تدني الذكاء.
- استخدام أسلوب التعليم الفردي، والتعلم الذاتي؛ لمراعاة الفروق الفردية بين الصُم.

- أن تكون سرعة التعليم للأصم بطيئة لزيادة تركيز انتباهه.
- عدم مقارنة الأصم بالطفل العادي، ومتابعة تقدمه وتحصيله بشكل مستمر.
- عدم الحكم على القدرات العقلية الصُم استنادًا على تحصيلهم الدراسي.
- تنوع وتعدد الاستراتيجيات المستخدمة في التدريس، مع التركيز على استخدام الوسائط التعليمية والتكنولوجية المساعدة المناسبة ذات المثيرات البصرية.
- تدريب الصُم على توظيف قدراتهم العقلية من خلال تنمية المفاهيم الأساسية.
- تنمية القدرات العقلية عن طريق ربطها بمهارات الحياة اليومية لتكون أكثر فعالية.

ثالثاً: الخصائص الاجتماعية للصُم:

يُعاني الطفل الأصم من ضعف النضج الاجتماعي نتيجة ضعف مقدرته على الاتصال مع الآخرين، ويعاني من الشعور بالخجل وفقدان الثقة بالنفس، وقد يرجع ذلك أساسًا إلى عوامل السياق البيئي المُحيط به، وخاصة أساليب التنشئة الوالدية، كما يُعاني من تدني مستوى التكيف الاجتماعي، ويميل الأصم إلى العزلة نتيجة لإحساسه بعدم المشاركة والانتماء إلى الأطفال الآخرين، ويُعاني من انخفاض القدرة على التكيف الاجتماعي، فهو غير قادر على تحمل المسئولية، ويعتمد بشكل كبير على أبويه وعلى من حوله، ويميل إلى ممارسة الأنشطة الفردية، وتجنب مواقف التفاعل الاجتماعي، والتقدير المنخفض للذات، نتيجة التعرض لمواقف الإهمال، وعدم القبول والسخرية من الآخرين، ويميل الأطفال الصُم للتفاعل مع بعضهم البعض على اعتبار أن المعاناة واحدة ومتشابهة، وهم يفعلون ذلك أكثر من أية فئة أخرى من فئات الإعاقة المختلفة، ربما بسبب حاجاتهم إلى التفاعل اجتماعيًا والشعور بالقبول من الأشخاص الآخرين.

وتتطلب هذه الخصائص الاجتماعية توفر مجموعة مُتطلبات تربوية عند تصميم الخبرات التعليمية للصُم، وذلك على النحو التالي:

- مشاركة الطفل الأصم لزملائه من خلال الخبرات الجماعية المتنوعة، كي يتم تنمية التوافق الاجتماعي لديه، والتعاون مع الآخرين.
- عدم المغالاة في إظهار العطف على الطفل الأصم، كي يعتمد على نفسه.
- تنمية الشعور لدى الأصم بوجوده والرغبة فيه، وتشجيعه على التعرف على الأشياء، واكتساب الخبرات الحسيه المتنوعة.
- العمل على تكوين علاقات طيبة سليمة بين الطفل الأصم وزملائه.
- التركيز على تدريب الصُم على المهارات الحياتية؛ لتسهيل دمجهم في المجتمع.
- تقبله لمن حوله في الأسرة، والمدرسة، والمجتمع؛ لتحقيق التوازن الانفعالي.
- شعور الأصم بالاستقلالية، والثقة بالنفس، واحترام حق الخصوصية له.
- عدم التدخل المتعسف في اختيار المجال المهني له.
- تعويد الطفل الأصم تحمل المسئولية، واتخاذ قراراته، وإبداء وجهات نظره.
- الاشتراك في الخدمة العامة، والخدمات الاجتماعية والبيئية.
- تكوين قيم سلوكية تتفق وقيم المجتمع وأخلاقياته الصحيحة.

رابعاً : الخصائص الانفعالية والسلوكية للصُم:

لا تُوجد اختلافات بين مكونات شخصية الأصم ومكونات شخصية العادي إلا فيما يترتب على أثر الصمم في انفعالات سلوك الأصم، وكذلك طبيعة الخدمات والرعاية الأسرية والتربوية التي توفر له. وهذا لا يعنى أن الصمم يقود بالضرورة إلى سوء التوافق النفسي، كما لا يعنى أن ثمة تأثيرًا محددًا قابلاً للتنبؤ لدى الصم.

ويتسم الطفل الأصم بمجموعة من الخصائص الانفعالية والسلوكية، أهمها: الخوف والقلق والتمرد والعصيان والهياج السريع وعدم الثبات الانفعالي، وضعف النضج العاطفي والشعور بالنقص، والميل إلى الاكتئاب والحزن الشديد، والتشاؤم، وكثرة البكاء، والاندفاعية والنشاط المفرط، والرغبة في التنكيل بالآخرين، وتوقيع الإيذاء بهم، وتدمير ممتلكاتهم وتملك أشيائهم، والخجل والجبن، والتبعية المفرطة للغير، وكثرة أحلام اليقظة، ويتصف الأصم بالعدوانية وعدم الطاعة للأوامر، وهو

أقل مبادرة وقيادة وتعاونًا مع الآخرين، ويميـل إلى الإشباع المبـاشر لحاجاتـه، وضـعف التوافـق النفسيـ والاجتماعي.

وتُشير (آمال جودة، 2007) إلى أن الصم من فئات الإعاقة الأكثر تأثرًا بما يُعاني منه المجتمع من ضـغوط، كما أنهم ينظرون إلى الحياة على أنها أقل جودة مما ينظر إليها الأفراد العاديون، وأقـل رفاهيـة، وبالتالي فهم أكثر إحساسًا بالوحدة النفسية، وأقل رضًا عن مكانتهم الاجتماعية، وأقل رضًا عـن مفهـومهم لـذاتهم، وأكثر شعورًا بالاكتئاب والقلق مقارنة بالأفراد العاديين.

وتتطلب هذه الخصائص الانفعالية توفر مجموعـة مُتطلبـات تربويـة عنـد تصميم الخبرات التعليميـة للصُم، وذلك على النحو التالي:

- إثارة الدافعية للتعلم لدى الصُم، من خلال توضيح أهمية التعليم بالنسبة لهم، بصياغة بعض المواقف الحياتية التي تبرز دور المعرفة والعلم في نجاح الصُم في التغلب على المشكلات التي قد تواجههم.
- العمل على إدخال الطمأنينة لنفس الأصم والأمان باستمرار أثناء التعامل معـه، حتى يـتم نـزع عامـل الخوف الذي يلازمه في جميع الأوقات.
- التعامل مع الأصم برفق، حتى ينتزع من نفسه أحاسيس القلق والقسوة والعدوان.
- العمل على أن يتقبل إعاقته، وأن ينظر إليها على أنها واقع لابد وأن يعيشه، وأنها لا يمكن أن تكـون عائقًا أمامه سواء في التكيف أو التعلم أو غيرهما.
- العمل على تكوين اتجاهات إيجابية لدى الصُم تجاه الأسرة، والمُعلمـين، والأفراد العاديين في المجتمـع الذي يعيشون فيه.
- مشاركة الأصم في الكثير من الأنشطة التعليمية والاجتماعيـة التـي تعتمـد عـلى اللعب الحـر التلقـائي الهادف، التي تكسبه الصفات السلوكية السليمة.
- توضيح النتائج التي تترتب على السلوكيات السليمة للأفراد والسلوكيات غـير السـليمة للأفراد، حتـى يعمل الأصم جاهدًا في إتباع السلوكيات السليمة والتخلي عن السلوكيات الغير سليمة.

- تهيئة البيئة المساعدة في التفاعل مع البيئة المحيطة من خلال الزيارات والرحلات.
- مراعاة عدم تعدد الأدوار التي يُمارسها الأصم إلا بصورة تدريجية بالمدرسة.

خامساً: الخصائص اللغوية للصُم:

يُعاني الطفل الأصم من تأخر النمو اللغوي عن أقرانه العاديين، كما يُعاني من قصور في مهارات الاستقبال والتعبير اللغوي، ويخطئ في وضع الكلمات في جمل، ويستخدم كلمات أولية بسيطة في وصف المضمون، بالإضافة إلى حرمانه من معرفة ردود أفعال الآخرين، وكذا افتقاره إلى التعزيزات (السمعية- اللفظية) التي يتمتع بها الشخص العادي، وقصور في اللغة المكتوبة والمقروءة.

ويُؤكد (عبد المطلب القريطي، 2005) على أن الافتقار إلى اللغة اللفظية وتأخر النمو اللغوي أخطر النتائج المُترتبة على الصم، فالأصم يعجز عن الكلام ويُصدر أصواتًا غير مفهومة، ولا يواصل مراحل النمو اللغوي لأسباب عدة، منها أنه: لا يستطيع سماع النماذج الكلامية واللغوية الصحيحة، ومن ثم لا يستطيع محاكاتها، لا يتلقى أية تغذية راجعة فيما يصدر عنه أو عن الآخرين من أصوات، كما يواجه الأصم صعوبات كبيرة في عملية الفهم القرائي، ويترتب على ذلك صعوبات في التحصيل الدراسي في جميع المواد الدراسية التي تعتمد على الفهم القرائي، ومن الممكن أن يؤدي إلى إعاقة النمو المعرفي والعقلي. ومن المحتمل أن يكون أحد الأسباب الرئيسة لتراجع مستوى القدرات القرائية والتحصيلية لدى الأصم عائدًا إلى وجود خلل في الانتباه والإدراك، وفي حالة اكتساب الأصم لأية مهارة لغوية فإن لغته تتصف -غالبًا- بكونها غير غنية بالمفردات والمعاني، كما يتصف كلامه بالبطء والنبرة غير العادية.

وتتطلب هذه الخصائص اللغوية توفر مجموعة مُتطلبات تربوية عند تصميم الخبرات التعليمية للصُم، وذلك على النحو التالي:

- مشاركة الأصم في الكثير من الأنشطة التي تتضمن التدريبات على نطق الكلام.
- عدم التحدث مع الأصم بلغة الإشارة فقط ولكن التحدث معه لفظيًا كلما أمكن.
- مشاركة الأصم لزملائه في الألعاب الجماعية، كي يكتسب القدرة على الاتصال
- ترجمة الأسئلة والأمثلة التي تتضمنها الخبرات الكمبيوترية إلى لغة الإشارة وقراءة الشفاه، بحيـث إذا أراد الأصم هذه الترجمة يتم الضغط على رمز"اليد" بجوار كل سؤال أو مثال، فيظهر له صورة للمُعلـم وهو يقوم بالترجمة.
- الاستعانة بالكثير من الوسائل التي تُخاطب الحواس الأخرى غير حاسة السمع، وبالأخص حاسة البصـر وذلك للاستفادة منها، وتعويض النقص في حاسة السمع.

سادساً: الخصائص الأكاديمية للصُم:

لا تقتصر الخصائص الأكاديمية للأصم على درجة الاستعداد للنجاح وطبيعته في الموضوعات الدراسية فحسب، بل تتعداها إلى كل ما هـو مـرتبط بالعمـل المـدرسي، مثـل: درجـة المشاركة في الأنشـطة الصفية واللاصفية، وطبيعة التفاعل مع المعلمين والزملاء. وقد اتفقت الكثير من الآراء على أن الخصائص الأكاديمية للأصم يمكن تحديدها فيما يلي:

- انخفاض مستوى تحصيل الأصم دراسيًا عـن أقرانـه العـاديين بحـوالي ثـلاث أو خمـس سـنوات، وذلـك الانخفاض يزداد بزيادة السن.
- نقص القدرة على التعاون، والتحدث والمناقشة مع الآخرين.
- صعوبة عملية الاتصال مع أقرانه العاديين.
- لا يستطيع التركيز لفترة طويلة.
- لا يستطيع تذكر الكلمات إلا إذا اكتسبها عن طريق البصر والإحساس.
- بطء معدل سرعة التعلم.

- وجود فروق فردية في التعلم بين الصُم أكثر من العاديين.
- سرعة النسيان، وعدم القدرة على ربط ما سبق دراسته من موضوعات سابقة مع بعضها البعض والموضوع الجديد، وتشتت الانتباه.
- وقد أوضحت دراسة سورسكي جيسكا (Swersky, J.,2006) أن الطلاب الصم يعانون من انخفاض مستوى القراءة والكتابة وأن أداء الطلاب الذين يستخدمون قوقعة الأذن يشبه أداء الطلاب الآخرين الصم.

ويتأثر أداء الصُم بشكل سلبي في مجالات التحصيل الأكاديمي، كالقراءة والعلوم والحساب نتيجة تأخر نموهم اللغوي، وتدني قدراتهم اللغوية، وتدني مستوى دافعيتهم، وضعف ملائمة طرق التدريس المتبعة.

وتتطلب هذه الخصائص الأكاديمية توفر مجموعة مُتطلبات تربوية عند تصميم الخبرات التعليمية للصُم، وذلك على النحو التالي:

- الاعتماد على إستراتيجية الاتصال الكلي، التي تستخدم فيها جميع الطرق (لغة الإشارة، قراءة الشفاه، أبجدية الأصابع،.....الخ)، فهذا يساعد على اتصال الأصم مع الآخرين والتعاون معهم، وعلى تقارب مستواه الأكاديمي معهم.
- الاعتماد بشكل أساسي على حاسة البصر، واستخدام الكثير من الوسائط البصرية.
- تصميم الخبرات الكمبيوترية بحيث تكون أكثر جاذبية، سواءً عن طريق الألوان أم الحركة أم الاثنين معًا، وهذا ما يسمى بالتعلم البصري.
- استخدام أسلوب التعليم الفردي.
- تقديم الخبرات المباشرة القريبة من بيئة الأطفال الصُم.
- تصميم خبرات كمبيوترية تكسب الصُم المهارات العملية، والمهنية والحياتية.
- استخدام أسلوب التعزيز المستمر مع كل تقدم يحرزه الأصم، حتى تزداد ثقته بنفسه.
- الاعتماد بشكل أساسي على تكرار التعلم، وإعطائه جرعات علمية متزايدة؛ حتى يستطيع تذكر المعلومات السابقة وربطها مع بعضها ومع الموضوع الجديد.

- النظر إلى كل أصم على أنه حالة فردية، على أن تتم المقارنة بين المستوى الحالي للأصم ومستواه في الفترة السابقة.
- تنمية مهارات الاتصال اللغوي التي تيسر فهم الخبرات التعليمية واكتسابها، وذلك من خلال: توفر التدريب على قراءة الشفاه، والتدريب عن طريق الاتصال الكُلي.
- مواد تعليمية مُزودة بوسائط بصرية توضح المادة التعليمية وتقلل من استخدام اللغة المُجردة، مثل: الرسوم، الصور، الخرائط.
- استخدام استراتيجيات تدريس تقوم على التعاون والمُشاركة والتفاعل وإتاحة الفُرص المُناسبة لإبداء الرأي حول الموضوعات المُتعلمة.
- تنمية المهارات الحسية اللمسية والبصرية من خلال الأنشطة البصرية، والأنشطة اليدوية والعملية، وتشجيعه على تناول الأشياء التي تجذب انتباهه.

الاحتياجات التربوية للصُم:

تُمثل الاحتياجات الخاصة بالصُم أهمية بالغة في تقديم كافة خبرات التعليم والتعلم وخدمات التأهيل والرعاية لسد هذا النقص في احتياجاته وأهم هذه الاحتياجات:

أ. **احتياجات تعليمية:** فهو يحتاج الأصم إلى أساليب تعليمية تختلف عن تلك الأساليب المتبعة مع الأطفال العاديين - بل الأطفال من ذوى فئات الإعاقة الأخرى، ويحتاج تعليمه لها إلى تكرار مستمر، وبناء مواقف تلزم استعمالها حتى يرتبط المعنى بالكلمة، وهذا يستلزم وجود وسائل إيضاح كثيرة، يضعها دائمًا تحت ناظريه حتى يمكن الرجوع إليها في دروسه، ويمكن أن تؤدى إلى استثارة اهتمام الطفل، وإشباع حاجته للتعلم، كما أنها تساعد على زيادة خبرته، فتجعله أكثر استعدادًا للتعلم وإقبالاً عليه، فكلما كانت الخبرات التعليمية التي يمر بها الطفل الأصم أقرب إلى الواقعية أصبح لها معنى ملموس، وثيق الصلة بأهداف الطفل التي يرغب في تحقيقها والرغبات التي يتوق إلى إشباعها. وتقدم المؤلفة لاحقًا قائمة بالاحتياجات التعليمية لأطفال الصُم.

ب. احتياجات تأهيلية: يقصد بالتأهيل عملية دراسة قدرات وإمكانيات الطفل الأصم وتقييمها والعمل على تنميتها، بحيث يتحقق أكبر نفع ممكن له في الجوانب الاجتماعية والشخصية والبدنية والاقتصادية، فهو يشمل دراسة طبيعة الإعاقة والآثار المترتبة عليها ثم إعادة بناء القدرات الحالية وتدعيمها، بما يوفر له القدرة على الاعتماد على النفس، والطفل الأصم يحتاج إلى توجيهه لأساليب مهنية تلائم مواهبه، وما تبقى لديه من قدرات حتى يستطيع أن يقاوم شعوره بالنقص، ويتغلب على النتائج النفسية المصاحبة لإعاقته.

ج. احتياجات تدريبية خاصة: حيث يواجه الأطفال الصم مشكلات فريدة خاصة بهم، فهم لا يستطيعون استيعاب اللغة المنطوقة، ولذلك فهم في حاجة إلى الاهتمام بتنمية المهارات الخاصة بالكلام وتطويرها، واستخدام اللغة من خلال حاسة السمع، وهذا يحتاج إلى نوع من التقنيات ذات طبيعة خاصة، ويمكن تحقيق هذا الأمر في كثير من الأحيان باستخدام المعينات السمعية، ويحتاج الطفل الأصم إلى تعليمه جميع أشكال الاتصال بينه وبين أفراد المجتمع، حتى تتاح له الفرصة الكاملة؛ لتنمية مهارة اللغة في سن مبكرة بقدر المستطاع.

قائمة الاحتياجات التعليمية للأطفال الصم (إعداد المؤلفة)

(1) الاحتياجات المعرفية للصم: يقصد بها الحاجة إلى اكتساب مهارات معرفية؛ لزيادة المجال الادراكى وتوضيح الصور العقلية للمفاهيم المختلفة.

م	العبـــــــــارة
1	إثارة وتنشيط الانتباه لدى الصُم من خلال الأنشطة والخبرات التعليمية المُقدمة له.
2	تكوين الصور العقلية عن طريق لغة الاشارة وفلسفة التواصل الكُلي.
3	توسيع المجال الادراكى للصُم من خلال الأنشطة والخبرات التعليمية المُقدمة له.
4	مراعاة مبدأ التدرج فى المادة التعليمية المعروضة من المحسوس إلى المجرد.
5	مراعاة نوع ومستوى التصور البصري لدى الصم من خلال الأنشطة والخبرات التعليمية المُقدمة له.
6	مراعاة نوع ومستوى الذكاء لدى الصم من خلال الأنشطة والخبرات التعليمية المُقدمة له.
7	تدعيم الذاكرة البصرية لدى الصم من خلال توظيف برامج الكمبيوتر.
8	تدعم حاجات الصم للتجريب و الاستقصاء والاكتشاف من خلال الأنشطة والخبرات التعليمية المُقدمة له.
9	التأكيد على توفر التغذية الراجعة المستمرة في جميع مواقف التعليم والتعلم.
10	توضيح المفاهيم المجردة من خلال توظيف الوسائط البصرية المتعددة.

(2) الاحتياجات اللغوية للصم: يقصد بها الحاجة إلى اكتساب المهارات اللغوية التي تمكن من التواصل والتفاعل اليومي مع المحيطين السامعين.

1	تنوع نغمات الصوت بحيث تُعبر عن سياقها عند تعليم الأصم الكلام.
2	التركيز على الاصوات المتحركة أكثر من الساكنة.
3	زيادة المدة الزمنية لنطق بعض المقاطع من 3-4 مرات.
4	استبدال الاصوات المهموسة بالأصوات المجهورة قدر الامكان.
5	إخراج اللفظ المنغم (ملامح الوجه، حركات الجسم، الايقاع، النبرة، إشارة اليد)
6	تنمية مهارات التواصل اللغوي التي تيسر فهم الأصم واكتسابه للخبرات التعليمية من خلال أنشطة تعليمية وظيفية.

م	العبـــــــــارة
7	مشاركة الأصم لزملائه الألعاب الجماعية التعاونية لاكتساب مهارة التواصل.
8	ترجمة الخبرات التعليمية التي تعرضها الوسائط المُتعدد إلى لغة الإشارة.
9	تنوع إستراتيجيات التواصل التي تستخدم فيها (لغة الإشارة، قراءة الشفاه، أبجدية الأصابع، .. الخ)
10	التفاعل اليومي مع المحيطين السامعين لزيادة الحصيلة اللغوية لدى الأصم.
11	العمل على إشراك الأصم في تدريبات اللسان والشفاه ليسهل له التحكم فيهما.

(3) الاحتياجات الاجتماعية للصم: يقصد بها الحاجة إلى اكتساب المهارات الاجتماعية التي تمكن من التكيف والتفاعل مع الآخرين السامعين بشكل مقبول اجتماعيًا، ويزيد ثقة الأصم بنفسه.

1	تفعيل برامج دمج الصم لضمان التواصل مع أفراد المجتمع.
2	التركيز على مهارات التعلم التعاونى لإكسابهم بعض السلوكيات الاجتماعية.
3	الاهتمام بالأنشطة الجماعية لتخليص الأصم من التمركز حول الذات.
4	استثمار المقدرات الموجودة لدى الأصم كي يُسهم في برامج تنمية المجتمع.
5	الاهتمام ببعض الأنشطة (الرسم، الكمبيوتر، ..الخ) لزيادة ثقة الأصم بنفسه.
6	تفعيل برامج الزيارات الميدانية للأصم كزيارة (الشركات، المستشفيات) لزيادة التواصل مع المجتمع.
7	تدريب الأصم على تكوين علاقات طيبة بينة وبين زملائه.
8	إكساب الأصم المهارات الحياتية التي تمكنه من الانخراط في أنشطة مجتمعه.
9	احترام خصوصية الأصم، وتدريبه على احترام خصوصية الآخرين.
10	عدم المغالاة فى العطف على الأصم لكى يعتمد على نفسه.
11	تدريب الصم على السلوكيات المرغوبة (الدقة، الالتزام بالمواعيد،..) بدمجه مع الأطفال السامعين
12	الحرص على تكوين مفهوم التعاطف لدى الأصم نحو الآخر.
13	الحرص على تسلية وترفيه الأصم من خلال الأنشطة التعليمية المختلفة.
14	تنمية مشاعر الولاء والانتماء لدى الأصم من خلال زيارات قطاعات ومؤسسات المجتمع المختلفة.

م	العبـــــــــارة
	(4) الاحتياجات الانفعالية للصم: يقصد بها الحاجة إلى مخاطبة المشاعر والأحاسيس والعواطف، بحيث يشعر الأصم بالأمن والأمان للتقليل من مشاعر القلق من المستقبل لديه.
1	الاهتمام بتنمية اتجاهات الأصم الإيجابية نحو نفسه.
2	التأكيد على توفر التعزيز وتنوعه بحسب أداء الصم في مواقف التعليم والتعلم.
3	الاهتمام بالإرشاد الأسري لتوفر البيئة الأسرية الآمنة المطمئنة للأصم.
4	إشباع رغبات وميول الأصم من خلال مشاركتة في الأنشطة التعليمية المختلفة.
5	مساعدة الأصم على التفريغ الانفعالي من خلال الأنشطة التربوية البناءة.
6	التقليل من بعض التعبيرات الانفعالية السريعة لدى الأصم.
7	التعامل مع الأصم بشكل تلقائى حتى يشعر بتقبل إعاقته من أفراد مجتمعه.
8	اشراك الأصم في اختيار الأنشطة حتى يشعر بقيمته ودوره في المدرسة.
9	نشر الوعي لدى أولياء أمور الصم للتعامل مع الأصم بشكل مناسب.
10	توعية أولياء الأمور بتقبل الأصم وعدم الشعور بالخزي منه.
11	تدريب الأصم على ضبط النفس والثبات الانفعالي تجاه ما يُقابله من مواقف غير مُلائمة.
12	توزيع الأدوار والمهام عليهم من خلال أنشطة تعودهم تحمل المسئولية.
	(5) الاحتياجات البدنية للصم: ويقصد بها حاجة الأصم إلى بعض التدريبات والأنشطة البدنية التي من شأنها أن تساعده على التآزر الحركي- العصبي، وأداء المهام الحركية بنجاح .
1	تدريب الأصم على استعمال وتقوية العضلات الكبيرة من خلال رياضة المشي والجري والقفز .. الخ.
2	تدريب الأصم على استعمال وتقوية العضلات الصغيرة كالأنامل من خلال استعمال الإبرة والمقص .. الخ .
3	تدريب الأصم على استخدام أكثر من عضلة فى وقت واحد (التآزر الحركي- العصبي) أثناء ممارسته الأنشطة التعليمية
4	توفر الرعاية الطبية المستمرة المناسبة للأصم.

م	العبـــــــــارة
5	إرشاد الأصم إلى الأطعمة التي تساعده على التركيز والانتباه.
6	توفر النشاط الرياضى المناسب للأصم.
7	التدريب على التنفس (شهيق – زفير) لتنشيط وتقوية عضلات الجهاز التنفسي- التي تسهم فى إخراج الصوت.
8	تهيئة الصم لتقبل التغيرات الجسمية التي تحدث له خلال مراحل النمو المُختلفة.
9	مشاركة الأصم فى تصميم وتنفيذ بعض الأنشطة التعليمية الحركية.
10	تنمية مهارات الأصم الحسية من خلال الأنشطة البصرية والشمية والتذوقية.
11	العمل على إشراك الأصم في أنشطة العمل اليدوي.

أساليب وطرق الاتصال لدى الأطفال الصُم:

يُعرف الاتصال بأنه عملية تبادل الأفكار والمعلومات، وهو عملية نشطة، تشتمل على استقبال الرسائل وتفسيرها، وينبغي على كل من المرسل والمستقبل أن ينتبه إلى حاجات الطرف الآخر؛ لكي يتم توصيل الرسالة بفاعلية وبالمعنى الحقيقي المقصود منها، ويُعتبر الكلام واللغة وسائل رئيسة للتواصل، إلى جانب أبعاد أخرى غير لغوية (الإيماءات، وضع الجسم، المسافة الجسمية، الاتصال العيني، تعبيرات الوجه، وحركات الرأس والجسم) لها دورها في عملية الاتصال.

ويُؤكد (طارق الريس،2007) إلى أن التطور التاريخي في مجال الاتصال لدى الصُم ارتبط بشكل وثيق بتطور النظرة نحو الصُم والصمم، حيث ساد في الماضي التوجه إلى الصمم باعتباره حالة طبية تُعاني من القصور أو الإعاقة أو العجز، بينما التوجه الأكثر حداثة - وهو السائد في العالم حاليًا- هو التوجه إلى الصمم باعتباره اختلاف أو حالة ثقافية، فالصمم كحالة طبية، ينظر إليها كإعاقة تُفرق بين الشخص الذي لا يسمع والشخص الذي يسمع، ومن ثم فالشخص العادي السامع مثال للأطفال الصُم، والهدف الأساسي لتربية الصُم وتعليمهم هو محاولة إكسابهم

وتمكينهم من اللغة المنطوقة، ليتمكنوا من العيش الطبيعي في حياة السامعين، من خلال التركيز على قراءة الكلام (الطريقة الشفهية). بينما الصمم كحالة ثقافية لا تفرق بين شخص أصم عادي وشخص سامع عادي، هذا التوجه يعترف بالصُم كأقلية لها لغتها وثقافتها الخاصة، ويُشجع على تنميه مهارات وطرق الاتصال جميعها بما فيها الكلام، وينظر إلى لغة الإشارة كلغة مساوية للغة المنطوقة، وأنها اللغة الطبيعية للصُم، ومن ثم فإن التدخل التربوي مع الصُم لابد أن يكون هدفه الأساسي توفير جميع الحقوق والمزايا للصُم المتوفرة للناس السامعين، وفيما يلي عرض لطرق الاتصال في ضوء التوجهين:

أولاً : طرق الاتصال باعتبار الصمم حالة طبية، وتشمل:

1. **الطريقة الشفهية:** هي طريقة لتعليم الصُم، تجمع بين استخدام الكلام وبقايا السمع وقراءة الكلام، ولا تستخدم لغة الإشارة وهجاء الأصابع، على اعتبار أنهما يُؤثران في نمو القدرة على الكلام لدى الصُم. ويندرج تحت هذه الطريقة الأساليب التالية:

أ. **قراءة الكلام أو قراءة الشفاه**، وإن كان مُصطلح قراءة الكلام أشمل وأعم من قراءة الشفاه، الذي يغفل لغة بقية الجسد، وتُعرف قراءة الكلام بأنها القدرة على فهم أفكار المُتكلم بملاحظات حركات الوجه والجسد، ومن خلال المعلومات المستمدة من الموقف وطبيعة الكلام، وهي مهارة يُمكن تعلمها وتنميتها من خلال تدريبات كثيفة ومتنوعة، تعتمد على الإدراك الحسي لمخارج الحروف الهجائية القائمة على التخمين والفهم الجيد للغة، كما أنها مُكمل مهم لبقايا السمع، وليست بديلة عن السمع. وتُعاني هذه الطريقة من الكثير من المشكلات، منها: مشكلات متعلقة بالمتكلم: وتشمل سرعة أو بطء حركات الشفاه والفك، وعدم استخدام المُتكلم للإشارات ولتعبيرات الوجه ولغة الجسد المصاحبة لعملية الكلام. ومشكلات متعلقة بالبيئة المحيطة: وتشمل عدم ملائمة المسافة بين المُتكلم وقارئ الكلام، وعدم ملائمة الإضاءة، ووجود تشويش، ومنها مشكلات بصرية لديه، أو

صعوبات في التركيز أو فهم الكلام، أو عدم ميله إلى موضوع الكلام. ومشكلات تتعلق بطبيعة الكلام أو النطق، ومنها: النطق بمُعدل سريع، ومخارج الحروف وتشابه بعض الكلمات في حركة الشفاه.

ويُمكن تمييز ثلاثة طرق تُستخدم في التدريب على قراءة الشفاه هي:

- طريقة يتم التركيز فيها على أجزاء الكلمة، وتُعرف بطريقة الصوتيات، حيث يتعلم الطفل نطق الحروف الساكنة والمتحركة.

- طريقة لا يتم فيها التركيز على الكلمة أو الجملة، وإنما تهتم بالوحدة الكلية التي ربما تكون قصة قصيرة، حتى وإن لم يفهم منها الطفل سوى جزء صغير.

- طريقة تقوم على إبراز الأصوات المرئية أولاً، ثم الأصوات المُجردة بعد ذلك.

وتمر عملية تعليم قراءة الشفاه بثلاث مراحل هي: المرحلة الأولى هي: التطلع إلى الوجه: وتهتم بتأثر الطفل الأصم واهتمامه نحو ما يكون له أثر إيجابي على تعلمه. أما المرحلة الثانية هي: الربط (بدء الفهم): إذ يربط الطفل الأصم بين ما يراه على الوجه من تعبيرات وبين الموقف، وهي مرحلة أساسية لتكوين عادات وأسس قراءة الشفاه. أما المرحلة الثالثة الأخيرة فهي الفهم المعنوي (الفهم المجرد)، وتعتمد على مواقف يراها الطفل أثناء التحدث، دون أن يوجه المُعلم النظر مباشرة.

وتعتمد طريقة قراءة الشفاه على ثلاث عمليات رئيسة، هي: الأولى التحليل: أي تركيز الطفل الأصم على حركات شفتي المُتكلم، التي تُشكل المعنى المطلوب فهمه. أما العملية الثانية التركيب: يُركز الطفل الأصم على معنى الكلام أكثر من التركيز على حركة الشفاه. أما العملية الأخيرة الوحدة الكُلية: يُركز الصُم على أجزاء الكلمة، لتعلم نُطق الحروف الساكنة والمُتحركة.

ومن الشروط الواجب إتباعها عند استخدام طريقة قراءة الشفاه: ربط منطوق الكلمة أو أشكالها الصوتية بمدلولاتها الحسية، مراعاة مستوى الطفل ومرحلة نمو،

وألا تزيد المسافة بين القارئ للشفاه والأصم عن (5) أقدام، ولا تقل عـن قـدمين، وأن يكـون كـلام القـارئ واضحًا تمامًا، وبصوت عالٍ وبنغمة طبيعية، ويُكتفى بتقليد الأصم للقـارئ دون إخراج صـوت، ومسـاعدة الطفل الأصم على التفرقة بين الحروف الساكنة المتشابهة النطق أو المخرج ومراعاة التدرج في عملية تعلـم الحروف والكلمات ذات المقطع الواحد، والدلالة الحسية لتعلم الحروف والكلمات الأكـثر تعقيـدًا وتجريـدًا، وربط الكلمات بواقع الطفل وبيئته، واستثارة دافعية الطفل باستمرار.

ويُؤخذ على طريقة قراءة الشفاه، إضافة إلى مُشـكلات المُتكلم، والبيئـة المُحيطـة، والكـلام والنطـق، أنها تستغرق وقتًا طويلاً وتدريبًا شاقًا، اللجوء إلى التخمين في كثير مما يراه قارئ الشفاه، وصعوبة الاعتماد عـلى قراءة الشفاه في مواقف التخاطب في الحيـاة اليوميـة إذا مـا قورنـت بلغـة الإشـارة. ويمكـن التغلـب عـلى المشكلات المتعلقة بقراءة الكلام بعضها أو كلها، من خلال مجموعة من الاستراتيجيات أهمها:

- استراتيجيات توقعية، وتشمل: توقع الكلمات المحتملة، توقع سياق المحادثة، توقع الأسئلة الموجهة.
- إسـتراتيجية تعويضية، وتشـمل: تكـرار الكلـمات الدليليـة أو الأساسـية، وهجائهـا، والتركيـز عليهـا، واستخدام الإيماءات، واختصار الكلمات.
- استراتيجيات الاستماع، وتشمل: مطالبة المُتكلم التكلم بوضوح وبتلقائية وأن يُلخص محور الحديث، مع التخلص من التشويش أو الضوضاء.

ب. التدريب السمعي: وهي عملية تدريبية تستهدف الاستفادة من بقايا السمع لدى الطفل، فكلما قلـت درجة فقدان السمع، كان التدريب السمعي أفضل. وهـي تعتمـد عـلى تـدريب الأذن عـلى الاستماع والانتباه السمعي، وتعويد الطفل ملاحظة الأصوات المختلفة والدقيقة والتمييـز بينهـا، وتمكينـه مـن إخراج الأصوات وتقليدها وتكرارها، وتهذيبه وتنظيمه لعمليه التنفس، وعلاج عيوب النطق.

ويهدف التدريب السمعي إلى تحقيق الأهداف التالية: الاستفادة من البقايا السمعية واستغلالها، والتدريب على الإصغاء والتركيز على إدراك الصوت ومصدره، والتأهيل السمعي واللغوي، وتطوير مهارات الاستماع والانتباه للأصوات والتمييز بينها. وتتضمن مراحل التدريب السمعي التدريب أولاً: تنمية إدراك الصوت: من خلال تدريب الطفل على سماع الكثير من الأصوات المختلفة. ثانيًا: تنمية القدرة على تمييز الأصوات (أسماء الأشخاص والأشياء المحيطة به، وتمييز الأصوات المتحركة ثم الساكنة، ثم المتحركة مع الساكنة، وبالتدرج من السهل إلى الصعب، ومن المحسوس إلى المُجرد، ومن الكُل إلى الجزء). ثالثا: تنمية القدرة على تمييز الأصوات المألوفة وغير المألوفة.

2. **الطريقة اليدوية للاتصال** Manual Communication: وهي طريقه لتعليم الأطفال الصُم، تجمع بين استخدام لغة الإشارة وهجاء الأصابع في عملية الاتصال، وتشمل:

أ. **لغة الإشارة Sign Language:** وهي عبارة نظام متطور على مستوى عال، يعتمد على الرموز التي تُرى ولا تُسمع. وتلك الرموز تم تشكيلها عن طريق تحريك الأذرع والأيدي في أوضاع مختلفة، وهي تحل محل الكلمات المنطوقة، وتُعطى تعبيرات الوجه وحركات الجسم إشارات مرئية تحل محل التعبير الصوتي، وتحل العيون محل الأذن في استقبال الرسالة. وهي لغة متكاملة قائمة بذاتها. أي أنها ليست ترجمة عن اللغات الأخرى فهي ترتبط ببيئة الأصم، كما أنها نظام مُحدد له قواعده، التي تنقسم إلى قسمين هما: قائمة المفردات التي يتم تعلمها من خلال حركات مُحددة، ثم الجمل والكلمات المركبة، وتشمل الضمائر مثل أنا، أنت، هو، نحن، والجملة الفعلية، والجملة المنفية، والاستفهام، والفاعل والمفعول به، والفعل الطلبي ويُستدل عليه من تعبيرات الوجه والسياق، والسياق المهني، والعلاقات المكانية.

وتنقسم الإشارات إلى نوعين أساسيين هما:

- إشارات وصفية: هي إشارات لها مدلول معين، يرتبط بأشياء حسية ملموسة في ذهـن التلميـذ الأصـم، ويقوم بالتعبير عنها بالإشارة.

- إشارات غير وصفية: هي إشارات ليس لها مدلول معين مرتبط بشكل مباشر بمعنى الكلمـة التـي يـتم التعبير عنها، وعندما تسأل الصُم عن مدلول تلك الإشارات لا نجد لـديهم أيـة إجابـات شـافية، ولـذلك تُستخدمها كما هي.

وقد حدد "وليام ستوكي" (William Stokoe) مجموعة من الأسس والقواعد الواجب توفرها في أي إشـارة، وهي (طارق الريس، 2007):

- موقع اليد (الإشارة) بالنسبة للجسم (Hand Location): تتشـابه بعـض الإشـارات مـع بعضـها البعض في الشكل والحركة، واتجاه راحة اليد لكن تختلف فقط من ناحية موقع الإشارة بالنسبة للجسـم، فالإشـارة الدالة على وقت العصر والإشارة الدالة علـى وقت المغرب تختلفـان فقـط في موقـع الإشارة بالنسبة للجسم. فإشارة المغرب أكثر ميلاً من إشارة العصر.

- شكل اليد (Hand Shape) : فمثلاً الإشارة الدالة على مسجد والإشارة الدالة على المسجد الأقصى ـ تحديدًا تختلف فقط في شكل اليد. ففي الإشارة الدالة على المسجد تكون اليد على شكل هلال بينما الإشارة الدالة على المسجد الأقصى تكون على شكل ثمانية إشاريًا(ضم إصبعي الخنصر ـ والبنصر ـ وفرد السبابة والإبهام والأوسط).

- حركة اليد (الإشارة) (Hand or Sign Movement): فمثلاً تتشابه الإشارة الدالة علـى الأسـرة مـع الإشارة الدالة على الحقيبة المدرسية في كل شيء ماعدا حركة الإشارة. ففي الأسرة تكون الإشارة دائرية إلى الأمام في منتصف الجسم، أما الحقيبة المدرسية فتكون الحركة مـن الخلـف إلى الأمـام عـلى مسـتوى الكتفـين كدلالة على وضع الحقيبة المدرسية على الظهر.

- اتجاه راحة اليد (Palm Orientation) : فمثلاً الاختلاف الوحيد بين الإشارة الدالة على حرف الباء والإشارة الدالة على رقم واحد هو اتجاه راحة اليد. فإذا كان اتجاه راحة اليد أثناء إعطاء الإشارة باتجاه المستقبل فهي الإشارة الدالة على حرف الباء، وإذا كان اتجاه راحة اليد أثناء إعطاء الإشارة باتجاه المرسل فهي الإشارة الدالة على رقم واحد. إضافة إلى ذلك فإن تعبيرات الوجه وحركات الجسم أثناء الإشارة تعتبر من العوامل المهمة، وهو ما يعرف بـ Nonmanual Signals في توضيح معنى الإشارة.

وللغة الإشارة أثرها التفاعلي إذ أن أغلب الأطفال لوالدين يسمعون لا يستخدمون مهارات الإشارة بشكل جيد، وأغلب المعلمين يسمعون ومهاراتهم متوسطة في لغة الإشارة. وعندما يتم ترجمة المحتوى التعليمي إلى لغة الإشارة على يد مترجم أشاري فإن هذا يثير دافعيتهم بشكل كبير.

ب. **هجاء الأصابع**: يعتمد على تشكيل وضع الأصابع لتمثل الحروف الهجائية، وهذه الحروف تستخدم للتعبير عن الكلمات، والجمل، والعبارات، وعادة ما تستخدم في حالة عدم وجود إشارات تعبر عن الكلمات أو الأفكار المطلوبة.

ومن مميزات أساليب الاتصال اليدوية: تفضيل لغة الإشارة على لغة قراءة الشفاه، لأنها تُساعد في الفهم الدقيق للكلام، بينما ترتبط قراءة الشفاه بالتخمين نظرًا للتشابه بين كثير من الكلمات والحروف، كما أن لغة إشارة لغة عالمية واسعة الانتشار، إضافة إلى أن هجاء الأصابع يُدعم القراءة والكتابة، لكن من سلبيات طريقة الاتصال بالإشارة عزوف الطفل الأصم عن تعلم الكلام، كما أنها لغة بدائية غير متطورة، يصعب استخدامها في الاندماج والتفاعل مع مجتمع العاديين.

3. **طريقة الاتصال الكلي**: يُعرف الاتصال الكُلي بأنه طريقة تسمح للأطفال الصُم باستخدام كل الوسائل المتاحة في عملية الاتصال، مثل لغة الإشارة وهجاء

الأصابع وقراءة الكلام، والمُعينات السمعية تعبيرات الوجه والكتابة والرسم. ذلك أنه لا توجد طريقة بمفردها أفضل لكل الصُم في كل الأوقات.

ويُمكن حصر أهم مزايا أسلوب الاتصال الكُلي في: أنه يستغل أية قدرات سمعية لدى الأصم، وبالتالي يستعين بالمعينات السمعية، ودمج قراءة الشفاه مع هجاء الأصابع وحركات الوجه، وإتاحة فرص مناسبة ليُعبر الأصم عن احتياجاته ورغباته، ويُسهم في مساعدة الطفل الأصم ليُصبح أكثر توافقًا وتكيفًا مع بيئته.

4. **طريقة فربوتونال- اللفظ المُنغم:** من أحدث طرق الاتصال، وتعتمد على مبدأ إدراك الصوت من خلال ذبذبات تصل إلى المُخ مباشرة عن طريق أعصاب اليد أو أي جزء عظمى آخر في الجسم، ومساعدة الأصم في إدراك الكلام وفهمه. وتحتاج هذه الطريقة أجهزة خاصة تعمل بالأشعة تحت الحمراء، وفلاتر لتنقية الصوت. وتستند طريقة اللفظ المُنغم إلى عدة أسس مهمة هي:
   - أن جسم الإنسان شديد التأثر بالترددات المنخفضة.
   - قد يكون لدى الأصم بقايا سمعية في هذه الترددات المنخفضة.
   - يُمكن نقل إيقاع الكلام والموسيقى على أحسن وجه في هذه الترددات المنخفضة.
   - أن دهليز الأذن شديد التأثر بالترددات المنخفضة أقل من (16) هرتز.
   - يُمكن توصيل الترددات بواسطة المذبذب عن طريق أعصاب أخرى غير عصب السمع بالنسبة للطفل الأصم.

وتجدر الإشارة هنا إلى مُعاناة تعليم الصم من مشكلة التركيز على تعليم الإشارات اليدوية أو الوصفية أو الهجاء الأصبع، وإهمال تعليم قراءة الشفاه أو تعليم النطق أو تنشيط العصب السمعي، فالأطفال الصم يفضلون تعلم لغة الإشارة لسهولتها، لكنهم يعجزون عن الاتصال مع أفراد المجتمع العادي عند عودتهم إلى المنازل والتعامل مع أسرهم ومجتمعهم المحيط، ومن الحلول المطروحة لحل هذه

المشكلة هي دمج تعليم الصم في مدارس وفصول العاديين. (عثمان الرواق، 1999).

5. **الطرق الجماعية** Group Communication Method: وتستهدف التغلب على مشكلات الاتصال للطرق اليدوية والشفوية، وتعتمد على استخدام الإشارات اليدوية، وفيها يتدرب الأطفال على المهارات الآتية: (رحاب شومان،2005)

- الإحساس بذبذبات بعض الأصوات.
- الإحساس باحتكاك الهواء في نطق بعض الأصوات.
- الإحساس بطريقة خروج الهواء أثناء نطق كل حرف.
- الإحساس بثقل الصوت وخفته في ترقيقه وتفخيمه.
- تمثيل حركات الشفتين واللسان والفك الأسفل عند نطق بعض الأصوات.
- الإشارة إلى مكان الصوت أثناء نطقه ومخرجه.

وتتضمن الطرق الجماعية للاتصال ما يلي:

أ. **طريقة روشيستر** Rochester Method: طورها Zenus F. Westervelt عام 1919، وهي تعتمد على هجاء الأصابع، وتتكون من 26 شكل يدوي تمثل 26 حرفًا هجائيًا، ولا يوجد بها نحو، ولا علم الأصوات، ولا علم التراكيب أو علم المعنى. وتعتمد على دمج طريقة هجاء الأصابع مع قراءة الشفاه، وهي طريقة قليلة الاستخدام في مدارس الصُم، نظرًا لصعوبة تطبيقها.

ب. **طريقة بياجيه بورمان**: تعتمد على جمع الإشارات الوصفية الشائعة بين الصُم وترتيبها وفق قواعد اللغة، واستعمالها مع النطق والسماعات لتسهيل اكتساب اللغة وتعلمها في سن مبكرة.

ج. **طريقة الكلام ذي الرموز التوضيحية**: تعتمد هذه الطريقة على تجميع الحروف الساكنة في ثماني مجموعات طبقًا لتشابهها في الشكل، ثم ترسم على اليد، والأصوات المتحركة تميز طبقًا لموقع اليد على أربعة مواضع من

الجسم- الجانب الأيمن للرقبة والحلق والذقن والفم، وتستخدم مع الكلام والسماعات في سن مبكرة.

6. **التدريب التنفسي**: تعرض هذا النوع من الاتصال إلى جدل شديد، فبعض الباحثين والمتخصصين يرون عدم جدواه، ويرى البعض الآخر أن عملية التنفس تتم عند الأصم بطريقة عشوائية تحتاج إلى تنظيم واستخدام الزفير لإنتاج الأصوات ثم الحروف، وتتلخص فوائد هذه الطريقة في: تقوية أعضاء جهاز النطق، وتنظيم عملية التنفس، وتدريب الحبال الصوتية، وتنظيم انقباض وانبساط الحجاب الحاجز، وتقوية وإطالة التنفس لإعطاء مدى صوتي للحروف. وتقسم هذه العملية إلى قسمين هما: الأول التدريب التنفسي النفخى: لتهيئة الطفل الأصم بحيث تكون شفتيه مقوسه من الوسط وممدودة، وعدم امتلاء الشدقين بالهواء من خلال تمارين معينه، مثل النفخ على مجموعة قصاصات من الورق لبعثرتها، النفخ على شمعة لإطفائها من بُعد مناسب، إنتاج فقاعات الماء والصابون. أما الثاني التدريب التنفسي لإخراج الأحرف: ويتم بعد التدريب النفخى، وذلك لإخراج أحرف مثل (ف، س) ولفترات متباينة.

7. **طريقة القراءة والكتابة** reading and writing: هي من أكثر الطرق الأكثر شيوعًا واستخدامًا في الاتصال بين الصم والعاديين السامعين، وأكثرها وأسهلها استخداما، إذا يمكن استخدامها في كافة الأوقات والأماكن، كما أنها معاونة لطرق الاتصال الأخرى.

ثانياً: طرق الاتصال باعتبار الصمم حالة ثقافية (ثنائية اللغة- ثنائية الثقافة):

يستند هذا المدخل إلى اعتبار أن لغة الإشارة هي اللغة الأولى لدى الصم، وأن اللغة المنطوقة هي اللغة الثانية، وهذا يقتضى تعلم المحيطين بالطفل الأصم لغة الإشارة لضمان الاتصال الفعال معه، ويرى أنصار هذا المدخل ضرورة توفر بيئة تعلم بصرية تلبى احتياجات الصم التعليمية والاجتماعية والثقافية واللغوية، وقد

أكدت دراسات عدة نجاح هذا المدخل في تطوير مهارات القراءة والكتابة والتحصيل الأكاديمي ومهارات التفاعل مع الآخرين.

ويُشير (طارق الريس،2007) إلى أنه في السبعينيات من القرن العشرين كانت اللغة السويدية الإشارية (Swedish signed) تُستخدم كطريقة تواصل في مدارس الصُم إلى أن أقر البرلمان السويدية في عام 1981م قانونًا يُؤكد على أن لغة الإشارة واللغة السويدية هي اللغة الأولى والطبيعية للصُم في السويد، وبالتالي أحقية الصُم في إتقان المهارات اللغوية للغة الإشارة واللغة السويدية، مما أدى إلى أن تصبح لغة الإشارة السويدية (Swedish signed language-SSL) هي اللغة التي تُستخدم لتدريس الصُم في السويد، وهي الآن تُطبق في الكثير من دول العالم. ويمكن إيجاز أهم الأسباب التي أدت إلى تبني طريقة ثنائي اللغة- ثنائي الثقافة في النقاط التالية:

- النظم الإشارية التي تُستخدم لا تُمثل لغات الإشارة الأصلية التي يتم اكتسابها بشكل طبيعي من قبل الصُم بل تعتبر أنظمة غير طبيعية ومخترعة.
- يستحيل تقديم نموذج حقيقي للغة الإشارة واللغة المنطوقة عند تقديمهما في نفس الوقت بسبب عدم الالتزام بقواعد أي منهما.
- عدم تطور مستوى القراءة والكتابة بالشكل المطلوب عند الأطفال الصُم باستخدام الطرق السابقة.
- وجدت الكثير من البحوث والدراسات علاقة قوية بين مهارات الطفل الأصم في لغة الإشارة الأمريكية ومهاراته في القراءة والكتابة (باللغة الانجليزية) بحيث كلما حصل على درجة أعلى في تقييم لغة الإشارة، كانت درجاته في القراءة والكتابة أعلى. كما أن البحوث التي درست ثنائية اللغة لدى الأطفال وجدت أن لها تأثير إيجابي من ناحية تنمية القدرات العقلية و الابتكارية.
- الاعتراف بالصُم كأقلية لها ثقافتها الخاصة بها وتأثير هذه الثقافة الإيجابي على ثقة الأصم بنفسه ومعرفته لهويته ونموه النفسي السليم.

الاتجاهات المُعاصرة لأساليب تنظيم تعليم الأطفال الصُم:

مرت مراحل تطور خدمات التربية الخاصة بعدة تطورات، فمنذ خمسة عقود كانت المراكز الداخلية تركز على عزل ذوى الاحتياجات الخاصة في مؤسسات بخدمات الرعاية الأولية والصحية، ثم ما لبثت هذه الخدمات في التوجه نحو الدمج، حتى ظهر مفهوم الدمج الشامل.

ويُمكن تصنيف اتجاهات تنظيم تعليم الصم إلى ما يلي:

1. **اتجاه العزل:** ويتم فيه تعليم الصُم في فصول ومدارس خاصة، سواء كانت مدارس داخلية أم خارجية، على ألا يشاركون أقرانهم أي نوع من الأنشطة المختلفة، سواء كانت أنشطة اجتماعية أم أكاديمية أم غيرها.

ويستند مؤيدو اتجاه العزل في تنظيم تعليم الصم، لعدة أسباب هي:

- هناك الكثير من الأطفال الصُم تصل طبيعة إعاقتهم وشدتها إلى درجة تجعل تعليمهم في فصول العاديين حتى مع تقديم الخدمات التربوية الخاصة مستحيل وغير كافٍ لتلبيه احتياجاتهم، مما يستلزم وضعهم في مدارس وفصول خاصة.
- أساليب الاتصال وكذلك استراتيجيات التدريس، التي تستخدم مع الصُم تختلف عن تلك التي تستخدم مع العاديين، مما يُشكل صعوبة أمام إدارة المدرسة والمعلم- خاصة غير المؤهل - للتوفيق بين السامعين والصُم.
- يختلف الصُم في معدل سرعة النمو في الجوانب المختلفة، وهذا الاختلاف لصالح العاديين، لذلك يشعر الصُم بالفشل والإحباط عند وضعهم في فصول العاديين، مما يؤدى إلى انفصالهم عن العاديين وانحسارهم مع أنفسهم.
- يكون عدد الأطفال في الفصل النظامي كبيراً، مما يحول دون حصول الصُم على الوقت الكافي، في التعليم والعناية الفردية.

ومن أهم صور العزل مراكز الإقامة الكاملة أو مدارس ومعاهد التربية الخاصة(Residential school): وهي من أقدم أساليب تربية الأطفال الصُم وتعليمهم، وتُقدم خدماتها في الإيواء والرعاية الاجتماعية والصحية والتربوية، وتقبل هذه المعاهد

الأطفال الصُم وضعاف السمع، نتيجة لظروفهم الخاصة، مثل أنهم يأتون من أماكن بعيدة، أو لرفض أسرهم تقبلهم، وعجزهم عن تربيتهم، ويُمكن لأفراد الأسرة زيارة أبنائهم في أيام العطلات والمُناسبات.

ومن الانتقادات التي وجهت لهذا الأسلوب: عزل الأطفال الصُم عن البيئة الأسرية والاجتماعية الطبيعية، وتدنى مستوى الرعاية والخدمات المقدمة.

2. اتجاه الدمج: ويُقصد بأسلوب الدمج هو: تقديم كافة الخدمات والرعاية للصم في بيئة بعيدة عن العزل، وهي بيئة الفصل الدراسي العادي بالمدرسة العادية، أو في فصل دراسي خاص بالمدرسة العادية أو فيما يسمى بغرف المصادر والتي تقدم خدماتها للصم لبعض الوقت. ويُعرف الدمج بأنه التكامل الاجتماعي والتعليمي للأطفال الصم والأطفال العاديين في الفصول العادية ولجزء من اليوم الدراسي على الأقل، ويرتبط هذا التعريف بشرطين لابد من توفرهما لكي يتحقق الدمج وهما: وجود الطفل في الصف العادي لجزء من اليوم الدراسي، والاختلاط الاجتماعي المتكامل.

ويُعتبر تعريف (Kauffman; Gottlib and akukic) من أكثر التعاريف شمولية وشيوعًا فهم يرون أن المقصود بالدمج هو دمج الأطفال غير العاديين المؤهلين مع أقرانهم دمجًا زمنيًا، وتعليميًا (mainstreaming)، واجتماعيًا (Normalization)، حسب خطة وبرنامج وطريقة تعليمية مستمرة تُقرر حسب حاجة كل طفل على حدى ويشترط فيها وضوح المسئولية لدى الجهاز الإداري والتعليمي والفني في التعليم العام والتعليم الخاص.

ومن الخدمات التي تقدمها مراكز الدمج ما يلي: برامج تربوية فردية متلائمة مع كل إعاقة من حيث طبيعتها واحتياجاتها، وأنشطة صفية ولا صفية تناسب احتياجات الأطفال الصم، وبرامج التعليم المدرسي والمهني بحسب نوعية كل إعاقة، وبيئة تعليمية مناسبة، معلم وأخصائي متخصصان في الإعاقة السمعية. وهذا يتطلب إعداد برنامج الدمج في محيط اجتماعي يتوفر فيه الأمان والرعاية التربوية،

والمشاركة الفعالة من مسئولي إعداد برنامج الدمج في تنفيذه، في الإطار الثقافي والتربوي والاجتماعي والسياسي، وأن يتم إعداد البرنامج من قبل جميع المهتمين.

وتوجد ثلاثة أنماط لأسلوب الدمج هي:

- الدمج البدني أو المكاني: إذ يعيش الأطفال في وحدات صغيرة تضم الأطفال الصُم والأطفال العاديين، حيث يتلقى الأطفال الصم في الصفوف الخاصة لبعض الوقت برامج تعليمية من قبل التربية الخاصة في غرفة المصادر، كما يتلقون برامج تعليمية مشتركة مع الأطفال العاديين في الصفوف العادية.

- الدمج الاجتماعي: إذ التفاعل بين الأطفال الصُم والعاديين واشتراكهم معًا في أنشطة غير أكاديمية مثل الاشتراك في الرحلات والأنشطة الفنية والرياضية.

- الدمج الوظيفي أو الأكاديمي: يقصد بالدمج الأكاديمي التحاق الأطفال غير العاديين مع الأطفال العاديين في الصفوف العادية طوال الوقت، حيث يتلقي هؤلاء الأطفال برامج تعليمية مشتركة، ويشترط في مثل هذا النوع من الدمج توفر الظروف والعوامل التي تساعد في إنجاح هذا النوع من الدمج، ومنها تقبل الأطفال العاديين للأطفال غير العاديين في الصف العادي، وتوفر معلمة التربية الخاصة التي تعمل جنبًا إلى جنب مع المعلمة العادية في الصف العادي.

ومن أهم صور الدمج كما أوضح الكثير من الأدبيات المتخصصة ما يلي:

1. **البيئة الأقل عزلاً** Least restrictive : يُقصد بها الإقلال بقدر الإمكان من عزل الأطفال الصُم، وذلك بدمجهم قدر الإمكان بالأطفال العاديين في الفصول والمدارس العادية. ومن أهم صور البيئة الأقل عزلاً ما يلي:

أ. **مراكز التربية الخاصة النهارية** (Special Day Care School): وفيها يتلقى الأصم خدمات تربوية، والتعليمية، والاجتماعية، ورياضية، ومهنية، خلال فترات النهار؛ حيث يقضي في هذه المراكز يومًا دراسيًا، بعده يعود إلى منزله وأسرته. ويُؤخذ علي هذه المراكز: أن العزلة مازالت مستمرة عن الأقران

العاديين وحياة المجتمع، إلى جانب صعوبة إدارة وتخطيط وتنفيذ البرامج والأنشطة الخاصة بكل إعاقة، في حالة إذا ضمت هذه المراكز أكثر من إعاقة، ومن مميزاتها أنها تتيح للأصم فرصًا للتفاعل الاجتماعي مع أفراد أسرته ومجتمعه دون عزله مُقارنة بمراكز الإقامة الكاملة.

ب. الصفوف الخاصة المُلحقة بالمدرسة العادية أو الدمج الجزئي Special Classes With in Regular School: ويتم فيه تعليم الصُم في فصول خاصة داخل المدارس النظامية، مما يتيح لهم مشاركة أقرانهم العاديين في بعض الأنشطة التعليمية أو غيرها (سعيد السعيد، وآخرون، 2006)، وهو الأسلوب الأكثر انتشارًا، والأقل تكلفة، ونجاح البرنامج الخاص يُمكن أن يؤدي إلى دمج الأطفال الصم في البرنامج العام للمدرسة، حيث يستطيع الأطفال الصم مشاركة أقرانهم السامعين في الأنشطة (اللاصفية)، ويتيح هذا الأسلوب النمو الاجتماعي وطرق التعبير عن المشاعر والقيم الاجتماعية والأخلاقية، وتنمية مهارات الاتصال.

2. الدمج Mainstreaming أو الدمج الكلي أو المدرسة الشاملة Full Integration وهو يُعنى بوجود الطفل الأصم في فصول الأطفال العاديين، وتكامل الأطفال الصُم في برامج التربية النظامية العادية، مع استخدامهم غرفة المصادر لتلقى تدريبات على النطق والكلام الصحيح وعلاج صعوبات القراءة والكتابة والحساب، فيما يُسمى "التعليم في الصف العادي مع خدمات غرفة المصادر".

وفى المدرسة الشاملة يتم التركيز أولاً على احتواء جميع الأطفال منذ البداية دون استثناء أحد منهم، بحيث توفر فرص التعليم والتدريب لجميع الأطفال ضمن برنامج المدرسة العادي على نحو يكون فيه البرنامج المقدم مصممًا بشكل يلبى احتياجات جميع الأطفال، ويهيئ في الوقت نفسه بيئة صفية ومدرسية تدعيمية، وهذه تمثل مسئولية أخلاقية من مسئوليات المدرسة، التي تتحقق من خلالها فرص

المساواة والإنصاف بين جميع الأطفال مهما اختلفت حاجاتهم؛ كي يكونوا بالمستوى نفسه من الكفاءة والتميز.

وتتطلب عملية الدمج توفر مجموعة من الأدوار الرئيسة أو القواعد التربوية قبل وفي أثناء وبعد تطبيقه هي:

1. دور الطفل الأصم:

- أن يكون الأصم متكيفًا نفسيًا؛ حتى يُمكنه الاندماج مع العاديين في المدرسة.
- أن يشعر الأصم أنه قادر نسبيًا على حياة أقرب إلى الحياة الطبيعية وأن احتياجه للآخرين قليل، وأنه قادر على الإنتاج والإبداع.
- أن وجود الأصم مهم للآخرين على المستوى المعنوي وليس حسب مقدرته على العطاء المادي.

2. دور الأسرة:

- دمج الأصم في جو الأسرة، والتدريب على الدور العائلي لكل من الأصم وأخوته وأقاربه وأصدقائه.
- التعرف على حقوق وواجبات كل من الأسرة والطفل في التعامل مع مؤسسات الدولة التشريعية والتربوية والتأهيلية.
- مساعدة الوالدين في فهم احتياجات الطفل الأصم، ومطالب نموه، ومساعدته في النمو المتكامل والاعتماد على نفسه والاستقلالية في تصريف أمور حياته.
- تطوير شعور الوالدين بالثقة والكفاءة في تلبية احتياجات طفلهما والمشاركة في عمليات التقييم والعلاج والتعليم.

3. دور المدرسة في تعليم الأصم:

- تهيئة المدرسة بداية بالمدير والمعلمين والمرشد الطلابي، والأطفال العاديين، لبرامج الدمج، وقناعتهم به، وتوضيح أهمية الدمج لكل من الإدارة المدرسية والمعلمين وأولياء أمور الأطفال.

- اختيار الحالات القابلة للدمج في المدرسة إذ أن هناك حالات لا يُمكن دمجها مثل حالات الأطفال الصم الذين يُعانون من (التوحد، والاضطرابات السلوكية الحادة، و صعوبات النطق الشديدة) وغيرها من الحالات التي لا يمكن دمجها.

- توفر جميع الإمكانيات والاحتياجات المادية والفنية والوسائل التعليمية للبرنامج.

- توفر الكوادر البشرية من (معلمين- أخصائيين نفسيين- مدربين نطق)

- توفر معلم التربية الخاصة واحد على الأقل في كل مدرسة يُطبق فيها برامج الدمج حيث أن الطفل الأصم يحتاج إلى درجة كبيرة من القبول والدعم والقليل من المنافسة لذلك فهم بحاجة إلى معلمين مؤهلين.

- تحديد نوعية الدمج هل هو الدمج الأكاديمي أو الاجتماعي الذي يقتصر فقط على أنشطة المدرسة خارج غرفة الفصل الدراسي.

- حاجة برامج الدمج إلى نظام تسجيل مستمر لقياس تقدم الطفل في مختلف الجوانب النمائية.

- تطوير التعليم لاستيعاب الصُم، وتهيئة المدارس العامة لـدمجهم، مع إدخال تصميمات هندسية ملائمة ومراكز مصادر كلما كان ذلك ممكنًا.

- إعداد أعداد أكبر من العاملين في التربية وتدريبهم بما يتناسب مع استيعاب أعداد الصُم، بما يضمن رفع مستوى الأداء، والاستفادة من التطورات العلمية والثقافية في تأهيل الصُم، مع تنظيم بـرامج تدريبية أثناء الخدمة.

4. دور مؤسسات إعداد معلم التربية الخاصة:

- تطوير البرامج الحالية للتربية الخاصة في مجال الصمم لمواكبة التطور العالمي في هذا المجال.

- تضمين برامج إعداد معلم الفئات الخاصة تخصص إعاقة سمعية بحيث يصبح قادراً على التعامل مع الأطفال الصُم بما يتناسب وخصائصهم واحتياجاتهم.

- إعداد الكوادر اللازمة وتدريبها تدريبًا جيدًا بما يتناسب مع إنجاح برنامج الـدمج، وينبغـي أن يكـون تدريب معلمي الفصول العادية على التعامل التربوي مع الصُم من الركائز الأساسية لبرامج الدمج.

5. دور المجتمع في تعليم الأصم:

- العمل على تحسـين أحـوال الصُـم باعتبـاره جزءًا مـن السياسـة العامـة والتخطيط في كـل قطاعـات المجتمع.
- القيام بحملة إعلامية مكثفة تسعى إلى نشر المعلومات، وتعمل على دمج خـدمات الصُـم مع بـرامج تطوير المجتمع عمومًا.
- البحث عن قيود التشريعات التي تحد من حرية مشكلات الأطفال الصُم.
- الإدماج والإشراك في البيئة المحلية، وذلك بفتح كافة مرافق المجتمع لاستخدامات الأصم وتسهيل عملية تواصله مع الآخرين .
- زيادة الوعي بالتطور العلمي بين الصُم وأسرهم والعاملين في المجال وصناع القرار والرأي العام .
- تغيير سلوكيات أفراد المُجتمع تجاه الأطفال الصم ودعمهـم للـدمج في مجتمعـاتهم المحليـة، وتزويـد الجهات المسئولة بالمعلومات الإحصائية الخاصة بهم.
- الإدماج والإشراك في بيئة العمل بإلزام الجهات الحكومية والأهلية بتعيين نسبة محددة من الصم بها.
- تضافـر جهـود الجهـات الأهليـة التطوعيـة مـع الجهـود الحكوميـة في تـوفر الخـدمات الاجتماعيـة والتعليمية والتأهيلية والتبرعات تلك الجهود.

ويستند مؤيدو اتجاه الدمج في تنظيم تعليم الصُم إلى عدة أسباب هي:

- تعليم الصُم في الفصل النظامي يتيح الفرصة لهم للتعـرض للعديد من أسـاليب الاتصال والأسـاليب اللغوية المتنوعة، وكذلك إتاحة الفرصة لهم لتحسينها.

- يعالج نظام الدمج انخفاض التحصيل الناتج عن نظام العزل، حيث يتيح الدمج الفرصة للصُم للاحتكاك والتنافس مع أقرانهم العاديين.

- يتيح نظام الدمج الفرصة للصُم لتنمية مهاراتهم الحياتية والاجتماعية بطريقة جيدة، ومن ثم إعدادهم لوظيفة في مجتمع العاديين وذلك من خلال مشاركتهم مع العاديين في الأنشطة المختلفة.

- يتيح الدمج الفرصة للصُم لتكوين علاقات جيدة ومستمرة مع أقرانه العاديين، وبالتالي تكوين اتجاه إيجابي نحوهم، وبالمثل هم يكونون اتجاهًا إيجابيًا نحوه.

- يحول دون عزل الأطفال الصُم عن رفاقهم وعن الأنشطة المدرسية العادية.

- يمنع إلحاق الأطفال الصُم ببرامج التربية الخاصة بشكل غير مبرر؛ حيث تبذل كل الجهود الممكنة لإبقاء الطفل في الصف العادي.

- يشجع الأطفال العاديين على قبول رفاقهم الصُم؛ حيث يصبحون أكثر حساسية للتعامل معهم ومراعاة لهم، وتفهمًا واحترامًا للفروق والتنوع والتباين.

- يُمكن المعلمين (معلمي التربية الخاصة والمعلمين العاديين) والاختصاصيين الآخرين من العمل معًا ودعم التعاون بينهم.

- التكيف الشخصي وتنمية العلاقات الشخصية الناجحة من خلال ممارستها مع الأطفال العاديين.

- تعويد الطفل العادي على العطاء وتقديم المساعدة لزميله الأصم.

- إعداد أبناء المستقبل وتأهيلهم فربما يصبح طفل اليوم السوي أبًا لطفل أصم في المستقبل.

- إن الأطفال يكتسبون الكثير من المهارات الأكاديمية أو الوظيفية بسبب التوقعات العالية والمستوى الرفيع من الإثارة الذي يتوافر في الفصل العادي أو الروضة العادية.

وعلى الرغم من أهمية اتجاه الدمج الشامل، إلا أن هناك بعض التحفظات عليه نوجزها فيما يلي:

- يكون الدمج ملائمًا للصُم في المراحل الدراسية العليا أكثر من أقرانهم في المراحل الأولى من الدراسة.
- وجود اتجاهات اجتماعية سلبية سائدة في المجتمع بكافة فئاته نحو الصُم، مما يؤثر بشكل سلبي واضح في تعميم عملية الدمج.
- ارتفاع التكلفة الاقتصادية مما لا يمكن معها إعداد المدارس العادية و وتهيئتها وتنظيمها وتوفر التجهيزات المادية والكوادر البشرية المهنية لتربية وتعليم الصُم.
- لا يكون الدمج مناسبًا للصُم متعددي الإعاقة، فيحتاجون إلى برامج خاصة تناسبهم.
- صعوبة توفر مناهج دراسية للصُم مع العاديين في المدارس العادية، وتوفر غرف المصادر التعليمية المساعدة بشكل إيجابي وفعال.
- قد تضيف عملية الدمج أعباء كثيرة إلى تلك التي تقع على عاتق معلمي التعليم العام، والأطفال الذين ينتظمون فيه.
- إن المناهج والأنشطة التي يتم تقديمها في إطار التعليم العام لا تتناسب وحاجات الأطفال الصُم.
- إن المعلمين في التعليم العام لم يتلقوا تدريبًا مناسبًا يؤهلهم للتعامل مع حاجات الطفل الأصم والعمل على إشباعها.

تصميم التعليم للأطفال الصُم:

يعتمد تصميم التعليم للصُم على عدة عوامل هي: نوع الإصابة في الجهاز السمعي المركزي ودرجة قياس السمع، وعمر الطفل وقت الإصابة بالصمم، درجة ذكائه، وشخصيته وخصائصه الاجتماعية، وتاريخ اكتشاف إعاقته، ودافعية التعلم

لدى الطفل وأسرته، ومستوى الأسرة الثقافي والاجتماعي والاقتصادي، وكفاءة وتأهيل المعلم، ومناهج الصُم الخاصة وأساليب واتجاهات تعليمهم.

أهداف تصميم التعليم للأطفال الصُم:

- إعداد الطفل الأصم للتعايش مع مجتمعه وبيئته.
- إعداد الطفل للاعتماد على نفسه بنفسه.
- تعليم الطفل الأصم القراءة والكتابة والمحادثة وفق إمكاناته.
- تزويد الطفل الأصم بالمعارف التي تساعده على استمرارية التعلم، وفهم بيئته.
- مساعدة الطفل الأصم على النمو السوي جسميًا وعقليًا واجتماعيًا.
- تهيئة الطفل الأصم مهنيًا وفق إمكاناته واستعداداته.
- تنمية مهارات الاتصال مع الآخرين بالطريقة الشفوية ما أمكن.
- فهم البيئة المحيطة والاستفادة من إمكانياتها في الاستقلال الذاتي وخدمة المجتمع.

مبادئ تصميم التعليم للأطفال الصم:

حدد كثير من الأدبيات التربوية مجموعة مبادئ لتصميم تعليم الصُم هي:

- توفر برامج تعليمية موازية للوالدين، وتدريبهم على مهارات العمل والتواصل مع أطفالهم الصُم، كمهارات قراءة الشفاه، لاسيما في فترة التهيئة والصفين الأول والثاني الابتدائي، ومن المُفيد إعداد دليل للآباء والأمهات أسوة بدليل المُعلم للاسترشاد به في فهم حالة الطفل ، وكيفيه معاملته وتدريبه.
- التوسع في البرامج التعليمية القائمة على دمج الأطفال الصُم في المدارس العادية، بدلاً من عزلهم في مؤسسات داخليه طوال الوقت، أو بفصول ملحقه بالمدارس العادية، وذلك حتى تُتاح لهم فرص الاحتكاك والتفاعل الطبيعي مع أقرانهم العاديين، وتنمية مشاعر الألفة والفهم المتبادل، وإقامة علاقات اجتماعية إيجابية واكتساب مهارات السلوك التوافقي.

- تزويد المـدارس والفصـول ومراكـز مصـادر الـتعلم بالوسـائل والأجهـزة السـمعية المُسـاعدة الحديثـة والكافية، لمساعدة الصُم على تنمية المهارات اللغوية لديهم.

- ربط التخصصات المهنية للصُم بحاجة سوق العمل، وتوثيق العلاقة بين المدارس والمراكـز والمؤسسـات المهنية، واستغلال إمكاناتها في التدريب المهني.

- عدم الاستهانة بمقدرات الطفل الأصم العقليـة، فقـد أثبتـت الدراسـات أن الأطفـال الصُم يتمتعـون بمقدرات عقلية طبيعية، بل إن بعضهم من الموهوبين.

- التحديد الدقيق للمهارات المطلوبة مـن الطفـل الأصـم، وذلك بإعـداد الـدروس الأكاديميـة وصياغة الأهداف بطريقة واضحة محددة قابلة للقياس.

- اختيار المهارات المناسبة لاحتياجات الطفل الأصم ومقدراته وربط المادة بالواقع وحياته اليومية و مـا يناسب مقدراته وإمكانياته واستعداداته.

- استخدام التعزيز مع مراعاة شروط استخدامه.

- عدم وضع افتراضات غير صحيحة تؤدي للخروج عن المنهاج كتقدير ما يفهمه الطفل ومـا لم يستطيع فهمه وتحديد المدة الزمنية للمهارة على إنها إجراء ثابت.

- التكرار في التدريب والتعليم ضروري، كون الأصم لا يستخدم كل ما يتعلمه لذلك فهو بحاجة للتكـرار خوفًا من النسيان.

- تقييم مدى تحقيق الأهداف بأساليب مناسبة لمقدرات الطفل والمادة الدراسية، وتحدد نقـاط القـوة والضعف في التعلم.

معايير تصميم التعليم للصم:

يرتكز تصميم التعليم للأطفال الصُم على عدة معايير أساسية تتلاءم مـع خصائصهم واحتياجـاتهم هي:

- أن تكون أهداف الموقف التعليمي واضحة.

- أن تكون عناصر المُحتوى وثيقة الصلة بالحياة الواقعية اليومية للأصم، وتُؤدي إلى تنمية المعارف والمهارات الوظيفية المُرتبطة بها؛ حتى يتسنى له مواجهة المشكلات التي تقابلهم في حياته وحلها.

- أن تراعي موضوعات المحتوى وأنشطة التعلم الخاصة بالأصم والاستعدادات والاحتياجات الخاصة بالأطفال الصُم.

- أن يكفل تصميم التعليم للصُم استخدام استراتيجيات تدريسية متنوعة ومناسبة للأهداف والمُحتوى، مع ملاءمتها لطبيعة الصمم.

- أن يُراعي التصميم حفز الأطفال واستثارة دافعيتهم إلى التعلم باستمرار.

- أن تُركز الخبرات والمعلومات المتضمنة في المنهج على البيئة التي يعيش فيها هؤلاء المتعلمين، حتى يتمكنون من التكيف معها والاندماج فيها، أي أن تتنوع الأنشطة التعليمية بتنوع البيئات التي يعيش فيها الأصم.

- أن تُركز الخبرات والمعارف المتضمنة في المنهج على إعداد الصُم للقيام بعمل أو وظيفة في المجتمع الذي يحيا فيه، وذلك حتى يكون عضوًا نافعًا في المجتمع بدلاً من أن يكون عالة وعبء عليه.

- أن يُركز المنهج على الاحتياجات الضرورية للصُم من الخبرات والمعارف والاتجاهات والمفاهيم والقيم اللازمة لهم في حياتهم الحالية والمستقبلية.

- مراعاة الفروق الفردية بين الصم؛ وذلك باختيار المتعلم ما يتفق مع مقدراته واستعداداته من مجموعة من المواد والأنشطة التعليمية الاختيارية.

- تقديم الخبرات التعليمية والمعارف المتضمنة بالمنهج بشكل مترابط ومتكامل.

- تضمين المنهج أنشطة تستهدف تدريب العمليات العقلية الأساسية (الانتباه- الإدراك- الذاكرة)، وما يتضمن كل منها من عمليات عقلية فرعية للصُم.

- تركيز المعارف والخبرات المتضمنة بالمنهج على النمو الشامل والتوازن في كافة النواحي للصُم النظرية والعملية والمعرفية والمهارية والوجدانية.

خطوات تصميم التعليم للصم:

1. **تحديد خصائص الأطفال واحتياجاتهم التعليمية:** تُعد دراسة طبيعة الأصم من حيث مقدراته وإمكاناته وميوله واهتماماته واتجاهاته وطبيعة جوانب نموه عملية مهمة وضرورية لتصميم التعليم، فالمعرفة بتلك الجوانب تُساعد في تصميم المواقف التعليمية التعلمية المناسبة، مع مراعاة أفضل العوامل والسُبل التي تُيسر التعلم.

2. **تحديد الأهداف الخاصة بذوي الإعاقة السمعية:** لا تختلف أهداف برامج تعليم الأطفال الصُم أو ضعاف السمع في جملتها عن برامج تعليم العاديين، إلا أنها تتضمن تركيزًا على تنمية بعض الجوانب الخاصة باحتياجاتهم الخاصة، مثل مهارات التمييز السمعي والبصري، والمهارات اللغوية، وقراءة الشفاه، وعيوب النطق والكلام، وتتمثل الأهداف العامة في برامج تعليم الصُم فيما يلي:

- التدريب على النطق والكلام.
- تنمية مهارات الاتصال المُختلفة بين الأطفال الصُم والآخرين.
- تزويد الصُم بالمعارف التي تعينهم على تعرف بيئاتهم.
- تنمية مهارات الحياة اليومية لدى الصُم، لكي يندمجوا في المُجتمع.
- إعطاء الطفل الأصم التدريبات المهنية وممارسة الأعمال اليدوية حتى يستطيع الاعتماد على نفسه في الحصول على مقومات معيشته مُستقبلاً.
- مساعدة الأطفال الصُم على تقبل إعاقتهم، وإثارة دافعيتهم للتعلم.
- بث الثقة في نفوسهم وتدريبهم على تحمل المسئولية، ومساعدتهم على التعبير عن أنفسهم وآرائهم، و التأكيد على مكانتهم بين أفراد المُجتمع
- التخفيف من حدة المُشكلات النفسية والاجتماعية التي تواجههم.
- اطلاعهم على دور الدولة وهيئاتها المختلفة في تقديم خدمات للصُم.
- الاستفادة من بقايا حاسة السمع إلى أقصى حد ممكن مع التركيز على استغلال وتنمية الحواس الأخرى.

3. **تحديد عناصر المحتوى التعليمي:** إذ ينبغي أن تُراعي المعايير التالية:

أ. معايير اختيار المحتوى، وتشمل:

- اختيار موضوعات المحتوى بناء على الأهداف ومستوياتها.
- وضع الأفكار الأساسية لموضوعات المحتوى على شكل مصفوفة للمدى والتتابع، تتضمن الخبرات الأفقية والرأسية لتعليم الصُم.
- مراعاة موضوعات المحتوى لطبيعة جوانب النمو المعرفي والنفسي- والاجتماعي واللغوي والجسمي لدى الأطفال الصُم.
- تضمين خبرات المباشرة القريبة من خبرات الطفل الأصم.
- المادة المُقدمة مُبسطة وبعيدة عن التعقيد الذي قد يُؤدي إلى تشتيت الانتباه.
- التركيز على تقديم المعلومات المحسوسة، والبُعد عن المُجردات التي لا يتوفر لها تمثيل بصري كلما أمكن ذلك.
- ضرورة تمركز موضوعات المحتوى حول الطفل الأصم، ومشكلاته الحياتية اليومية والاجتماعية، لزيادة دافعيته للتعلم.
- أن تتلاءم الموضوعات مع أهداف الأصم؛ لضمان أن يُحقق التعلم أقصى مدى.
- تناول موضوعات محتوى الأطفال العاديين، مع اختلاف المعالجة والتناول بحيث تُناسب طبيعة الأطفال الصُم واستعداداتهم.
- التركيز على تنمية المهارات الحياتية اليومية الخاصة بالصُم، في المنزل وفي المدرسة وفي المجتمع ككل.

ب. معايير تنظيم المحتوى، وتشمل:

- تنظيم الخبرات التعليمية في تتابع يحقق الاستمرارية، وبالتدرج من البسيط إلى المُعقد، ومن المحسوس إلى المُجرد ومن المألوف إلى غير المألوف.
- تحقيق مبدأ التكامل بين الخبرات التربوية.
- تنظيم الخبرات بطريقة تجعل الجميع على استعداد للمشاركة في أدائها.
- تنظيم الخبرات بطريقة تسمح بتنمية المهارات والمفاهيم الأساسية لدى الصُم.

4 .اختيار أسلوب التدريس وتصميم مصادر التعلم والأنشطة التعليمية:

ـ بالنسبة لأساليب التدريس:

تشمل معايير أساليب التدريس مراعاة معايير أهداف الدرس، وملائمة مستوى الأطفال، ومستوى فقدان السمع، وتنظيم حجرة الدراسة. وينبغي مراعاة الأسس أو المعايير التالية في التدريس للصُم:

- أن يتسم أسلوب التدريس بالإنسانية حتى يتعلم الأصم مع إحساسه بالثقة بالنفس.
- مراعاة احتياج الطفل الأصم إلى وقت أطول وجهد أكبر في تعلمه.
- مراعاة تنوع التدريبات المُقدمة للأصم للتغلب على حالة كل طفل أصم.
- مراعاة فردية المُتعلم بما يتناسب مع ظروف كل طفل أصم.
- التركيز على الأمثلة الحسية المألوفة، وتبسيط المادة المُقدمة.
- توظيف ما تبقى لدى الأصم من حواس، وخاصة حاسة البصرـ لدى الصُم، بجانب مُعايشة الخبرة، بهدف تكوين نظام اتصال لديه وتعليمه اللغة.
- التدرج في تعليم وتنمية المفاهيم من المستوى المحسوس لحل المشكلات إلى المستوى المُجرد، تبعًا لمرحلة النمو العقلي للطفل.
- مراقبة الطفل الأصم أثناء تعلمه، وإيجاد الحلول البديلة للمشكلات التي تواجهه.
- بناء نظام للاتصال مع الأصم اعتمادًا على الإشارات البصرية، وملاحظة تعبيرات الوجه للمُتكلم فلا توجد مشكلة عندما ينطق الأصم الكلام بطرائق لا تعتمد على الكلام مثل: اللمس والاتصال العيني والإشارة والأبجدية اليدوية.
- استخدام الصور والأشكال الخارجية في توضيح الأفكار بحيث تكون مُعبرة عن الشيء المراد تعلمه، مع تكرار عرضها حتى تثبت في ذاكرة الأصم، الآن الإدراك البصري أساسًا لتعلم الأصم.
- أن تكون بيئة تعلم الأصم مليئة بالمثيرات التي تجذب انتباهه ويستجيب لها وتناسبه.
- الحصول على التغذية الراجعة للتأكد من الفهم.

ومن مداخل وطرائق التدريس المناسبة للأطفال الصُم:

1- المدخل البيئي *Environmental Approach*: يُستخدم المدخل البيئي في تعليم الصُم، حيث يندمج الأصم مع البيئة والمجتمع من حوله، في إطار الأهداف التعليمية المطلوب تحقيقها، ويُساعد المدخل البيئي في تحقيق الإثارة والتشويق للخبرات التعليمية، نظرًا لأنها تكون ملموسة وحية، ويُساعد في تنمية مهارات اكتساب المعلومات ذاتيًا من مصادرها الأصلية بالبيئة، وتنمية المهارات الاجتماعية والاتصال والتفاعل والتعامل مع أفراد المجتمع، وتنمية الشعور بالانتماء، وتحمل المسئولية واتخاذ القرارات، ويُساعد في تكوين اتجاهات ايجابية للصُم نحو بيئتهم ومجتمعهم، ويُزيل الفجوة بين ما يتعلمه هؤلاء المتعلمين والواقع الفعلي، حيث تكون البيئة ميدانًا تطبيقيًا للدراسة النظرية التي يتلقوها في المدرسة، ويسمح بالترابط الرأسي والأفقي للخبرات الحياتية والأنشطة البيئية المتضمنة بمحتوى المنهج.

2- مدخل مسرحة المنهج: ويقوم على فعالية الطفل الأصم ومشاركته في عمليه التعليم والتعلم، واستغلال مهارة التمثيل الصامت لدى الطفل الأصم، ومخاطبة حاسة البصر من خلال رؤية المواقف التمثيلية، وتحويل المواقف والأحداث الاجتماعية إلى وقائع حية ملموسة يتم التعبير عنها دراميًا، وأداء المعلم لدور المُخطط و المُيسر و المُوجه لعملية التعلم.

3- مدخل حل المشكلات *Problems Approach*: يُعد هذا المدخل مناسبًا لتصميم مناهج الصُم؛ وذلك للأسباب التالية: فالمادة الدراسية وفقًا لهذا المدخل مرتبطة بحياة المتعلم، كما يتيح الفرصة للمتعلمين في المشاركة في حل مشكلاتهم، واكتساب مفاهيم وقيم ومهارات جديدة تساعدهم على التكيف مع مجتمعهم، كما أن نواتج التعلم تكون أقل عرضة للنسيان، ويُساعد المتعلمين في تكوين اتجاهات إيجابية نحو مجتمعهم ومشكلاته، ويُساعد المتعلمين في تطبيق ما يتعلمونه.

4- مدخل التعليم الفردي: وهو مدخل يعتمد على إعداد الخبرات التعليمية بما يناسب طبيعة كـل أصـم مقدراته واستعداداته وأساليب تعلمه وتفكيره، وما يتوفر لديه من خبرات ومعارف سابقة.

5- المدخل الوظيفي *Functional Approach* : يُعد هـذا المدخل مناسبًا لتصميم مناهج الصُم وذلك للأسباب التالية: يجعل لكل أصم دور في المجتمع الذي يعيش فيه، كما يُسهم في تقبل أفراد المجتمـع للأصم وتكوين اتجاه إيجابي نحوه، ويساعد الصُم في تكوين اتجاهات إيجابية نحو العاديين، ويُساعده على استثمار ما لديهم من حواس سليمة وطاقات كامنة.

6- مدخل المهارات الحياتيـة *Life Skills Approach* : ويُركز هـذا المـدخل عند بناء مناهج الصُم عـلى المهارات الأساسية التي يحتاجها المتعلمين كأفراد في المجتمع الذي يعيشـون فيـه. ويُعد هـذا المـدخل مناسبًا في بناء مناهج الصُم وذلك للأسباب التالية: يجعـل مـا يقـدم للصُم مـن معلومـات ومعـارف وخبرات وظيفيًا في حياتهم، ويُزيد مـن دافـع التعلم لـديهم، ويُزيد مـن تكيفهم في المجتمـع الـذي يعيشون فيه، كما يزيد من تفاعلهم مع أفراده.

7- مدخل الألعاب التعليمية: وهو مدخل مناسب للتفاعل الفـرد مـع بيئتـه وتطويره وتعلمـه واكتسابه أنماط السلوك المختلفة، وهو مصدر للتعلم الاستكشافي والتفاعل الاجتماعي، ويوفر الـدوافع الداخليـة للتعلم والتكيف، وتنمية المفاهيم واكتسابها، ويساعد في تحويل الأطفال الصم إلى أطفال إيجابيين ومشاركين من خلال تفاعلهم الاجتماعي، كما يُساعد بناء وتكوين النظام القيمي والأخلاقي المرغوب للمتعلم، وتنمية المهارات الاجتماعيـة والحياتيـة، وتحسـين التحصيل الأكـاديمي في المـواد الدراسـية المختلفة، وتنمية حب الاستطلاع والفضول العلمي والبحث وحل المشكلات.

وقد أكدت دراسة (أحمد نبوي، 2006) على فاعلية الألعاب التعليمية في تحسـين المقـدرات اللغويـة للأطفال الصُم، وتدريبهم على النطق والتعرف على

مخارج الحروف وأصواتها والإحساس بها وزيادة نموهم اللغوي، نتيجة إقبالهم على الألعاب التي تتحرك بالصوت، التي تقلل الشعور بالملل، وكذلك نتيجة للاهتمام باستخدام طرائق التواصل الكلى عند التدريس، والتأكيد على تلبية الاحتياجات النفسية والتركيز على النشاط الحركي للطفل الأصم.

- بالنسبة لمصادر التعلم والوسائط التعليمية:

يُسهم استخدام مصادر التعلم مع الطفل الأصم في تحقيق الأهداف التالية: إرساء مبادئ وأسس للتفكير والإدراك الصحيح في الموقف التعليمي، وتقديم وسائط حسية مباشرة أو غير مباشرة، والإسهام في إنماء وإثراء اللغة لدى الطفل الأصم، وتنمية مقدرات الأصم نحو النطق والكلام والتعبير بالكتابة وتنمية المهارات والاتجاهات المرغوبة، وإثارة النشاط الذاتي لدى الطفل الأصم والمشاركة مع الآخرين، وتحسين جودة التدريس وممارساته.

ومن مصادر التعلم المفيدة في تعليم الصُم: الصور الفوتوغرافية المتحركة والشرائح، وشرائط الفيديو والتلفزيون والكمبيوتر والنماذج والعينات والخرائط والرسومات والأشكال التوضيحية والرحلات والمتاحف والمعارض ومجلات الحائط. وحتى تحقق مصادر التعلم أهداف استخدامها، لابد أن يتوفر فيها مجموعة من المعايير والشروط تتعلق باختيارها واستخدامها أهمها: أن تكون وثيقة الصلة بأهداف الدرس، وان تتكامل مع طرائق التدريس، وأن تتناسب مع مستوى خبرات الأطفال الصُم، وأن يتوفر فيها عنصري الجاذبية والتشويق، وأن تكون صالحة للاستخدام، وتتميز بالبساطة وعدم التعقيد وان تستخدم في الوقت المناسب، وان يُستعان بها في عمليه التقويم، وأن تكون ملائمة للمستوى العمري للطفل الأصم، وأن تعتمد على حاسة البصر، وأن توفر خبرات حقيقية بديلة للأصم لكي تنقل الواقع لديه وتقربه إلى تفكيره، وأن تكون الكلمات والبيانات المُصاحبة لها بسيطة ومألوفة للأصم.

- بالنسبة لتصميم الأنشطة التعليمية التعلمية:

أكد (أحمد اللقاني، أمير القرشي، 1999) على أهمية الأنشطة التعليمية في مجال تصميم خبرات تعليم الأطفال الصُم، على النحو التالي:

- تحقيق التوافق الذاتي والتوافق الاجتماعي لدى الأصم.
- زيادة الدافعية للتعلم، والمُحافظة على الصحة النفسية، من خلال تحقيق الذات وتقديرها، وعلاج بعض المشكلات السلوكية، مثل الخجل.
- تُساعد في تحقيق أهداف التعلم الذاتي، وتوفر خبرات حسية لحدوث التعلم.
- الكشف عن المقدرات الكامنة وتنميتها، وتنمية الاتجاهات السلوكية الايجابية، والمُبادأة واتخاذ القرار والاستقلالية، وتنمية مهارات الاتصال المُختلفة لدى الصُم.
- ربط الطفل الأصم ببيئته المُحيطة وتعرف مشكلاتها وطبيعتها.

وقد أكد (عبد المطلب القريطي، 2005) على مجموعة من المبادئ الواجب توافرها في تصميم الأنشطة التعليمية للأطفال الصُم هي:

- وضوح الأهداف ودقتها.
- أن تكون موضوعات لمحتوى وثيقة الصلة بالحياة اليومية للطفل الأصم.
- أن تتنوع النشاطات المنهجية بتنوع البيئات التي يعيش فيها الطفل الأصم.
- أن تُراعى احتياجات الأطفال الصُم وخصائصهم ومتطلبات النمو لديهم.
- أن تتسم بالتكامل والتوازن بين الجوانب المعرفية والمهارية والوجدانية.
- أن تتسم بالوحدة والترابط والتسلسل والتدرج على المستويين الرأسي والأفقي.
- العناية بالنشاطات اللاصفية، كالمعسكرات والزيارات الميدانية والرحلات العلمية.
- أن تُساعد على حفز دافعية الأصم، واستمرارها، وتنمية المهارات الحياتية والاجتماعية لديه، ومهارات تفاعله وتواصله مع بيئته.

5. **تصميم بيئة التعلم**، يحتاج تصميم بيئة التعليم لتخطيط جيد، بحيث تراعي ما يلي:

- أن يمر الطفل الأصم بخبرات واقعية مألوفة ومباشرة.
- تقديم أساليب التعزيز المُباشر، بأن يعرف الأصم نتيجة أدائه مُباشرة.
- إتاحة زمن أكبر للتعلم، مراعاة لحالة ضعف التحصيل الأكاديمي لديه.
- الانتقال من خطوة إلى خطوة في تنفيذ إجراءات الدرس وبشكل مُنظم.
- نقل خبرة التعلم وتعميمها، وتقديم نفس المفهوم في مواقف جديدة وعلاقات مُتعددة.
- التكرار بشكل كافٍ لضمان حدوث التعلم، مع التنوع في التدريبات.
- تشجيع الطفل الأصم على بذل مزيد من الجهود، ومن خلال تعزيزه.

6. تصميم أدوات القياس للحُكم على نواتج التعلم:

تُمثل نتائج التقييم للأصم أساسًا لاتخاذ القرار الصحيح بشأن تخطيط وتنفيذ البرنامج التعليمي والتأهيلي له، وقد حدد كثير من الأدبيات التربوية مجموعة مبادئ أساسية ينبغي مراعاتها عند تقويم الأطفال الصُم هي:

- تحديد ما الذي يقيسه الاختبار، وصياغة الأسئلة بصوره تتلاءم مع النمو اللغوي للأصم.
- أن تكون الأسئلة موضوعية، يسهل فهمها والإجابة عنها من جانب الطفل الصُم، وتجنب استخدام الأسئلة المقالية، لأنها تحتاج إلى ثروة لغوية يفتقدها الطفل الأصم، وتجنب استخدام الأسئلة اللفظية مثل: كيف، ولماذا، وصف، وشرح، وتجنب الأسئلة التي تتضمن مُجردات مثل العدالة والأمانة والقناعة كلما أمكن، وأن تتسم الأسئلة بالوضوح وعدم الغموض في معناها، واستبعاد الأسئلة المُركبة، واستخدام العبارات القصيرة المُعبرة عن المضمون بأقل ما يُمكن من كلمات، واستخدام الكلمات ذات المدلول الحسي البصري، بحيث يُمكن ترجمتها إلى لغة الإشارة.

- مراعاة الخلفية الثقافية والاجتماعية للأصم.
- أن تشمل عمليه التقويم جميع جوانب النمو وجميع جوانب الخبرة.

خصائص بيئة تعليم وتعلم الأطفال الصُم:

حدد كثير من الأدبيات التربوية مجموعة من الخصائص اللازم توفرها في البيئة التعليمية للصُم هي:

أ- ألا يزيد عدد الأطفال في الفصل الدراسي على (6-8) طفلاً وذلك لتباين قدرات الأطفال الصُم ومهاراتهم، واستخدام التعليم الفردي في أحيان كثيرة، وهذا يحتاج إلى جهد ووقت كبيرين، قلة التركيز عند معظم الأطفال الصُم، وبالتالي ضعف الانتباه لديهم في مواصلة ما يقدمه المعلم، لذا يضطر المعلم إلى التكرار، كما أن انتباه الأطفال الصُم يتطلب تركيزا تامًا، وهذا التركيز يسبب توترًا وضغوطًا نفسية للأطفال مما يُقلل من قدراتهم على الفهم، لذلك يحتاج الأطفال إلى فترات راحة كلما لزم الأمر، إن معلم الأطفال الصُم مُكلف بواجبات إضافية لزيادة المعرفة لدى الصُم، وتطوير اللغة لديهم، واستخدام أكثر للوسائط التعليمية، ومواجهة مشكلاتهم السلوكية.

ب- إن البيئة الصفية للأطفال الصُم تُمثل أهمية كبيرة لتسهيل عملية التعلم، والتفاعل المرن بين المعلم وطلابه مما يحتاج الفصل الدراسي إلى:

- أن تكون الإضاءة جيده لتسهيل ملاحظة وجه المعلم وحركة شفتيه، والإيماءات الوجهية. وأن تكون حجرة الصف الدراسي بها تهوية جيدة.
- أن تكون القاعات واسعة ومقاعدها مريحة، وطلاء الجدران باللون الأبيض، وتزيينها بلوحات مناسبة توضع خلف الأطفال لئلا تشتت انتباههم.
- إن أفضل تصميم لجلوس الأطفال الصُم هو الشكل الهلالي أو النصف دائري أو حدوة الحصان، حيث تتيح للصم فرصة مشاهدة كل منهم للأخر بسهولة، وكذلك مشاهدة المعلم، ورغم أن هذا الوضع هو أفضل الأشكال للجلوس إلا انه

يتيح فرصة كبيرة جدا للأحاديث الجانبية بين الأطفال الصُم لدرجة الثرثرة، لمجرد انقطاع اتصالهم مع المعلم أو عدم فهمهم ما يقال؛ مما يدفعهم للتحدث الجانبي.

- أن تحتوي القاعات على الوسائل السمعية المُساعدة الجماعية لتنمية اللغة اللفظية لـديهم، وعـلى الوسائل السمعية البصرية المناسبة.

- التمسك بقواعد الأمان من خلال كون المعلم مثـال صحيح للسـلوك المطلوب، وشرح قواعد ضبط الفصل وقواعد السلوك الآمن.

صفات معلم الأطفال الصُم:

يُعتبر المُعلم الركيزة الأساسية في عمليه تعليم الصُم ، وهو يحمل على عاتقه الكثـير مـن المسـؤوليات والمهام التي تدعم بناء المجتمع. وقد أكدت الأدبيات المُتعلقة بتعليم الصُم على صفات يجب توفرها في معلم الصُم أهمها:

- الثبات الانفعالي والقـدرة عـلى التـحكم بالانفعـالات، والضـبط الانفعـالي بحيـث يسـتطيع التـحكم بانفعالاته، والتحمل للمشكلات التي تواجهه، والقـدرة عـلى حلهـا والتعامـل معهـا، و الـوعي والإدارة وسرعة البديهة.

- الصبر والاحتمال في التعامل مع الأصم، فربما يحتاج لفترة طويلة حتى يـتقن لفـظ بعـض الحـروف أو الكلمات خاصة مع مصاحبة مشاكل أخرى للصمم.

- حب العمل والتعامل مع الصم، وعادة تُستخدم اختبارات خاصة لقيـاس الرغبـة في العمـل، والاتجـاه الإيجابي نحو الإعاقة السمعية.

- السيرة الاجتماعية الحسنة، وسلامة الحـواس مـن الإعاقـات، والخلـو مـن الأمـراض المزمنـة والمعديـة، وتتمتع بقدرات عقلية أعلى من المتوسط، والكفاءة في إيصال المعلومات وزيادة خبرات الصُم.

- القدرة على التعامل مع أسر الصُم بفعالية.

التجربة السعودية في مجال تربية وتعليم الصُم:

كانت البداية الرسمية لتربية ذوي الإعاقة السمعية وتعليمهم في المملكة العربية السعودية عام 1384هـ ، عندما افتتحت وزارة المعارف - التربية والتعليم حاليًا- مُمثلة في إدارة التعليم الخاص أول معهدين للطلاب الصُم في مدينة الرياض (أحدهما للبنين والآخر للبنات)التحق بهما (41) طفلاً وطفلة. وقد مهدت تلك البداية للانتشار التدريجي لمعاهد وبرامج العوق السمعي في أنحاء المملكة، إذ بلغ عددها في المملكة عام 1423-1424-هـ (194) معهدًا وبرنامجًا تخدم (4224) طفلاً يدرسون في (674) فصلاً.

1- إدارة العوق السمعي: تُعد إدارة العوق السمعي من أقدم الإدارات التي أُنشئت لتعليم المعوقين وتربيتهم، وكانت في البداية تعني بتعليم وتربية الأطفال الصُم فقط، ثم تطورت رسالتها فامتدت رعايتها لتشمل تربية وتعليم الصُم وضعاف السمع، وبالتالي تغير اسمها من إدارة تعليم الصُم إلى إدارة العوق السمعي. وهي تهدف إلى التخطيط والإشراف الفني على معاهد وبرامج الصُم وضعاف السمع، والمشاركة في تطوير مناهجها، وتوفر المستلزمات الفنية والتربوية اللازمة لها، ورفع مستوى العملية التعليمية والكوادر المهنية العاملة (وزارة التربية والتعليم، 2006) ومن أهم مهام واختصاصات إدارة العوق السمعي:

- تُعد وتنسق السياسات والإجراءات والبرامج والمساعدات التي يجب أن تتبعها الإدارات التعليمية في تعليم الصُم وضعاف السمع.
- تستلم وتراجع وتقيم وتقدم التوصيات فيما يتعلق بتعليم ذوي الإعاقة السمعية من ميزانيات الإدارات التعليمية والوظائف ومكافآت الأطفال وإعاشتهم وإسكانهم.
- تتسلم وتراجع وتتخذ الإجراءات المناسبة بخصوص جميع الأمور الإدارية الأخرى التي تتعلق بتعليم ذوي الإعاقة السمعية، وفقا لسياسة الوزارة، وكذلك التي تتعلق بأكثر من إدارة تعليمية واحدة مثل طلبات نقل المُعلمين.

- تتسلم التقارير الواردة من الإدارات التعليمية والتي تهدف إلى إحاطة الإدارة بالمعلومات عن برامج تعليم ذوي الإعاقة السمعية، وإداراتها ومشاكلها واحتياجاتها، وغير ذلك من المعلومات الضرورية للتخطيط والتطوير.
- تنظيم الجولات الاستطلاعية والتوجيهية المتابعة المختلفة على المعاهد والبرامج التعليمية، وجعلها في صورة جماعية كلما كان ذلك ممكنا، كما تطلب من المشرفين التربويين مراجعة البرامج التعليمية المختلفة وتقييمها.
- تشترك في برامج الأبحاث التربوية المتعلقة بتعليم ذوي الإعاقة السمعية وتقوم بتزويد الجهات المعنية بالمعلومات المطلوبة.
- تساعد في إعداد الكتب واختيارها والوسائل الإيضاحية والمختبرات والآلات والمواد واللوازم التعليمية ذات العلاقة، وتقوم بتحديد المتطلبات السنوية.
- تساعد في التقويم والتطوير الدائم لمناهج تعليم ذوي الإعاقة السمعية وتقترح المراجعات، وإعادة النظر في البرامج كلما كان ذلك ضروريًا.
- تتعاون في عملية اختيار المُعلمين والموظفين الآخرين المطلوبين وتعيينهم، للعمل في برامج تعليم ذوي الإعاقة السمعية، كما تُسهم في توجيههم للعمل بالإدارات التعليمية المختلفة، وفي التحديد المبدئي للمهام التي يتولونها.
- تقيم توصيات مديري الإدارات التعليمية الخاصة بتجديد أو إلغاء عقود الموظفين المتعاقدين الذي يعملون في معاهد وبرامج تعليم ذوي الإعاقة السمعية.
- تعد وتقدم تقريرًا سنويًا عن نشاطات الإدارة متضمنا كافة المعلومات المتعلقة بالأطفال والمديرين والبرامج التعليمية والمقترحات والخطط القصيرة وطويلة المدى، لتحسين وتطوير برامج تعليم ذوي الإعاقة السمعية.
- تشارك في إعداد الميزانية السنوية للإدارة وفقا للسياسة والإجراءات المتبعة.

2- **معاهد وبرامج العوق السمعي:** حددت (وزارة التربية والتعليم بالمملكة، 2006) مُتمثلة في إدارة العوق السمعي معاهد وبرامج العوق السمعي كما يلي:

أ- **معاهد الأمل للصم**: بلغ عددها 1424/1423هـ (20) معهـدًا ويدرس بها (1241) طفلاً ومن بينها (10) معاهد بها أقسام داخلية يقيم فيها (157) طفلا.

ب- **برامج فصول الأمل للصم بالمدارس العادية**: هي فصول خاصة يتم افتتاحها بمدارس التعليم العام يبلغ عددها (98) برنامجًا، هذه البرامج موزعة كما يلي:

- برامج فصول الأمل للصم بالمدارس الابتدائية، وعددها (67) برنامجًا.
- برامج فصول الأمل للصم بالمدارس المتوسطة، وعددها (20) برنامجًا.
- برامج فصول الأمل للصم بالمرحلة الثانوية،وعددها (13) برنامجًا.

- **نظام الدراسة**: يتضمن نظام الدراسة للأطفال ذوي الإعاقة السمعية المراحل التالية:

- المرحلة التحضيرية للصم ومدتها سنتان، السنة الأولى في معهد الأمل للبنات، والسنة الثانية في معاهـد وبرامج البنين.
- المرحلة الابتدائية لمعاهد وبرامج الأمل للصم ومدتها ست سنوات.
- المرحلة المتوسطة لمعاهد وبرامج الأمل للصم ومدتها ثلاث سنوات
- المرحلة الثانوية الفنية ومدتها ثلاث سنوات.

- **شروط القبول في معاهد وبرامج فصول الأمل للصُم، هي:**

- أن يكون لديه صمم كلي أو فقدان للسمع بدرجة 70 ديسبل فأكثر.
- ألا يقل معامل ذكائه عن 75 درجة.
- ألا يكون لديه إعاقة أخرى رئيسية تمنعه من الاستفادة من البرامج التعليمية.
- أن يكون سعودي الجنسية أو لديه إقامة نظامية، وتكون الأولوية للسعوديين.
- ألا يقل عمره عن خمس سنوات للقبول بالمرحلة التحضيرية وست سـنوات بالمرحلة الابتدائية ولا يزيد على 14 سنة.

ج- **برامج فصول ضعاف السمع وعيـوب النطـق بالمـدارس العاديـة**: يبلغ عـددها (27) برنامجًا يـدرس بها(895) طفلاً، منها عدد (25) برنامجًا بالمرحلة

الابتدائية وبرنامجًا واحدًا بالمرحلة المتوسطة وبرنامجًا واحدًا في المرحلة الثانوية وجميعها تطبق مناهج التعليم العام.

- شروط القبول في برامج فصول ضعاف السمع وذوي عيوب النطق:

- ألا يقل معامل ذكاء الطفل عن 75 درجة.

- أن تكون درجة فقده للسمع بين 35 - 69 ديسبل بعد استخدمه المعينات.

- ألا يكون لديه إعاقة أخرى رئيسة تمنعه من الاستفادة من البرامج التعليمية.

- أن يتم تحويل الطفل من إحدى مدارس التعليم العام، ويستمر الطفل مقيدًا بسجلات مدرسته الأصلية ليعود إليها إذا تحسن أو رأت ذلك اللجنة التي تعتمد قبول الطفل في هذا البرنامج.

- برامج ضعاف السمع والنطق في التعليم العام:

تهدف برامج ضعاف السمع والنطق في التعليم العام إلى تحقيق الأهداف التالية:

- الأخذ بيد فئتين من الأطفال هما: فئة ضعاف السمع، وفئة تُعاني من صعوبات في النطق والكلام، وتؤثر في تحصيلهم الدراسي وتكيفهم داخل الفصل العادي.

- إتاحة الفرصة لضعاف السمع والنطق لمواصلة دراستهم حسب مناهج التعليم العام بطريقة تفي باحتياجاتهم التعليمية والتربوية، والاستفادة من العناية الطبية والتربوية وخدمات التربية السمعية المتوفرة في معاهد الأمل.

- تعزيز الثقة بالنفس، وتلبية احتياجاتهم النفسية لتحقيق التوافق النفسي والاجتماعي.

- تقليل نسبة الإهدار في التعليم العام حيث يسبب تكرار رسوبهم في الفصل العادي ظواهر سلبية كالتسرب والانقطاع عن الدراسة.

- محاولة استثمار الطاقات الموجودة لدى هؤلاء الأطفال للمساهمة في برامج تنمية المجتمع كعناصر منتجه في إطار ما منحهم الله سبحانه وتعالى من قدرات.

د- برامج تعليم الكبار والتعليم المسائي: ويبلغ عددها (20) برنامجًا هي:

- برامج محو الأمية، مدة البرنامج ثلاث سنوات وتكون الدراسة بالفترة المسائية، وعددها (9) برامج.
- برامج الدراسة المسائية بالمرحلة المتوسطة للصم ومدتها ثلاث سنوات، ويبلغ عددها (5) برامج.
- برامج المرحلة الثانوية الفنية المسائية للصم ومدتها ثلاث سنوات، وعددها (6) برامج.

هـ- برامج المُعلم المتجول والمُعلم المستشار: المُعلم المتجول: يقوم بالتدريس من خلال غرف المصادر في مدارس التعليم العام التي تتوفر بها كافة المستلزمات المكانية والتجهيزات البشرية، وبلغ عدد غرف المصادر (9) غرف، وقد استفاد منها (86) طفلاً في عام 1423هـ/ 1424هـ. أما المُعلم المستشار: فهو الذي يقوم بمتابعة الأطفال الذين لديهم مشاكل في السمع أو النطق ويواصلون تعليمهم في الصفوف العادية، ويعمل على تقديم الخدمات التربوية المناسبة لهم، وتقديم الاستشارة للمعلمين في هذه الصفوف، وقد استفاد من هذا البرامج (31) طفلاً في عام 1424/1423هـ

و- مراكز السمع والكلام: عبارة عن مراكز طبية سمعية أو مستوصف طبي سمعي تشرف عليه الوحدة الصحية، ويمكن إلحاقه بمعاهد الصُم، وتهدف مراكز السمع والكلام إلى تقديم خدمات للطلاب الذين يعانون من صعوبات في السمع والنطق والكلام مما يستدعي فحصهم ثم علاجهم عن طريق جلسات التدريب بالمركز، وتدريب المُعلمين والفنيين على قياس السمع، وعمل قوالب الأذن، وتدريبات النطق، ويوجد (12) مركزًا موزعة في مختلف مناطق المملكة، حيث يحتوي كل مركز على: طبيب أو طبيبة أخصائية، انف وأذن، وحنجرة. ويكون عضوا في المركز، أخصائي قياس السمع، مُعلم صم

متخصص، مُدرب نطق متخصص، أخصائي فني سماعات أذن، طبيب عام للمعهد، أخصائي اجتماعي.

ز- برامج مزدوجي الإعاقة (تخلف عقلي إضافة إلى العوق السمعي) : ويدرس الأطفال في هـذه البـرامج مناهج التربية الفكرية، ولكن خطتهم الدراسية خطة مستقلة تم اقتراحها قبل إدارة العـوق السـمعي تتلاءم واحتياجاتهم، ويوجد (6) برامج لمتعددي العوق.

3- الأجهزة والأدوات التعليمية:

تزود وزارة التربيـة والتعلـيم بالمملكـة معاهـد وبـرامج ذوي الإعاقـة السـمعية بـالتجهيزات التعليميـة والكثير من الأدوات والوسائل والأجهزة السمعية الحديثة أهمها:

- الأجهزة السمعية الجماعية التي يستخدمها من لديهم بقايا قدرات سمعية.

- النظام المغناطيسي الدائري لتضخيم الصوت داخل الفصل.

- أجهزة تـدريب النطـق وتصحيحه مثل الشاشـات التلفزيونيـة، جهـاز التـدريب علـى نطـق الحـروف المتشابهة في أصواتها ومخارجها.

- المعينات السمعية الفردية وهي أنواع متعددة منها: سـماعة الجيـب للأطفـال الصـغار، سـماعة خلـف الأذن، سماعة النظارة. وتُصرف هذه المُعينات للأصم دون مقابل.

- أجهزة قياس السمع بأنواعها الثابت منها والمتحرك؛ لقياس السمع وضغط الأذن.

- المرآة العاكسة لحركات الشفاه واللسان وتعبيرات الوجه.

- الوسائل التعليمية كالفانوس السحري، وأجهزة عرض الصور بأنواعها والأفلام التعليمية وأجهزة الفيديو.

الفصل الثاني

مراكز مصادر التعلم

- مفهوم مراكز مصادر التعلم.
- مراحل تطور مراكز مصادر التعلم.
- مبررات إنشاء مراكز مصادر التعلم.
- فلسفة مراكز مصادر التعلم وأسسها التربوية.
- أهمية مراكز مصادر التعلم.
- أهداف مراكز مصادر التعلم.
- وظائف مركز مصادر التعلم.
- مهام مركز مصادر التعلم.
- مُكونات مركز مصادر التعلم.
- مُحتويات مركز مصادر التعلم.
- الوحدات الرئيسة لمركز مصادر التعلم.
- أنشطة مركز مصادر التعلم وخدماته.
- الإدارة الفعالة لمركز مصادر التعلم.
- مهام اختصاصي مركز مصادر التعلم.

مراكز مصادر التعلم

مفهوم مركز مصادر التعلم:

يُطلق على مركز مصادر التعلم أسماء ومصطلحات عديدة ومختلفة مثل: مركز الأنشطة التربوية، مركز المواد التعليمية، مركز المصادر التربوية، مركز المصادر التعليمية، مركز المواد السمعية والبصرية، مركز الوسائل التعليمية، مختبر مصادر التعلم، مركز التقنيات التعليمية، ويُعد مصطلح (مركز مصادر التعلم) الأكثر شيوعًا بين هذه المصطلحات في الوسط التربوي.

ومن ناحية أخرى يُشير (نديم حامض وآخرون، 1996) إلى أن مُسمى مركز مصادر التعلم يُطلق حديثًا على المكتبة المدرسية، بهدف إعطاء مفهوم جديد لها، وتحولاً في فلسفتها، وتبدلاً في هويتها ووظيفتها؛ ومن ثم ظهرت مسميات جديدة للتعبير عن الوضع الجديد للمكتبة المدرسية، منها: مركز الأوعية – Multi media مركز الأوعية المتعددة Multi – media center ، مركز المصادر Resource center المكتبة الشاملة comprehensive library ، وتشترك كل هذه المسميات في ضرورة تنوع وتعدد وشمول مصادر المعرفة، والتعامل مع المتُعلم بصفته شخصًا مبادرًا، مسئولاً، بهدف المساهمة في تعليم الفرد وتدريبه بشكل مُستمر.

خصوصاً وأن المكتبة المدرسية اعتمدت - ولحقبة طويلة جدًا- على الأوعية التقليدية للتعلم، فقد كان نموها تراكميًا وليس تكامليًا، ولم تُؤد دورًا إيجابيًا في إدخال المصادر والنظم والتكنولوجيا التربوية الحديثة، في ظل تطور العملية التربوية، والتأكيد على التعلم القائم على الخبرة والدافعية، والنشاط الذاتي للمتعلم؛ ومن ثم ظهرت فكرة مراكز مصادر التعلم، من أجل إيجاد متُعلم فعال، قادر على مواجهة المواقف والمشكلات المختلفة، وإيجاد الحلول المناسبة لها معتمدًا على مصادر متعددة للمعرفة.

كما أن مركز مصادر التعلم يختلف عن المكتبة المدرسية ليس فقط في التسمية كما يظن البعض، بـل في الأهداف والوظائف والأنشطة والعمليات والمقتنيات والمصادر والخدمات وحتـى التنظيم، إضافة إلى أن المكتبة المدرسية تحتوي على مجموعة من المواد المطبوعة (كتب- قصص- دوريات)، بينما مركز مصادر التعلم يحتوي على المواد المطبوعة والمواد السمعية والبصرية وما تتطلبه من أجهزة تقنية في تشغيلها.

وهذا التحول يتطلب أن نضع في الاعتبار عدة محاور أساسية منها: توفير مساحات كافية لكي يُؤدي المركز وظائفه أداءً سليمًا؛ وأن يكون مركز المصادر التعليمية بالمدرسة حافلاً بالأنشطة التربوية المتنوعة، بهدف تحسين المستوى الدراسي وممارسة الأنشطة التربوية المتنوعة واكتساب مهارة التعلم الذاتي، وتطوير الخبرات المهنية للمعلم، واستثمار إمكاناته المادية والبشرية في تحسن العملية التعليمية وتطويرها، بما يتماشى مع مُتغيرات عصر المعرفة.

وقد أمكن تقسيم تعريفات مفهوم مركز مصادر التعلم إلى نمطين هما:

النمط الأول: يُركز على تعريف مركز مصادر التعلم باعتبارها مكانًا يضم مجموعة مواد تعليمية متنوعة، وهو تعريف تقليدي، ومن هذه التعريفات ما يلي:

عرف (حمد العمران، 2006) مركز مصادر التعلـم بأنـه المكـان الـذي يضم مصـادر التعلـم والوسائل المتعددة الخاصة بالتعلم الفردي أو المجموعات الصغيرة والمرتبة وفقًا لنظام محدد يتميـز بالمرونـة في الاستخدام ويعمل على إشراك المتعلم في أساليب التعلم المتنوعة.

ويتفق كـلاً مـن (فـتح البـاب، 1995)، (Nyberg,J.R.,1996) في تعريـف مركـز مصـادر التعلم بأنـه مكـان للنشاط والدراسة، يُعزز عملية التعلم، ويوفر إمكانية الدراسة الفردية والجماعية، بمـا يقدمـه مـن فرص للإطلاع الفردي أو الاستماع أو المشاهدة الفردية للمتعلم، وفرص توجيه المتعلمين وقيادة عمليتي التعليـم والتعلم.

وعرف (عبد الحافظ سلامة، 1995) مركز مصادر التعلم بأنه مساحة أو مجموعة من المساحات المُجهزة من أنواع مختلفة من وسائل الاتصال: المطبوعة وغير المطبوعة وأنواع من المُعدات السمعية والبصرية، ومواد التعليم المبُرمج، وهى مُصممة بحيث تُلائم أساليب وحاجات التعليم المختلفة.

وعرف (نديم حامض وآخرون، 1996) مركز مصادر التعلم بأنه مكان يحتوى على أوعية المعلومات carriers of information وهيئة موظفين وتجهيزات، يذهب إليه المتعلم للحصول على المعلومات التي يحتاجها شخصيًا بحسب البرنامج التعليمي في مدرسته، واستجابة لاحتياجاته الخاصة. وتتصف كلمة معلومات بالشمولية لتضم أوعية المعلومات المقروءة والمسموعة والمرئية.

ويتفق كلاً من (عبد المحسن المحسن، 2007)، (بدر الصالح وآخرون، 2003) على تعريف مركز مصادر التعلم بأنه موقع في المدرسة يقدم خدماته لمعلمي وطلاب وإداري المدرسة وغيرهم، وتشمل هذه الخدمات توفير مصادر تعليم وتعلم متنوعة، مطبوعة وغير مطبوعة وإلكترونية، وإتاحة فرص استخدام الشبكة المعلوماتية، إضافة إلى خدمات أخرى مثل إنتاج المصادر والتدريب المهني وغيرها، من خلال تسهيلات مجهزة، وعمليات، ومعلومات أو مهام محددة، واختصاصي مؤهل بهدف توفير بيئة تعليمية غنية بالمصادر المتعددة، وتوظيف أساليب التعليم والتعلم الحديثة المعتمدة على دمج تقنية المعلومات والاتصال في العملية التعليمية.

أما النمط الثاني: فيُركز **على تعريف مركز مصادر التعلم باعتبارها بيئة تعليمية تُيسر التعلم**، وهو تعريف أشمل وأوسع، ومن هذه التعريفات ما يلي:

عرف (محمد خميس،1997) مركز مصادر التعلم تعريفًا شاملاً بأنه مكان وبيئة تعليمية متكاملة للتعلم النشط الفعال، والدراسة الفردية المستقلة والجماعية، ويشتمل على كافة مصادر التعلم المكتوبة والمسموعة والمرئية والملموسة والتفاعلية

والالكترونية ونظم الوسائل المتعددة، منظمة ومصنفة ومخزنة، بطريقة يسهل استرجاعها، وسرعة الحصول عليها، كما يوفر الإمكانيات والتسهيلات المناسبة التي تتيح للمتعلمين فرص استخدام هذه المصادر والتفاعل معها، فرادي أو جماعات، بهدف تدعيم العملية التعليمية وتحسين التعلم.

وعرف (عصام فريحات، 1425هـ) مركز مصادر التعلم بأنه مرفق مدرسي، يوفر بيئة تعليمية غنية، ويحتوي أنواعًا متعددة من مصادر المعلومات ذات الارتباط الوثيق بالمنهج، يتعامل معها المتعلم بشكل مباشر؛ لاكتساب المهارات وتنميتها، وبناء الخبرات، وإثراء المعارف، باستخدام أساليب التعلم الحديثة، ويقوم بإدارة هذا المرفق شخص مؤهل.

وعرف (ربحي عليان، 1424هـ) مركز مصادر التعلم باعتباره نظامًا متكاملاً أو تصميمًا معينًا لبيئة تعليمية متكاملة تتبع مؤسسة تعليمية (المدرسة)، ويسعى إلى تحقيق أهدافها من خلال القيام بمجموعة من الوظائف والعمليات والأنشطة، وتقديم سلسلة من الخدمات المكتبية والمعلوماتية التي تخدم المتُعلم أولاً والمُعلم ثانيا، وذلك عن طريق توفير مجموعة جديدة وغنية من مصادر التعلم والمعلومات بكافة أشكالها (المطبوعة وغير المطبوعة)، ودمجها مع كل ما قدمته التكنولوجيا من مواد ووسائل وأجهزة وتقنيات متطورة من أجل تطوير العملية التعليمية والتعلمية.

وعرفت (إدارة مراكز مصادر التعلم والمكتبات المدرسية، 2004) مفهوم مركز مصادر التعلم بأنه بيئة تعليمية تحوي أنواعًا متعددة من مصادر المعلومات، يتعامل معها المتعلم، وتتيح له فرص اكتساب المهارات والخبرات، وإثراء معارفه عن طريق التعلم الذاتي. **وحددت أهمية مركز مصادر التعلم فيما يلي:**

- يوفر البيئة المناسبة التي تُمكن الطالب من استخدام مصادر متنوعة .
- يقدم نموذجًا مختلفًا عن الحصة، يُساعد في جذب الطلاب، وإثارة اهتمامهم.
- يساعد في تنظيم المصادر التعليمية وتصنيفها بما يسهل الوصول إليها .

- يساعد المعلم من خلال أمين المركز في عمليات التحضير للحصة، وتنفيذها، وإعادة تنظيم مواد المصادر التعليمية المستخدمة وضمان جاهزيتها.
- يتيح للمتعلم فرص التعلم في الأوقات التي يختارها وللموضوعات التي يفضلها أو يرغب في الاستزادة فيها دون التقيد بالحصة الصفية وما يقدم فيها.
- كسر الجمود في الجدول المدرسي التقليدي وذلك بتغيير مكان التعلم وأساليب التعليم ووسائله.

ويتضح مما سبق أن مركز مصادر التعلم ليس مكانًا أو مستودعًا للمصادر التعليمية المتنوعة والمعلومات، بل هو أشمل وأعمق من ذلك، فهو بيئة تعليمية تعلمية مُتكاملة لمُختلف ألوان النشاط الفعال، ومن ذلك يمكن استخلاص التعريف التالي لمركز مصادر التعلم بأنه مكان وبيئة تعليمية متكاملة للتعلم النشط الفعال، والدراسة الفردية المستقلة والجماعية، ويشتمل على كافة مصادر التعلم المكتوبة والمسموعة والمرئية والملموسة والتفاعلية والالكترونية، ونظم الوسائط المتعددة، منظمة ومصنفة ومخزنة، بطريقة يسهل استرجاعها، وسرعة الحصول عليها، كما يوفر الإمكانيات والتسهيلات المناسبة التي تتيح للمتعلمين والمُعلمين فرص استخدام هذه المصادر والتفاعل معها، فرادى أو جماعات، بهدف تحقيق أهداف العملية التعليمية، من خلال تحسين مهارات التعلم لدى المُتعلمين، وتطوير الكفايات المهنية لدى المُعلمين.

وبهذا المعنى تهتم تكنولوجيا التعليم بجميع مصادر التعلم التي تُحقق اكتساب خبرات تعليمية، سواء أكانت هذه المصادر بشرية أم غير بشرية، تتم عن طريق الخبرة المباشرة أو الخبرات البديلة داخل البيئة التعليمية أم خارجها، وهذه المصادر إما أن تكون تعليمية بالتصميم By design أي صممت أساسًا من أجل العملية التعليمية، أو بالاستخدام By Utilization أي صممت لأغراض أخرى لكنها أثبتت فاعليتها في المواقف التعليمية، ويمكن تصنيف مصادر التعلم التي يتعامل معها

المتعلم في أي موقف تعليمي إلى مصادر بشرية (كالمعلمين)، والأماكن (مواقع وبيئات التفاعل مع مصادر التعلم) والأنشطة (الموجهة والهادفة)، والمواد التعليمية، الأجهزة والتجهيزات. ومن ثم يمكن النظر إلى مصادر التعلم كنظام متكامل يقوم فيه كل مصدر بدور مهم في العملية التعليمية إما بمفرده أو بالتفاعل مع غيره من المصادر لتحقيق هدف تعليمي محدد. ومن ثم فمصادر التعلم ليست إضافية في العملية التعليمية، بل هي المدخل التعليمي ذاته، يتم اختيارها على أساس أهداف وحاجات وطبيعة الموقف التعليمي، ويراعى تناسقها وترتيبها، وتوقيت عرضها في منظومة مُحكمة. وهذا هو جوهر تكنولوجيا التعليم.

مراحل تطور مراكز مصادر التعلم:

مرت مراكز مصادر التعلم بعدة مراحل من التطور حتى وصلت إلى الصورة الحالية، وأهم هذه المراحل ما يلي:

1. **المرحلة الأولى:** مكتبات الصفوف classroom library : وهى البداية الحقيقية للمكتبات المدرسية، وهى مرحلة سابقة لمراكز مصادر التعلم، وهى عبارة عن خزائن صغيرة تحفظ داخل الصفوف، تضم كتبًا عامة وقصصًا تتصل بميول الطلاب وهواياتهم، وغالبًا ما يشاركون في شرائها واختيارها، وتستهدف تطوير عادات القراءة والمطالعة.

2. **المرحلة الثانية:** المكتبات المدرسية الرئيسة أو المركزية school library وهى مركز رئيس للقراءة والمطالعة لجميع أفراد المجتمع المدرسي.

3. **المرحلة الثالثة:** مكتبة المواد أو المطبوعات subject library : وهى عبارة عن مجموعات أو مقتنيات، تضم جمع وتنظيم الكتب والدوريات والمواد المطبوعة الأخرى، والمواد السمعية والبصرية المتعلقة بمواد دراسية معينة مثل الفيزياء أو

الكيمياء أو اللغات أو التاريخ والجغرافيا، وتكون متاحة للطلاب والمعلمين عند دراسة هذه المواد وموضوعاتها المختلفة.

4. **المرحلة الرابعة:** المكتبة الشاملة comprehensive library : وهى مؤسسة تعليمية تسهم في تحقيق الأهداف التربوية المختلفة للمدرسة، من خلال عدة قاعات للمواد التعليمية المختلفة كالأفلام والخرائط والمصغرات الفيلمية والتسجيلات الصوتية، مشاهدة الأفلام والاستماع للتسجيلات والتعلم الفردي.

5. **المرحلة الخامسة:** مرحلة مراكز مصادر التعلم، وهى المرحلة الحالية لمراكز مصادر التعلم، التي جاءت نتيجة عدة عوامل أهمها:

- إجماع النظريات التربوية الحديثة على أن التعليم عن طريق الخبرة هو أفضل أنواع التعليم القائم على البحث والتعلم الذاتي ودافعية المتعلم ونشاطه.
- المتعلم محور العملية التعليمية، ولذا ينبغي أن تعدد مصادر المعرفة وتتنوع.
- المواد الدراسية وحدات مترابطة متكاملة، تقوم على النشاط الذاتي وتحقيق الفهم.

ولذا يتطلع الجميع أن يكون مركز مصادر التعلم بيئة تعليمية تعلمية جاذبة للمعلمين والمتعلمين، تغذيهم بما يحتاجونه من مهارات ومعلومات مستقاة من مجموعة من المصادر المختلفة المتاحة، عن طريق الوسائل والأجهزة المتعددة التي يجيد هؤلاء المستفيدون استخدامها، وتوظيفها في كافة أعمالهم، وفق إستراتيجية مرنة، وضعت لتحقق أهدافًا تربوية يستفيد منها كافة المرتادين.

مبررات إنشاء مراكز مصادر التعلم:

اتفق كلاً من (حسن الأنصاري، 2006)، (محمود الحيلة، 2004) على أن أهم مبررات إنشاء مراكز مصادر التعلم هي: التقدم العلمي والمعرفي، والاهتمام العالمي بتنمية المهارات التعليمية العقلية والانفعالية والنفس حركية في ضوء تجزئة

المادة التعليمية إلى أجزاء بسيطة، وضرورة تفريد المواقف التعليمية للتغلب على الفروق الفردية للوصول إلى مستوى الإتقان، وتغير دور المعلم من ملقن وناقل للعلوم والمعارف إلى مرشد وموجه وميسر ـ للعملية التعليمية، ومدير للمواقف التعليمية، وتطور دور المدرسة ووظيفتها فأصبحت تخطط وتنتج البرامج التربوية، وتقوم بإيصال العلم إلى بيئة المتعلم إضافة إلى تكامل المعرفة، وتنوع مصادرها، وضرورة تكامل الخبرة التعليمية، وتطور مفهوم الوسائل التعليمية وطرق تقديم خدماتها التعليمية، والتأكيد على التعلم، والدور الإيجابي للمتعلم في الحصول على الخبرة، وتنويع أساليب التعلم والتدريس، وتحقيق الأهداف التربوية للمؤسسات التعليمية.

وبالرغم من تعدد مبررات إنشاء مراكز مصادر التعلم تظل الهوة كبيرة بين واقع المدرسة اليوم وما يحيط بها من عالم متغير ومنتج للمعلوماتية، ومستحدثات تكنولوجية يمكن توظيفها واستخدامها في عملية التعليم والتعلم، والاعتماد عليها في تقديم خدمات متنوعة داخل المدرسة، وضرورة التدريب على استخدام هذه المستحدثات، وتوظيفها في العملية التعليمية. العمل على توظيف الكوادر المؤهلة والمدربة على العمل في مركز مصادر التعلم، تطوير المركز بما يتناسب واحتياجات المستفيدين من الطلاب والمعلمين والإدارة المدرسية.

فلسفة مراكز مصادر التعلم وأسسها التربوية:

أشار (بدر الصالح وآخرون، 2003) إلى أن هناك مجموعة من العوامل، التي تسهم في بناء فلسفة مراكز مصادر التعلم، وذلك على النحو التالي:

- **الفلسفة الموجهة للمركز:** حاجات الطلاب والمعلمين أساسًا، بحيث توجه مصادر المركز البشرية وغير البشرية لمقابلة حاجات المتعلمين والمعلمين.
- **الخدمة:** إذ تتوفر خدمات تعليمية ومعلوماتية وتدريبية تتميز بالجودة والفعالية والكفاءة للطلاب والمعلمين؛ لمقابلة حاجاتهم وتحقيق رضاهم.

- **الدعم الإداري:** ويُقصد به توفير دعم إداري مستمر من قبل إدارات تقنيات التعليم بوزارة التربية والتعليم والمناطق والمحافظات؛ لتمكين ميزانيات مراكز مصادر التعلم من الوفاء بمسؤولياتها المتعلقة بتقديم خدمة متميزة للجمهور المستهدف.
- **الاتصال:** ويعني تيسير الاتصال المفتوح والمرن بين إدارة المدرسة وأولياء الأمور؛ بهدف تعرف حاجاتهم وتقديرها، وتحليلها، واتخاذ اللازم لمقابلتها.
- **الإتاحة:** وتعني توفير فرص متساوية لأفراد الجمهور المستفيد في الوصول إلى المصادر المعلوماتية وشبكاتها من داخل المركز وخارجه.

ومراكز مصادر التعلم تمثل نظامًا فرعيًا يخدم نظامًا أكبر هو المؤسسة التعليمية، ويتبع فلسفتها ويسعى لتحقيق أهدافها العامة والخاصة، وتقوم فلسفة مراكز مصادر التعلم على الأسس التربوية التالية:

- **تكامل المعرفة وتنوع مصادرها:** حيث توفير مراكز مصادر التعلم المعرفة في صورة مرئية أو مسموعة أو ملموسة بحيث تسمح لأكبر عدد من حواس المتعلم للاشتراك في عملية التعلم.
- **ضرورة تكامل الخبرة التعليمية:** بحيث يكتسب المتعلم جميع أبعاد الخبرة المعنوية الحسية بدلاً من الاقتصار على الصورة الذهنية للخبرة فقط.
- **تطوير مفهوم الوسائل التعليمية المكتوبة والمرئية والمسموعة**، نتيجة التزاوج بين الوسائل التعليمية وطرق تقديم خدماتها معًا.
- **التأكيد على التعلم الذاتي**، ومراعاة ميول المتعلم واحتياجاته واستعداداته وأساليب إدراكهم وتفكيرهم، وما تتطلبه من تنويع مصادر التعلم الملائمة.
- **الدور الايجابي للمتعلم في الحصول على الخبرة**، وهذا يتطلب وجود الوسائل التعليمية داخل مركز مصادر التعلم بما يتيح للمتعلم الحرية الكاملة في استخدامهما كل حسب مقدراته واحتياجاته واستعداداته.

- **تنويع أساليب التعلم والتعليم.**
- **تغيير دور المعلم وفلسفة التدريس:** فلم يعد المُعلم المصدر الوحيد للمعرفة، بـل أصـبح ذو دوريـن رئيسين هما: الدور التشخيصي، والدور العلاجي.

أهمية مراكز مصادر التعلم:

حددت وزارة التربية والتعليم بالمملكة العربية السعودية أهمية مراكز مصادر التعلم فيما يلي:

- توفير مصادر التعلم بيئة مناسبة تمكن الطالب من استخدامها في للتعلم.
- تُقدم نموذجًا مختلفًا عن الحصة الصفية يساعد في جذب الطلاب وإثارة اهتمامهم.
- تقدم بديلاً اقتصاديًا يوفر في النفقات اللازمة لتجهيز جميع الغرف الصفية بالتقنيات التعليمية.
- إعطاء مزيد من المرونة للعملية التعليمية وكسر الجمود في الجدول المدرسي التقليدي وذلـك بتغيـير مكان التعلم ووسيلة التعلم وطريقته بالاعتماد على مركز مصادر التعلم.
- تساعد في تنظيم المصادر التعليمية وتصنيفيها مما يسهل الوصول إليها.
- تتيح للمتعلم فرص التعلم في الأوقات التي يختارها، وللمواضـيع التـي يفضـلها أو يرغـب بالاسـتزادة فيها، دون التقيد بالحصة الصفية وما يقدم فيها.

أهداف مراكز مصادر التعلم:

حددت (إدارة مراكز مصادر التعلم والمكتبات المدرسية، 2004) الهدف العام من تأسيس مراكـز مصـادر التعلم في: توفير بيئة تعليمية تعلميه مناسبة تتيح للمـتعلم الاسـتفادة مـن أنـواع متعـددة ومختلفـة مـن مصادر التعلم، وتهيئ له فرص التعلم الذاتي، وتعزز لديه مهارات البحـث والاكتشـاف، وتمكـن المُعلـم مـن إتباع أساليب

حديثة في تصميم مادة الدرس، وتنفيذها وتقويمها. وانبثق عن هذا الهدف العام أهدافًا نوعية هي:

- دعم المنهج الدراسي عن طريق توفير مصادر التعلم ذات الارتباط بالمنهج، وذلك لبعث الفاعلية والنشاط والحيوية فيه.
- تزويد المتعلم بمهارات وأدوات تجعله قادرًا على التكيف، والاستفادة من التطورات المتسارعة في نظم المعلومات.
- مساعدة المُعلم في تنويع أساليب تدريسه.
- مساعدة المعلمين في تبادل الخبرات، والتعاون في تطوير المواد التعليمية.
- تقديم اختيارات تعليمية متنوعة لا توفيرها أماكن الدراسة العادية.
- إتاحة الفرصة للتعلم الذاتي.
- تلبية احتياجات الفروق الفردية.
- إكساب الطلاب اهتمامات جديدة، والكشف عن الميول والاستعدادات الكامنة، والقدرات الفعالة لدى الطلاب.
- تنمية مقدرات الطلاب في الحصول على المعلومات من مصادر مختلفة.

وقد طرحت الأدبيات التربوية في مجال تكنولوجيا مراكز مصادر التعلم قائمة بالأهداف النوعية لمركز مصادر التعلم كما يلي:

- تقديم مواد تعليمية تعلمية مناسبة ومتنوعة لتستخدم من قبل الطلاب والمعلمين بطرق فردية أو جماعية.
- توفير الخبرات اللازمة لتطور الأساليب التعليمية الحديثة التي تخدم الطلاب والمعلمين في عملية التعليم والتعلم.
- تأمين كافة التسهيلات والخدمات والأجهزة اللازمة؛ لتيسير اختيار واستخدام المواد التعليمية لأغراض التربوية.
- توفر التسهيلات اللازمة لإنتاج المواد التعليمية المختلفة وعرضها.
- توفر تسهيلات ومصادر مادية وبشرية لدعم جهود دمج التقنية في التعليم.

- تيسير تبادل المعلومات والخبرات والمصادر بين المركز والمراكز الأخرى.

- دعم عملية نشر الابتكارات التعليمية، وتبنيها، ودمجها في النظام التعليمي.

- استخدام تكنولوجيا المعلومات في التعليم، والإفادة منها، وتنمية مهارات الطلاب للتعامل معها.

- تـدريب المعلمـين ورفع مسـتواهم عـلى توظيـف واسـتخدام تكنولوجيا المعلومـات والمسـتحدثات التكنولوجية داخل المركز.

- توفير البيئة المعلوماتية بمحتواها العلمي الملائم لاحتياجات الطلاب والمعلمين، وإتاحة مصادر التـعلم المباشرة لهم لتوظيفها في التعليم والتعلم.

- الاشتراك في تقييم البرامج الدراسية.

ويرى كل من (ربحي عليـان، 1424هـ)، (محمـد السـعدني،2001) أنه يُمكن النظر إلى أهـداف مراكـز مصادر التعلم في إطارين هما الأهداف العامة والأهداف الخاصة لها، ويمكن تناولها كما يلي:

أولاً: الأهداف العامة لمركز مصادر التعلم:

- تحقيق أهداف المؤسسة التعليمية.

- تحسين عملية التعليم ونوعية التعلم.

- خدمة المجتمع الذي توجد فيه المؤسسة التعليمية.

- تطوير تحقيق الذات لدى الطلاب.

- إعداد المتعلمين لتقبل تغير العلم وتقدمه.

- تنمية القدرات الإبداعية لدى المتعلمين.

- تحقيق إيجابية المتعلمين متمثلـة في فكر علمـي ومبادرات وتعـاون مـع الآخـرين؛ وذلك لمواجهـه مواقف الحياة اليومية.

- تلبية احتياجات المتعلمين والمُعلمين من مصـادر التـعلم، بمـا يتناسـب مـع تحقـيق أهـداف المنـاهج الدراسية.

ثانياً: الأهداف الخاصة لمركز مصادر التعلم:

- تجهيز أماكن التعليم في ضوء الاحتياجات التعليمية المطلوبة (التعلم الفردي، التعلم التعاوني، قاعات للانترنت ، قاعات لاستخدام الحاسب في التعلم).
- توفير مصادر تعلم تتلاءم مع مستحدثات تكنولوجيا التعليم؛ لتتوافق مع المتعلمين الـذين يتسـمون بالفردية أو الاستقلالية في تعلمهم.
- تقديم الفرص الملائمة للطلاب للمشاركة في اتخاذ القرارات الخاصة بتعليمهم.
- تقديم الفرص الملائمة لاكتساب الخبرات اللازمة لنمو الطلاب، عن طريق المـواد التعليميـة المطبوعـة وغير المطبوعة عندما لا تتيسر الخبرات المباشرة.
- تطوير مهارات البحث والاستفسار باستخدام وسائل الاتصال المطبوعة وغير المطبوعـة وجميـع أنـواع مصادر المعلومات .
- تقديم الفرص الملائمة للدراسة المستقلة.
- إثراء الخبرات المنهجية لدى المتعلمين من خلال زيادة خبراتهم المنهجية.
- تنمية الاتجاهات الايجابية لدى المتعلمين مثل الاستقلالية وتحمل مسئولية التعلم.
- تنمية قدرة المتعلمين على الدراسة المستقلة، والتعلم الفردي.
- تدريب المعلمين والمتعلمين والعاملين على توظيف مصـادر الـتعلم المتـوفرة بـالمركز والتعامـل معهـا لخدمة العملية التعليمية.
- إعداد كوادر بشرية خبيرة بتحسين أساليب التعليم والتعلم وتطويرها.
- المُساهمة في نشر المستحدثات العلمية الحديثة.

وحدد (نايف المطوع، 2002) مجموعة من المعايير التي ينبغي توفرهـا في مركز مصادر الـتعلم حتـى تحقق أهدافه وهي:

- التخطيط السليم لأنشطة المركز، والإشراف عليها من قبل أمناء المراكز والمعلمين.

- التعاون المستمر بين أمناء مراكز مصادر التعلم والمعلمين لتفعيل دور المركز.
- توافق التقنيات المتوفرة بالمركز مع استعدادات الطلاب، وإشباع رغباتهم وحاجاتهم.
- تأثيث المركز بالأثاث المناسب والمتوافق مع أعداد الطلاب ومرحلة الدراسة.
- توجيه الطلاب إلى طرق البحث، والقراءة المفيدة الواعية لتكون لديهم المهارات والقدرات اللازمة لاستمرار التعلم، من قبل أمناء مراكز مصادر التعلم.
- الإعداد الجيد لأمناء مراكز مصادر التعلم قبل الخدمة، من خلال برامج تدريبية متقدمة في تخصص تكنولوجيا التعليم.
- وضع برامج تدريبية لأمناء مراكز مصادر التعلم أثناء الخدمة، وفق احتياجاتهم التدريبية.
- تغيير دور أمناء مراكز مصادر التعلم بما يتوافق مع التطورات التكنولوجيا، بحيث يصبح مدير معلومات ومستشارًا تعليميًا يوجه ويساعد المعلمين والمتعلمين لدمج التقنية وتوظيفها في التعليم.
- مساعدة الطلاب لتحقيق الأهداف التعليمية من خلال التحرك بحرية داخل مراكز مصادر التعلم، وتوجيههم إلى طرق الحصول على المعلومات والمعارف.

وظائف مركز مصادر التعلم:

حددت (إدارة مراكز مصادر التعلم والمكتبات المدرسية، 2004) وظائف مركز مصادر التعلم فيما يلي:

- توفر مصادر معلومات مختلفة ذات علاقة بالاحتياجات التربوية والتعليمية.

- مساعدة الطلاب والمعلمين في الوصول لمصادر المعلومات المتاحة داخل المدرسة أو خارجها.
- مساعدة الطلاب والمعلمين وتدريبهم على استخدام مصادر المعلومات.
- تقديم النصح والمشورة لأعضاء هيئة التدريس بالمدرسة حول اختيار واستخدام الوسيلة التعليمية المناسبة.
- توفير التسهيلات التي تساعد المعلم في إنتاج وسائل تعليمية بسيطة.

وأشار (نديم حامض وآخرون، 1996) إلى مجموعة وظائف لمراكز مصادر التعلم هي:

- جمع كل أوعية المعلومات بغض النظر عن نوعها، وجعلها مُتاحة الاستعمال من جانب الأشخاص الذين يرتادون المركز (الطلاب، المعلمون، الهيئة الإدارية، الفنيون ... الخ).
- تنظيم هذه الأوعية بطريقة تُمكن من الوصول إليها واستخدامها.
- مركز مُستقل للنشاطات التعليمية، والخدمات المُساعدة للنشاط العام.
- ينُتج المواد التعليمية سواءً المطبوعة أو المسموعة أو المرئية.
- يُسهل من مهمة العاملين بالمركز، وذلك بإمدادهم بالوسائل التي تُساعد في خدمة الطلاب مثل خدمات الاستقبال والإرشاد والتقييم.
- إمداد المستخدمين من الطلاب والمعلمين بما يُمكن من الاستشارات وخدمات الإعارة والعمل الجماعي أو الفردي في الإنتاج والتقويم والإدارة.
- تقويم وفحص واختيار وتصميم وإنتاج المواد التعليمية، وتهيئة الفرص الكافية للمعلمين لاختبار كل مادة للتعرف على إمكانياتها وملائمتها للمواقف التعليمية.
- تدريب المعلمين والأمناء والفنيين على عمليات اختيار الأجهزة والأدوات الموجودة بالمركز وتقييمها واستخدامها وتشغيلها.

وبناء على أهداف مركز مصادر التعلم فإنه يمكن تحديد وظائفه فيما يلي:

1. تجهيز المعلمين بأجهزة ومواد تعليمية تساعد في زيادة تأثير طرائقهم التعليمية وتفاعلهم مع طلابهم.

2. توفر طرق تعليمية بديلة للأساليب التقليدية المباشرة كالمحاضرة والحوار.

3. توفر مصادر بديلة للتعلم، حيث تقتصر مصادر التعلم المدرسي التقليدي على الكتاب المقرر والمعلم كمصادر وحيدة للمعرفة.

4. إثراء الخبرات المنهجية لدى الطلاب، من خلال استعمال المواد والوسائل التعليمية المتوفرة في مركز مصادر التعلم، وتمكين الطلاب من استخدامها بهدف زيادة معرفة الطلاب المنهجية ورفع كفاياتهم السلوكية بوجه عام.

5. تقديم خدمات في مجال تدريب العاملين على استعمالات الآلات التعليمية وإنتاج كثير من المواد والوسائل كالصور والشفافيات والشرائح، وأفلام الصور الثابتة والمتحركة والخرائط والنماذج والرسوم أو تطوير مهارات تعليمية جديدة كما هو الحال في عمليات التدريس المصغر.

6. تحقيق مزيد من العدالة الاجتماعية: من خلال الاستجابة لاحتياجات المتعلمين وخصائصهم، وتوفير مصادر بديلة أو إضافية لتلك التي يستعملها المعلم في تدريسه الجماعي الصفي يتيح للطلاب رفع كفاياتهم الإدراكية، وتحسين قدراتهم الذاتية على التكيف ومواصلة حياة ناجحة.

7. توفر أداة معملية إكلينيكية لتدريب المعلمين وتعليم الأطفال ذوى القدرات الاستثنائية. من خلال توفير فرص تربوية لا تقوى على تقديمها البيئات المدرسية العادية وخاصة فيما يتعلق منها بالطلاب الصُم. ويمكن إجمال أهم الأنشطة والخدمات التي تقدمها مراكز مصادر التعلم في الآتي:

- كتابة المواد التعليمية وإنتاجها وتجريبها ونشرها.

- تصميم المواد التعليمية، وإنتاجها والنماذج والمجسمات والشفافيات والشرائح والتسجيلات الصوتية والمرئية.

- توفيـر مـواد وأدوات وأجهـزة تعليميـة ابتـداء مـن اللوحـات التعليميـة وانتهـاء بـالكمبيوتر والفيـديو التفاعلي والإنترنت.
- تصميم الحقائب والمجمعات التعليمية وأشكال أخرى مـن المـواد التعليميـة التـي تتناسب والتعليـم الفردي وإنتاجها.
- تنظيم اللقاءات والندوات والمؤتمرات العلمية والتربوية وعقدها.
- عقد ورش عمل تدريبيـة لأعضاء الهيئات التدريسـية لمتابعة آخر التطورات التربويـة في مجال أسـاليب التدريس أو لإكسابهم مهارات معينة.
- عقد ورش عمل تدريبية للطـلاب وأفـراد المجتمع المحلـي؛ لإكسـابهم مهـارات معينـة مثـل اسـتخدام الكمبيوتر وشبكة الانترنت.
- القيام ببحوث أكاديمية وتدريبية للارتقاء باستخدام التقنيات التربوية المتوفرة.
- السعي لحل المشكلات التربوية القائمة.
- تقويم المناهج التعليمية لمختلف المراحل والأغراضوتطويرها.
- تقديم الخدمات الاستشارية لأفراد والمؤسسات التعليمية والمجتمعية.
- إصدار النشرات، والمطبوعات، والدوريات التي تعرف بالمراكز، ونشاطها، وبنتـائج البحـوث والدراسـات التربوية المحلية العالمية.
- توفر المختبرات اللغوية والمختبرات العلمية.

مهام مركز مصادر التعلم:

إن الهدف النهائي من الجهود المبذولة لتأسيس مراكز مصادر التعلم هو تهيئة العناصر البيئيـة والماديـة والبشرية لمساعدة هذه المراكز على القيام بعدد من المهام لخدمة الأهداف التربوية والتعليميـة للمدرسة، هي:

- تحديد أهداف برنامج مراكز مصادر التعلم مع خطة تنفيذية تقويمية لتحقيقها.
- تخطيط نشاطات المركز ودمجها في البرنامج التربوي والتعليمي للمدرسة.
- المُشاركة في التصميمات التعليمية وتطويرها وابتكار نماذج بديلة للتعلم.

- إعداد ميزانية المراكز وتقديمها لمدير وإدارة التقنيات التعليمية في المنطقة.

- تكوين مجموعات متوازية من مواد التعليم والتعلم المطبوعة وغير المطبوعة المُلائمة لبرنامج المدرسة ومناهجها، والمُنسجمة مع فلسفة التعليم وأهدافه.

- تطوير إجراءات تشغيل المراكز وإدارتها، بما يُحقق الأهداف التربوية والتعليمية للمؤسسة التعليمة.

- تقديم المعلومات، والرد على التساؤلات والخدمات الاستشارية في مجال تقنيات التعليم والمعلومات، وخدمات المركز التعليمية والتربوية.

- تسهل الوصول إلى المعلومات والبيانات في الموضوعات المختلفة عبر الوسائل التعليمية (المقروءة- المسموعة- المرئية).

- تعريف منسوبي المؤسسة التعليمية بالمصادر المتاحة بالمركز، والخدمات التي يقدمها وكيفية الاستفادة منها.

- ربط المؤسسة التعليمية بغيرها من المؤسسات الأخرى، من خلال التقنيات الحديثة لخدمة النواحي العلمية والبحثية والتربوية.

- تنمية القوى البشرية في المؤسسة التعليمية من خلال برامج التدريب المستمر أثناء الخدمة للمعلمين.

- دراسة احتياجات المؤسسة التعليمية، من مصادر التعلم، ووضع الخطط أثناء الخدمة للمعلمين.

- دراسة احتياجات المؤسسة التعليمية من مصادر التعلم، ووضع الخطط لتوفيرها.

- توفير الوسائل التعليمية اللازمة وتسهيل الاستفادة منها، ودمجها في المنهج.

- توفير مُستلزمات إنتاج التقنيات التعليمية المُختلفة والتعريف بطرق إنتاجها ودمجها في المناهج الدراسية.

- تطبيق نتائج الدراسات المُتعلقة بدمج التقنية في التعليم، وتحسين طرائق التدريس بهدف دعم فاعلية العملية التعليمية وكفاءتها.

- توفير الخامات اللازمة لإنتاج التقنيات التعليمية، وتيسير استخدامها.
- المشاركة في فعاليات المؤسسة التعليمية كالاحتفالات وإقامة المعارض والندوات.
- إجراء عمليات التنظيم الفني للمركز من فهرسة وتصنيف وترفيف وتكشيف.
- إجراء الصيانة الدورية للمواد والأجهزة التعليمية المتوفرة في المركز.
- إعداد المطبوعات والكتيبات المُتعلقة بتقنيات المعلومات المتوفرة في المراكز، والتعريف بكيفية استخدامها، والاستفادة منها في تطبيقات الدروس المُختلفة.
- التعاون مع مراكز مصادر التعلم بهدف تبادل الخبرات والخدمات لدعم المركز.
- تجميع المعلومات وتنظيم أساليب مراجعتها، بحيث تكون المراكز مرجعًا مهمًا يعتمد عليه الباحثون للحصول على المعلومات المطلوبة لدراساتهم التربوية.
- تشجيع المُتعلمين على التعلم الذاتي باستخدام التقنية المُتوفرة في المراكز من أجهزة كمبيوتر وشبكات الإنترنت؛ بما يُنمي قدراتهم على الوصول للمعلومات.
- إجراء تقويم مُستمر لأداء المراكز في ضوء أهدافها وتنفيذ القرارات المُتعلقة بالتحسينات المُلائمة.

ويعتمد مركز مصادر التعلم الفعال على وجود إطار عمل لطريقة إدارته. ويأتي هذا الإطار نتيجة للنظم التي يضعها أخصائي المعلومات نفسه، أو تضعها المدرسة حول أفضل السبل للحصول على خدمات فعالة، ومصادر مجدية من هذا المركز، ويظل أخصائي المعلومات إلى حد بعيد هو الرجل القادر دائمًا على تطوير وتنفيذ نظام جيد وكامل للإدارة في هذا الصدد.

مُكونات مركز مصادر التعلم:

تتمثل أهم المكونات الأساسية لمركز مصادر التعلم فيما يلي:

أولاً: المكان: هناك ثلاث فئات من مراكز مصادر التعلم، إذ أن لكل فئة منها حد أدنى من المساحة تناسب عدد المستفيدين منه والأثاث والتجهيزات اللازمة وهي:

1. فئة (أ) 250 متراً: وهي تحقق المعايير الكاملة لمركز مصادر التعلم.
2. فئة (ب) 200 متراً: وهي تستطيع أغلب المدارس ذات الأبنية الحديثة تحقيقها.
3. فئة (ج) 150 متراً: تناسب المدارس التي لا تستطيع توفير المساحات الكافية.

وتختلف أيضًا كل فئة عن الأخرى في عدد الأثاث والتجهيزات والمواد بداخلها. وتتم تقسيم مساحة المكان إلى جزئين أساسين:

الجزء الأول: قاعة التعلم الذاتي ويتم تخصيص مساحته للأغراض التالية:

- مساحة للقراء والمطالعة.
- مساحة للدراسة الفردية (باستخدام مصادر متنوعة).
- مساحة لحفظ المواد التعليمية (المطبوعة وغير المطبوعة).
- مساحة للاستقبال وأعمال الفهرسة والتصنيف والإعارة والإدارة.
- مساحة لأجهزة الكمبيوتر المخصصة للإنترنت وأجهزة العرض والاستماع الفردية (أجهزة الفيديو/ المسجل).

أما الجزء الثاني فيطلق عليه قاعة التعلم الجماعي ومساحته يتم تخصيصها للأغراض التالية:

- أجهزة العرض الجماعي (الداتاشو) مع جهاز حاسب للعرض وجهاز فيديو.
- طاولات مشطوفة يمكن تشكيلها بعدة أشكال داخل القاعة مع كراسي للطلاب.
- مجموعة من التجهيزات الخاصة بإنتاج المواد التعليمية.

ثانياً: الأثاث: وهو الأثاث المكون لقاعتي مركز مصادر التعلم (قاعة التعلم الذاتي - قاعة التعلم الجماعي) ولهذا الأثاث مواصفات مقننة لتلائم طبيعة المراكز هي:

- خزانات للمواد المطبوعة: (كتب- أبحاث-دوريات- أطالس - خرائط).
- خزانات للمواد غير المطبوعة: (المواد السمعية والبصرية).
- طاولات وكراسي للقراءة والمطالعة وفقًا لعدد المستخدمين.
- مقصورات فردية: للكمبيوتر والفيديو والصوتيات الأخرى.

- أثاث منطقة الاستقبال: (مكتب استقبال، كرسي).
- أثاث للفهارس:(صناديق فهرس بطاقي، طاولة توضع عليها الصناديق).
- أثاث العرض والإنتاج: (كل ما يخص أثاث صالة العرض).
- لوحة إعلانات.

ثالثاً: الأجهزة والمعدات: يختلف عدد الأجهزة وتوفيرها في مراكز مصادر التعلم وفقًا لفئة المركز، حيث يشتمل كل مركز على مجموعة من الأجهزة التعليمية للاستخدام الفردي وأخرى للاستخدام الجماعي، وأجهزة للإنتاج، وأجهزة للأعمال الإدارية، وتتمثل تلك الأجهزة في:(أجهزة كمبيوتر- طابعة- أجهزة عرض- مسجل صوتي- سماعات إذن- تلفزيون- فيديو- كاميرا فيديو- عارض فوق الرأس- جهاز عرض شرائح وأفلام ثابتة- جهاز عرض شرائح 35 مم متزامن مع الصوت- كاميرا فوتوغرافية- آلة تصوير وثائق- مقص كرتون) ولجميع هذه الأجهزة مواصفات مقننة.

رابعاً: المواد التعليمية: تعد المواد التعليمية من أهم عناصر المركز فبدونها لا يمكن للمركز أن يقوم بدوره الأساسي، ويتم توفيرها في جميع مراكز مصادر التعلم بكل فئاتها، وتصنيفها وفهرستها وفقًا للنظم والقواعد الخاصة بذلك، وتصنف إلى المواد المطبوعة والمواد غير المطبوعة.

خامساً: العاملون: يُشرف على المركز مختص بوظيفة اختصاصي مصادر التعلم. يحمل مؤهلاً في مصادر التعلم أو في المكتبات والمعلومات ودورة في مصادر التعلم.

سادساً: الميزانية: يتطلب مركز مصادر التعلم توفير مخصصات مالية لتغطية النفقات الإنشائية، وتكاليف اقتناء وتركيب الأجهزة، وتوفير مصادر المعلومات والبرامج، وتدريب القوى البشرية، وتختلف الميزانية المخصصة للمراكز من فئة إلى أخرى.

ويتكون مركز مصادر التعلم من قاعتين هما:

أولاً: قاعة التعلم الذاتي: هـي القاعـة الرئيسـة وهـي بيئـة تعليميـة تعلميـة تتعـدد فيهـا مصـادر الـتعلم وبمختلف أشكالها مثل: المصادر المطبوعة وغير المطبوعة والمصادر السمعية والبصرية والرقمية.

ثانيًا: قاعة التعلم الجماعي: هي قاعـة متعـددة الأغـراض، تحتـوي عـلى تجهيـزات تسـهل عمليـة العـرض والمشاهدة والتدريس، ويوجد بها جهاز بروجكتور، وجهاز عرض الشرائح والأفلام الثابتة، وجهاز عرض فوق الـرأس (الأوفرهيـد)، وجهـاز كمبيـوتر آلي وشاشـة عـرض وسـبورة بيضـاء وطـاولات مشـطوفة، وكـراسي، والتلفزيون وفيديو والكاميرا الوثائقية. وتتضـمن المسـاحات التاليـة: مسـاحة للعـرض الجماعـي، ومسـاحة لعمل المجموعات، ومساحة لإنتاج المواد التعليمية.

الوحدات الرئيسة لمركز مصادر التعلم:

يجب أن تتم عملية تنظيم مركز مصادر التعلم في ضوء الأهداف والوظـائف المـراد تحقيقهـا مـن وراء إنشائه. ويجب أن يضم المركز عددًا من الوحدات الرئيسة التي لا يمكن الاسـتغناء عنهـا، والجـدير بالـذكر أنه يمكن دمج قسمين معًـا وخاصـة إذا كانـت الظـروف الماديـة والبشريـة والمكانيـة المتاحـة غـير كافيـة، ويفضل كذلك أن تكون هناك لجنة استشارية تشرف على المركز وتتابع أنشطته وعملية تطويره. **وتتضـمن هذه الوحدات ما يلي:**

أولاً: وحدة فحص واختيار المصادر وتوفيرها، وتتلخص مسئولياتها فيما يلي:

- وضع السياسات والمعايير المناسبة لاختيار المواد والأجهزة اللازمة.
- فحص واختبار المواد والوسائل والأجهزة المطلوبة بناء على السياسة الموضوعة والميزانية المتـوفرة لـدى المركز.

- توفر المواد والوسائل والأجهزة بأفضل الطرق وأسرعها وأقلها جهدًا وتكلفة، من خلال ثلاث طرق رئيسة هي: الشراء مباشرة من المصدر، والإهداءات التي تقدم له من مختلف الجهات، والتبادل مع المراكز الأخرى.
- تقديم مجموعات كافية من المصادر والأجهزة للجنة الاختيار وللمعلمين والإدارة سواء من خلال الكتالوجات أو الببليوجرافيات.
- دراسة طلبات واقتراحات الطلاب والمعلمين ومحاولة تلبيتها.
- إصدار النشرات الإعلامية والإخبارية، وقوائم الإضافات الجديدة، وتوزيعها على الأطراف ذات الاهتمام وخاصة من المعلمين.
- تحويل المواد والوسائل التي تم توفيرها إلى وحدة الفهرسة والتصنيف والوحدات الأخرى ذات العلاقة لمتابعة العمليات الفنية المطلوبة. ويجب أن يعمل بهذه الوحدة شخص مؤهل في علم المكتبات وتكنولوجيا التعليم بشكل عام، وفى مجال التزويد بشكل خاص، وأن تكون لديه خبرة في التعامل مع الأطراف المختلفة، وخاصة الناشرين والمسوقين للمواد والأجهزة المختلفة.

ثانياً: وحدة الإجراءات الفنية (الفهرسة والتصنيف): وتقوم هذه الوحدة بعملية الإعداد الفني لمصادر التعلم والمعلومات من كتب ودوريات وصحف ونشرات وتقارير ومراجع وقصص وبحوث ودراسات ووثائق وأفلام واسطوانات وأشرطة ومصغرات فيلمية؛ بهدف أن تكون هذه المصادر في متناول المتعلم والمعلم بأيسر الطرق وفي أقل وقت وجهد ممكنين. وتُعد عملية الفهرسة والتصنيف من أهم الخدمات الفنية التي ينبغي على مراكز مصادر التعلم أن تقوم بها، وإلا فإنها تصبح مُجرد مخازن للمصادر والمواد المختلفة، **وتتلخص واجبات هذه الوحدة فيما يلي:**

- فهرسة جميع المصادر المتوفرة وفق قواعد الفهرسة المناسبة.
- تصنيف جميع المصادر المتوفرة وفق نظام مناسب للتصنيف، ويُعد نظام ديوي العشري من أنسب أنظمة التصنيف في هذا المجال.

- إعداد الفهارس المختلفة لهذه المصادر وهى: فهرس المؤلفين، وفهرس العناوين، وفهرس الموضوعات.
- تنظيم الفهارس المختلفة والإشراف عليها.
- تدريب الطلاب والمعلمين على كيفية استخدام الفهارس المختلفة للأغراض المختلفة وخاصة لاسترجاع المعلومات المطلوبة.

ثالثاً: وحدة التصميم والإنتاج: تتولى هذه الوحدة تصميم وإنتاج الوسائل التعليمية اللازمة من أجل إثراء مجموعات ومقتنيات المركز، ودعم المناهج الدراسية، وأساليب التدريس المتبعة، وتقوم هذه الوحدة بإنتاج المجسمات والعينات والصور والشرائح والشفافيات والخرائط والأفلام والتسجيلات الصوتية، والنسخ من هذه المصادر من مركز المديرية التعليمية أو الوزارة، ويجب أن تتعاون الوحدة في هذا المجال مع المعلمين والموجهين والمشرفين على العملية التعليمية. ومن مسئوليات هذه الوحدة توفير المواد الخام أو الأولية اللازمة لإنتاج الوسائل سواءً للطلبة أو للعاملين بالوحدة، سواء أكان عن طريق الشراء أم إنتاجها وفقًا لاحتياجاتهم المختلفة، ويجب أن تحافظ الوحدة على الموارد والوسائل المنتجة محليًا، وتنظمها لتقدمها لأية جهة تحتاجها عند الطلب.

رابعاً: وحدة الأجهزة والصيانة: تتولى هذه الوحدة وصف المواصفات الخاصة بالأجهزة اللازمة للمركز، التي تتمثل في أجهزة المواد السمعية كالمسجلات وأجهزة المواد البصرية كأجهزة عرض الشرائح والشفافيات، وأجهزة المواد السمعية والبصرية كالتلفزيون والفيديو وغيرها من الأجهزة، وتجري الوحدة إجراءات الصيانة اللازمة لهذه الأجهزة وتفقدها، وخاصة قبل استخدامها. وتُشرف هذه الوحدة كذلك على عمليات إعارة هذه الأجهزة. وتتحمل هذه الوحدة مسئولية تدريب الطلاب والمعلمين على كيفية التعامل مع هذه الأجهزة بطريقة سليمة لا تعرضها للتلف الجزئي أو الكلى.

خامساً: مكتبة المصادر (مكتبة المركز): تقوم هذه المكتبة بالعمليات والأنشطة المتعلقة بمصادر التعلم المطبوعة وغير المطبوعة سواءً التي تم شراءها وتوفيرها من خارج المركز أو تلك التي تم إنتاجها داخل المركز، وتصل هذه المصادر للمكتبة بعد الانتهاء من عمليات التزويد والفهرسة والتصنيف لها، وتقوم المكتبة بتقديم العديد من الخدمات المكتبية والمعلوماتية لمجتمع المستفيدين من المركز.

ويمكن تلخيص أبرز هذه الخدمات على النحو التالي:

- خدمات الإعارة الداخلية والخارجية لمصادر التعلم.
- خدمات المرجعية والإرشادية المختلفة.
- الخدمات الإعلامية سواء من خلال لوحة الإعلانات أو نشرة المكتبة.
- الخدمات الببليوجرافية المختلفة مثل إعداد القوائم الببليوجرافية، وعمل الكشافات والمستخلصات ومراجعات الكتب وتقديمها للمستفيدين وخاصة المعلمين.
- خدمة تدريب الطلاب والمعلمين على التعامل مع مصادر التعلم المختلفة.
- خدمات الاتصال والبحث المباشر في قواعد ونظم وشبكات المعلومات.

ويُمكن أن تضم مكتبة المركز مكتبة مهنية خاصة بالمعلمين، تقوم بجمع وتنظيم المصادر الموجهة لهم، لتطويرهم مهنيًا في مجال التعليم والتدريس والبحث العلمي.

سادساً: وحدة التدريب: تتولى هذه الوحدة تخطيط وإعداد وتنفيذ البرامج التدريبية والورش الدراسية سواء للطلاب أو للمعلمين في المراكز من أجل تأهيلهم، وتُعد هذه الوحدة القسم ضرورية في حالة ضخامة المركز وأعداد الطلاب والمُعلمين كبيرة في المدرسة، أما إذا كان المركز صغيرًا فإن كل وحدة من وحداته تقوم بتنفيذ البرامج التدريبية الخاصة سواءً للطلاب أم للمعلمين، من أجل تدريبهم على كيفية استخدام الوحدة والاستفادة من مجموعاتها وخدماتها، وفى هذه الحالة لا يحتاج المركز إلى قسم خاص ومستقل للتدريب. ويُمكن أن تضم المراكز الضخمة وحدات أخرى إضافية مثل: التخطيط والإدارة، وحدة الراديو والتلفزيون، وحدة

التعلم المستقل، وحدة التقييم والدراسات، وحدة النسخ والتصوير، وحدة التصوير الفوتوغرافي، ووحدة التوزيع ووحدة وسائل البيئة المحلية.

أنشطة مركز مصادر التعلم وخدماته:

يقوم المركز على تحقيق أهداف، وتأدية دورة عن طريق تقديم عدد من الخدمات والأنشطة، ويمكن القول إن أنشطة وخدمات المركز تهدف في مجموعها إلى تعزيز فرص استخدام الطلاب للمركز ومصادره، سواء أكانت مواد أم أجهزة استخدامًا مثمرًا يعود عليهم بالنفع والفائدة وتكوينهم علميًا وتربويًا وتقنيًا.

أولاً: أهم الخدمات التي يقدمها المركز:

1. **الإرشاد القرائي:** يساعد اختصاص المركز الطلاب والمعلمين في الوصول إلى كتاب معين، والبحث عن معلومات معينة أو موضوع محدد أو الاستماع والمشاهدة مع الطلاب لإحدى المواد السمعية والبصرية التي تتوافر بالمركز ثم مناقشتهم في مضمونها.

2. **الإرشاد المرجعي:** قيام اختصاص المركز بتنشيط مجموعة من المراجع، التي تساند المناهج الدراسية (الإسلامية- اللغة العربية- الاجتماعيات..الخ) عن طريق إعداد مستخلصات واستخراج المعلومات المساندة لهذه المناهج من المراجع ويتم عرضها على معلمي المواد للإفادة منها، وتعريفهم بمكان المرجع على الرفوف مع الإشارة إلى صفحاتها داخل المراجع.

3. **التدريب التقني:** تدريب الطلاب والمعلمين على كيفية استخدام مصادر المركز وأدواته وبرامج الحاسب والإنترنت ومهارات البحث والتفكير، والتقنيات التعليمية.

4. **الإعارة الخارجية:** تهدف هذه الخدمة إلى الاستفادة من مصادر المعلومات مواد أو أجهزة التي يشمل عليها المركز، والعمل على تشجيع الطلاب والمعلمين للاستفادة من خدمات الإعارة.

ثانيًا: أهم الأنشطة التي يقدمها المركز:

1. **النشاطات القرائية:** يهدف هذا النشاط إلى استثمار المواد المطبوعة والمواد غير المطبوعة؛ لغرس عـادة القراءة والاطلاع، وتنميـة الميـول القرائيـة السـليمة مـن خـلال: **القراءة المرتبطـة بالمنـاهج الدراسية، والقراءة الحرة الهادفة، وقراءة القصة، والتلخيص بعد القراءة.**

2. **النشاطات الاجتماعية:** يهدف هذا النشاط إلى خدمة المجتمع المحلي من خلال استغلال قاعـات المركز للالتقاء بأولياء أمور الطلاب، وتوفير جميع الإمكانيات المتـوفرة في المركز مـن مـواد (مطبوعة أو غـير مطبوعة) أو أجهزة وتمدهم بالوسائل التي تكفل لهم تمضية وقت فـراغهم بمـا يفيد. كذلك المشاركة الاجتماعية.

3. **النشاطات الثقافية:** يهدف هـذا النشـاط إلى توسـيع نطـاق الاسـتفادة مـن خـدمات المركز، وتعميـق خبرات الطلاب وتدعيمها نحو القراءة، وإكسابهم خبرات متنوعة، واستثمار وقت فراغهم بنشاط مفيد، من خلال: الإذاعة المدرسية والصحفية، المحاضرات والندوات، المسابقات، إقامة المعارض.

4. **النشاطات المعلوماتية:** يهدف هذا النشاط إلى تنميـة مهـارات الطـلاب عـلى البحـث عـن المعلومـات، والحصول عليها مـن خـلال اسـتخدام مصـادر المركز المختلفـة، وذلـك مـن خـلال: اسـتخدام المصـادر السمعية والبصرية، استخدام المصادر الرقمية، استخدام الإنترنت، استخدام البريـد الإلكتروني مـن قبـل الطلاب والمعلمين، استخدام عروض الدروس المعدة من المعلمين أو الطلاب.

5. **النشاطات الإدارية:** يهدف هذا النشاط إلى خدمة المدرسة وإدارة التربية والتعليم من خلال اسـتغلال قاعات المركز والتقنية الموجودة فيه مثل: اجتماع معلمين المدرسة- اجـتماع مـدراء المـدارس- اجـتماع مشرفين المواد- إقامة عمل للمعلمين والمشرفين.

الإدارة الفعالة لمركز مصادر التعلم:

مركز مصادر التعلم الذي يدار بكفاءة هو المركز الذي يعمل على تطوير خدماته، والـذي يضع نصب عينيه دائمًا المنهج المدرسي، ثم المعلمـين والمتعلمـين والظروف العامة والخاصة التي تعمل المدرسة في إطارها. ومثل هذا المركز يتمتع بـ:

1. وجود أهداف ثابتة وسياسات واضحة لمركز مصادر التعلم.
2. يضع أولويات معروفة، وأهداف مرسومة.
3. ينظم المصادر تنظيمًا فعالاً.
4. يقدم خدمات ذات صلة دائمًا.
5. يوفر إجراءات جيدة لتقييم المركز.
6. يبلغ المعلومات اللازمة إلى الأقسام المعنية.

وبما أن تطوير مركز مصادر التعلم يعتمـد إلى حـد كبـير علـى نـوع الـدعم المقـدم مـن جانب مـدير المدرسة ومداه، فإن المركز يجب أن يتبوأ مكانة مناسبة وسط التركيبة العامة للعمل بالمدرسـة إذ أن إدارة المصادر تستوجب بطبيعتها وجود:

1. طريقة اتصال مناسبة بين مركز مصادر التعلم وبين المدير العام.
2. توصيف مناسب لأعمال ذات الصلة.
3. وضع مركز مصادر التعلم ضمن خطة التطوير.
4. إدخال مركز مصادر التعلم ضمن المراجعة الشاملة للمدرسة ككل.

إن صنع سياسة مركز مصادر التعلم، والعمل على تنفيذها يساعد اختصاصي المركز على استخدام أدوات إدارية جيدة لإدارة مركز مصادر التعلم. وستشتمل هذه الإدارة على فحص الاسـتخدام الحـالي للمصـادر والخدمات من قبل المستفيدين،

والمناقشة والتحاور مع كبار المسئولين في المدرسة، وكذلك التعرف على القضايا التي تحظى بالاهتمام ومواضع التطوير والتنمية.

مهام أخصائي مركز مصادر التعلم:

يعتمد تفعيل المركز على وجود قيادة قادرة على تحقيق أهداف مركز مصادر التعلم، بحيث يكون الاختصاصي ملمًا بالمجالات التربوية ومنسقًا للخبرات التعليمية، وهو في الوقت نفسه خبيرًا بالمجالات التقنية، لذا فإن دور اختصاصي المركز يعتبر دورًا مزدوجًا فهو معلم وخبير في مجال التقنيات التربوية، إضافة إلى قدرته على القيادة وتحمل المسئولية؛ **وهذا يتطلب من اختصاصي المركز تنفيذ العديد من المهام وهي على النحو التالي:**

أولاً: المهام الإدارية:

1. تطبيق ما يرد من الجهات المختصة من لوائح وأنظمة وتوجيهات خاصة بمركز مصادر التعلم.

2. التنسيق مع لجنة مركز مصادر التعلم في وضع الخطط الفصيلة والسنوية التي تؤدي إلى تحقيق أهداف المركز، وتقديمها لاعتمادها.

3. التشاور مع الهيئة التعليمية في المدرسة لاقتراح ما يحتاجه المركز من مصادر التعلم بأنواعها التي تخدم المنهج الدراسي، والاحتياجات التربوية والتعليمية في المدرسة، وما يتطلبه ذلك من تجهيزات ضرورية، وكل ما يساعد على تحقيق أهداف المركز، والعمل بالتعاون مع الجهات المختصة على توفير ومتابعة إجراءات تأمينية والحصول عليه.

4. تعريف المعلمين والطلاب بما يصل إلى المركز من مصادر تعلم جديدة.

5. استلام مصادر التعلم وتسجيلها بالطرق النظامية الخاصة بها.

6. ختم مصادر التعلم بختم ملكية المدرسة، وختم التسجيل وكتابة الرقم العام (رقم الورود) على كل مصدر.

7. تسجيل مصادر التعلم التي يتم خصمها من (سجل العهدة) وذلك عندما تسحب بمذكرات رسمية، أو بموجب محاضر معتمدة من لجنة المركز تفيد التلف أو الفقد، أو الإرجاع أو نقل الأصناف إلى جهة أخرى.

8. الاهتمام بالدوريات (صحف ومجلات) وتسجيل وصولها في السجل الخاص بها أولاً بأول، ومتابعة المتأخر وصوله منها، والعمل على الحصول على الأعداد الناقصة لإكمال مجموعة المركز.

9. إحصاء نشاطات المركز وذلك بتدوين المعلومات الخاصة بذلك في السجل المخصص لهذا الغرض، وإعداد تقرير شهري عن النشاط في المركز وإرساله إلى إدارة التربية والتعليم.

10. إعداد جدول لتنظيم زيارة فصول المدرسة للمركز.

11. تنظيم عملية إعارة مصادر التعلم القابلة للإعارة، ومتابعة المعار منها، والمطالبة بإرجاعها في الموعد المحدد.

12. المحافظة على موجودات المركز، والعناية بسلامة جميع أنواع مصادر التعلم، والتوصية بتجليد كتبه، وإصلاح ما يعطب من أجهزته ووسائله.

13. إجراء عملية الجرد السنوي وعمل المحاضر اللازمة لذلك.

14. إعداد تقرير سنوي عن المركز، واحتياجاته، وعرضه على لجنة مركز مصادر التعلم لمناقشته واعتماده، قبل إرساله إلى إدارة التربية والتعليم.

ثانيًا: المهام الفنية:

1. معاونة المعلمين والطلاب على اختيار مصادر التعلم المناسبة والأجهزة التعليمية اللازمة واستخدامها.

2. تقديم الخدمة المرجعية لرواد المركز، وإرشادهم إلى المعلومات المطلوبة، حسب مصادر التعلم المتاحة.

3. تشغيل أجهزة المركز والمحافظة على جاهزيتها.

4. العمل على إعداد الفهارس اللازمة لجميع أنواع مصادر التعلم المتوفرة في المركز والمدرسة، والاستمرار في صيانتها والإضافة إليها، وتعديلها حسب ما يستجد من مواد، (يلاحظ أن قواعد الفهرسة المعتمدة هي الأنجلو الأمريكية).

5. العمل على تصنيف مصادر التعلم حسب خطة التصنيف (ديوي العشري).

6. تنظيم مصادر التعلم وترتيبها في أماكنها الصحيحة، ليسهل تناولها وإعادتها.

7. التقويم المستمر لمصادر التعلم بالتنسيق مع لجنة المركز، والتوصية باستبعاد ما يرى عدم صلاحيته، إما لتقادمه أو لعدم مناسبته لأهداف المركز ووظائفه.

8. العمل على تطوير مهاراته وتثقيف ذاته في مجال عمله، بمختلف الطرق والأساليب التي ترفع من كفايته المهنية.

9. عمل قوائم ببلوجرافية لما يوجد في المراكز من مصادر التعلم لها اتصال بالمناهج وإبلاغها المعلمين للاستفادة منها في إعداد الدروس، وتوجيه الطلاب إلى الاستفادة منها والرجوع إليها.

ثالثاً: المهام التربوية والتعليمية:

1. التعاون مع المعلمين في توضيح أهداف المركز ورسالته، ودوره في تنمية مهارات التعلم الذاتي، والتعلم التعاوني، والقراءة الواسعة الشاملة، من خلال زيارة الصفوف وعقد اللقاءات وإعداد النشرات، وما إلى ذلك.

2. مساعدة المعلمين في توجيه الطلاب إلى تلخيص ما يتوصلون إليه من مصادر التعلم المختلفة، والتحدث به، وعرضه أمام زملائهم، وتنمية ميولهم البحثية.

3. إعطاء دروس تربوية وتعليمية لرواد المركز، والتحضير لهذه الدروس كتابيًا عن كيفية البحث عن المعلومات، وتزويد الطلاب بمهارات البحث والاستكشاف ومهارات الاستفادة من نظم المعلومات والتعلم الذاتي.

4. تقديم المشورة التربوية والفنية للمعلمين في مركز مصادر التعلم.

5. مساعدة الطلاب في إجراء البحث العلمي.

6. إعداد برامج تربوية تدريبية للمعلمين على استخدام الأجهزة التعليمية.

7. الاشتراك مع الطلاب والمعلمين في إعداد مسابقات وبرامج ثقافية وعلمية.
8. تكوين جماعة مركز المصادر وتفعيل نشاطاتها العلمية والثقافية.

مجالات أخصائي مركز مصادر التعلم:

هناك مجالات تعاون بين اختصاصي المركز والإدارة المدرسية والمعلمين والطلاب وهي على النحو التالي:

أولاً: تعاون اختصاصي المركز مع إدارة المدرسة:

- يرأس مدير المدرسة لجنة المركز.
- الإشراف من قبل مدير المدرسة على الخطة العامة للمركز.
- تشجع الإدارة لمعلمين على زيارة المركز.
- رفع احتياجات المركز؛ لإدارة المدرسة.
- التنسيق مع المدير لعمل الزيارات.
- تشجع الإدارة للطلاب المتميزين في أنشطة المركز.

ثانيًا: تعاون اختصاصي المركز مع المعلمين:

- المساعدة في اقتراح المواد التعليمية التي تخدم المقرر.
- التعرف على مقتنيات المركز، وحصر ما يدعم المقرر المدرسي.
- التنسيق مع المعلمين لتحديد مواعيد زيارة للمركز.
- إحاطة المعلمين بكل ما هو جديد للمركز.
- المشاركة في تدريب المعلمين والطلاب على استخدام مصادر المركز.

ثالثًا: تعاون اختصاصي المركز مع الطلاب:

- تقديم اختصاصي المركز نفسه للطلاب، وتوضيح لهم أهداف المركز.
- اختيار عدد من الطلاب المتميزين لجماعة أصدقاء المركز.
- مشاركة اختصاصي المركز مع الطلاب البرامج التعليمية التي تخدم المقرر.
- مشاركة جماعة أصدقاء المركز في إعداد أنشطة المركز.

رصد واقع مراكز مصادر تعلم الصم :

باستعراض المحاور التالية يمكن التحقق من مدى ملائمة مركز مصادر التعلم لتعليم الصم وتحقيق احتياجا تهم التربوية والتعليمية .

المحور الأول: إمكانيات وتجهيزات مركز مصادر التعلم :

أولاً: مواصفات مبنى مركز مصادر التعلم بمعهد الصُم:

1- يقع مركز مصادر التعلم في:

الدور الأرضي	الدور الأول	الدور الثاني	غير ذلك، لطفًا، أذكريه

2- موقع مركز مصادر التعلم بالنسبة للمؤسسة التعليمية:

بعيد عن الفصول	قريب من فناء	قريب من الفصول	غير ذلك، لطفًا، أذكريه

3- مساحة مركز مصادر التعلم:

أقل من 50 متر2	أقل من 100 متر 2	أقل من 150 متر2	غير ذلك، لطفًا، أذكريه

4- الإضاءة في مركز مصادر التعلم:

طبيعية فقط	كهربية فقط	طبيعية وكهربية معًا

5- مواصفات قاعات مركز مصادر التعلم:

6-

م	المواصفات الفنية لقاعات المركز	نعم	لا
1	تتوفر ألوان طلاء القاعات جذابة ومريحة للعين.		
2	تتوفر إضاءة مناسبة لقاعات المركز.		
3	تتوفر أدوات الأمن والسلامة.		
4	تتوفر بنية أساسية لشبكات المعلومات(الإنترنت) وقاعة التعلم الالكتروني.		
5	تتوفر نوعية أثاث مناسب لطبيعة نظم تعليم الأطفال الصُم.		
6	تتوفر أدوات وتوصيلات الكهرباء مناسبة.		

7	توجد فواصل مُتحركة لإعادة تنظيم القاعات لاستخدامها في أغراض متنوعة.		
8	يتوفر صندوق مُقترحات بشأن تطوير وتحديث الخدمات التي يُقدمها المركز.		
9	مساحة النوافذ الموجودة بكل قاعة كافية مناسبة للتهوية والإضاءة.		
10	أرضية قاعات المركز كاتمة للصوت.		
11	حوائط وأسقف قاعات المركز كاتمة للصوت		
12	القاعات مُزودة بالبث الكهرومغناطيسي أو الإذاعة *F.M*		
13	القاعات مُزودة بجهاز الأشعة تحت الحمراء للتوصيل اللاسلكي		
14	القاعات مُزودة بوسائل بصرية (فلاشر) مناسبة لإنذار أو تنبيه الصُم.		

6- الوحدات المُتاحة بمركز مصادر التعلم:

م	الوحدات الرئيسة للمركز	نعم	لا
1	وحدة فحص واختيار المصادر وتوفرها (التزويد)		
2	وحدة الإجراءات الفنية (الفهرسة والتصنيف)		
3	وحدة تصميم وإنتاج وتطوير المواد التعليمية اللازمة لتعليم الصُم		
4	وحدة للصيانة والتخزين		
5	وحدة لإدارة المركز.		
6	وحدة لتدريب المُعلمات على الاستراتيجيات الحديثة في تعليم الصُم		
7	وحدة للأجهزة والخدمات التكنولوجية المُساعدة في مجال تعليم الصُم		
8	وحدة للتوعية والإرشاد لتضمين ودمج الأسرة والمجتمع.		
9	وحدة (مسرحة المناهج) للدراما والتمثيليات التعليمية		
10	وحدة تكنولوجيا المعلومات (للتعلم الالكتروني والانترنت)		
11	وحدة المشاهدة المُتلفزة للبث الحي أو المُسجل المُلائم لتعليم الصُم		

7- مصادر ميزانية وتمويل مركز مصادر التعلم بالنسبة للمعهد:

حكومية	ذاتية	تبرعات	دعم دولي	كل ما سبق

ثانيًا: المواد التعليمية المُتوفرة بمركز مصادر التعلم:

ضع علامة (√) أمام كل عبارة في خانة الاستجابة التي تُشير إلى درجة توفر المواد التعليمية بالمركز:

م	المواد التعليمية	متوفرة	
		نعم	لا
1	الصور الطبيعية الواقعية الفوتوغرافية.		
2	الصور المرسومة.		
3	الرسومات البسيطة.		
4	الرسومات الهندسية.		
5	رسومات الكاريكاتير.		
6	القصص المصورة.		
7	الملصقات والمصورات.		
8	الرسومات البيانية.		
9	الخرائط.		
10	الرسومات التوضيحية.		
11	الرسومات التخطيطية.		
12	أشياء حقيقية.		
13	العينات.		
14	النماذج المجسمة.		
15	معروضات اللوحة الوبرية.		
16	لوحة الجيوب.		
17	اللوحة المغناطيسية.		
18	الشفافيات.		
19	الشرائح الشفافة.		

20	برامج الوسائط المتعددة المدعمة بلغة الإشارة.		
21	البرامج المُحملة على DVD المدعمة بلغة الإشارة.		
22	برامج الفيديو المدعمة بلغة الإشارة (Captions).		

ثالثًا: الأدوات والأجهزة اللازمة لعرض المواد التعليمية المناسبة الأطفال الصُم :

م	الأجهزة والأدوات التعليمية	متوفر	
		نعم	لا
1	جهاز عرض الشفافيات.		
2	جهاز عرض الشرائح الشفافة.		
3	جهاز الـ DVD .		
4	أجهزة الفيديو.		
5	أجهزة عرض البيانات DATA SHOW.		
6	أجهزة الحاسوب التعليمي الثابتة والمتنقلة.		
7	أجهزة التلفزيون التعليمي.		
8	أجهزة موديم للاتصال بشبكة الانترنت.		
9	شاشات عرض متنوعة ومناسبة.		
10	كاميرات تصوير فوتوغرافية.		

رابعًا: الأدوات والأجهزة المُساعدة المناسبة للأطفال الصُم :

م	الأجهزة والأدوات المُساعدة للصُم	متوفر	
		نعم	لا
1	جهاز الكلام الواضح *Visible Speech Apparatus* للتدريب على الكلام وتكوين مقاطع الكلمة، من خلال رؤية الكلام بالعينين بدلاً من سماعه بالأُذن		
2	جهاز المونوفوتيتر للتدريب الفردي على السمع والكلام وتكوين اللغة من خلال قراءة الكلام وتعبيرات الوجه والإحساس الجلدى باهتزازات الكلام		

3	جهاز البولي فونتير للتدريب الجماعي على السمع والكلام		
4	استخدام الكمبيوتر في تحويل لغة الإشارة إلى لغة ناطقة باستخدام القفاز الإلكتروني		
5	استخدام الكمبيوتر في تحويل الكلام إلى لغة إشارة.		
6	استخدام المُعلم الإلكتروني (*Baldi*) في فهم وإنتاج اللغة المنطوقة، وإصلاح عيوبها.		
7	ماكينة الكتابة المقروءة وهي تُتيح للصُم تبادل الحديث مع الآخرين الناطقين.		
8	جهاز مُحول الأصوات إلى ذبذبات يُمكن أن يسمعها المصابون بتلف سمعي.		
9	جهاز مُحول الكلام إلى صور لمسية (وسيلة إلكترونية تُحول الكلام إلى صور لمسية).		
10	جهاز الاتصال التليفزيوني للصُم لتمكينهم من التواصل معًا .		
11	تليفون الاتصال بالصم لتعريفهم بورود مكالمة على هاتفهم.		
12	استخدام أجهزة اللغة الصناعية لتحويل اللغة المكتوبة إلى لغة منطوقة ومسموعة؛ بهدف التدريب الكلامي والسمعي.		

المحور الثاني: الدور التربوي لمركز مصادر التعلم:

أولاً: الأنشطة والخدمات التي يقدمها مركز مصادر التعلم للمعلمين:

م	الخدمة أو النشاط	نعم	لا
1	يستعين المعلم بالمصادر والأدوات والأجهزة التعليمية الموجودة بالمركز.		
2	يُساعد المعلم على تنويع أساليب واستراتيجيات التدريس والتعليم.		
3	يُساعد المعلم على تصميم المواقف التعليمية المُلائمة للأطفال.		
4	يُساعد المعلم على المُشاركة في إدارة و إثراء بيئة التعليم والتعلم.		
5	يُوفر برامج تدريب ذاتي للمعلمات للتدريب على استخدام مصادر التعلم.		

6	يُوفر للمعلم الكتب والمراجع لإثراء تعليم الأطفال.		
7	يُساعد للمعلم على تقويم الأطفال الصُم بأساليب ملائمة لهن.		
8	يُوفر للمعلم الدخول لمواقع الإنترنت التعليمية لإثراء تعليم الصُم.		
9	يتيح المركز للمعلم ممارسة أساليب تعليمية فردية وجماعية للصُم.		

ثانيًا: الأنشطة والخدمات التي يوفرها مركز مصادر التعلم للأطفال الصُم:

م	الخدمة أو النشاط	نعم	لا
1	تدريب الأطفال على كيفية الوصول إلى المعلومات من مصادرها المُتعددة.		
2	مشاركة الأطفال الصُم في إنتاج المواد التعليمية الخاصة بهم.		
3	مشاركة الأطفال في إعداد وتنظيم المواد التعليمية بالمركز.		
4	تُوفر خدمات التوجيه والإرشاد التعليمي للأطفال الصُم.		
5	يتيح للأطفال الصُم إمكانية عرض ابتكاراتهم الفردية أو الجماعية.		
6	يُوفر أنشطة تربوية تساعد الأطفال على التوافق النفسي والاجتماعي.		
7	يُقدم خبرات تعليمية تشجيع الأطفال على التعلم الفردي والمُستقل.		
8	يُوفر خبرات تُشجع الأطفال على البحث والاستقصاء وحب الاستطلاع.		
9	يُسُاعد الأطفال على اكتساب مهارات العمل الجماعي والتعاوني.		
10	يُسُاعد الأطفال على إتقان المهارات اليدوية والحركية المُناسبة لهم.		
11	يتيح للأطفال الصُم استعارة خارجية لبعض المواد التعليمية.		

ثالثًا : الأنشطة والخدمات التي يوفرها مركز مصادر التعلم لأولياء الأمور والمُجتمع المحلي:

م	الخدمة أو النشاط	نعم	لا
1	يُقدم برامج توعية وإرشاد لزيادة مشاركة أولياء الأمور في رعاية وتعليم الأطفال الصُم.		
2	يُقدم برامج توعية وإرشاد لزيادة مشاركة أفراد المجتمع المحلي في رعاية وتعليم الأطفال الصُم.		
3	يتيح مشاركة أولياء أمور الأطفال في الأنشطة التربوية داخل أو خارج المركز		
4	يتيح مشاركة الخبراء والمُتخصصين من أفراد المجتمع المحلي في تعليم ورعاية الأطفال الصم.		
5	يُقدم برامج لتعليم أولياء الأمور طرائق الاتصال مع بناتهم الصم؛ لزيادة التواصل معهم.		
6	يُقدم برامج لتعريف أولياء الأمور بالأجهزة والخدمات المُساعدة التي يستخدمها الصُم.		
7	يُقدم تغذية راجعة مستمرة لأولياء أمور الأطفال الصُم عن مستوى نموهم وتقدمهم.		
8	يُسهم في علاج المُشكلات الأسرية والاجتماعية المُتعلقة بتعليم الأطفال الصُم.		
9	يُوفر المركز دعمًا ماديًا لشراء الأجهزة المُساعدة للأطفال الصُم غير القادرين ماديًا.		

المحور الثالث: أدوار ومهام أخصائي مركز مصادر التعلم:

م	الدور أو المهمة	تنفيذه	
		نعم	لا
1	**يتعاون مع المعلمين في تحديد الاحتياجات التعليمية للأطفال الصُم.**		
2	**يتعاون مع المعلمين في تحديد المواد التعليمية المُناسبة لاحتياجات الأطفال.**		
3	**يتعاون مع المعلمين في تحديد الأجهزة المناسبة لعرض المواد التعليمية.**		
4	**يتعاون مع المعلمين في تقديم الأنشطة التعليمية المُختلفة للأطفال الصُم.**		

5	يشارك في إنتاج المواد التعليمية المُلائمة للأطفال الصُم.			
6	يحدد الاحتياجات اللازمة للمركز من الأجهزة المساعدة للصُم.			
7	يرشد الأطفال إلى المواد التعليمية التي يرغبوا في مطالعتها.			
8	يُشارك في حل المُشكلات التي تواجه الأطفال أثناء تواجدهم بالمركز.			
9	يسهم في تجهيز الأدوات والأجهزة اللازمة لعملية تقويم الأطفال الصُم.			
10	يتعاون مع المعلمين في تحديد احتياجات المركز من المواد والأجهزة.			

الفصل الثالث

التكنولوجيا المُساعدة في تعليم الصُّم

- مفهوم التكنولوجيا والتكنولوجيا المساعدة.
- مُبررات استخدام التكنولوجيا المساعدة في تعليم الصُم.
- أهمية استخدام التكنولوجيا المساعدة في تعليم الصُم.
- اعتبارات عامة بشأن استخدام التكنولوجيا المساعدة في تعليم الصم.
- أنواع التكنولوجيا المساعدة في تعليم الصُم.
- مستويات التكنولوجيا المساعدة في تعليم الصُم.
- أجهزة وخدمات تكنولوجية مُساعدة في تعليم الصُم.
- اتخاذ القرار بشأن استخدام التكنولوجيا المساعدة في تعليم الصُم.
- اعتبارات بشأن استخدام التكنولوجيا المساعدة في تعليم الصُم.
- معوقات استخدام التكنولوجيا المساعدة في تعليم الصُم.

التكنولوجيا المُساعدة في تعليم الصُّم

مفهوم تكنولوجيا التعليم والتكنولوجيا المُساعدة:

إن كلمة (**تكنولوجيا**) تتكون من مقطعين هما: Techno، Techns بمعنى حرفة أو مهارة، Logos بمعنى دراسة أو تنمية أو علم أو كلمة، على اختلاف المعاني في استخداماتها المتنوعة. هي إذن بهذا المعنى علم تطبيقي واقعي يهتم بتطبيق النظريات العلمية المجردة في الواقع العملي لتحقيق فائدة للإنسان.

وتعني التكنولوجيا توظيف أسلوب النظم في أداء مهام أو حل مشكلات تطبيقية باستخدام المستحدثات العلمية. وتعني تكنولوجيا التعليم وفقًا (1994 ،.B ،.R and Seels،Richy) بأنها علم نظري تطبيقي يهتم بتعميم مصادر التعلم وعملياته وتطويرها وتوظيفها وإدارتها وتقويمها. ويعرفها (إبراهيم يونس، 2006) بأنها العلم الذي يدرس العلاقة بين الإنسان ومصادر التعلم (المعرفة) من حيث إنتاجها أو استخدامها أو إتاحتها لتحقيق أهداف مُحددة، في إطار من فلسفة التربية ونظريات التعلم.

ويُعرف (حاتم حقي، 2006) التكنولوجيا بأنها منظومة ديناميكية مُتشابكة ومترابطة ومتكاملة من الأجهزة (hard ware) ، والبرامج (software)، والإجراءات والعمليات، من أجل تحقيق الأهداف المنشودة بفاعلية وبالتالي تحسين جودة وكفاءة التعليم كما وكيفًا. ويقصد بتكنولوجيا التعليم (Instructional technology) تحسين مدخلات وعمليات ومخرجات التعليم والتعلم وفق منظومة ديناميكية متكاملة تضم عناصر بشرية وغير بشرية تشمل الأجهزة والأدوات والمواد والأساليب التكنولوجية، كما أن تكنولوجيا التعليم ليست مجرد أجهزة ومواد فقط، وإنما هي أعم وأشمل من ذلك.

ويُعرف (مندور عبد السلام، 2006) تكنولوجيا التعليم بأنها منظومة العمليات المتكاملة التي تشتمل على التخطيط لتحديد المشكلات المطروحة في المواقف

التعليمية، وتصميم حلول مناسبة لحلها، وإنتاج المواد التعليمية واستخدامها في تنفيذ هذه الحلول، ومتابعة المستجدات بهدف تقويمها والتحكم فيها؛ لتحقيق الأهداف المطلوبة بدرجة عالية من الكفاءة والإتقان وذلك من خلال استخدام العناصر الآتية: الأشخاص وأساليب العمل والأفكار والأدوات والتنظيمات.

وتُمثل مصادر التعلم في تكنولوجيا التعليم كيانًا عضويًا في الموقف التعليمي ومكونًا أساسيًا من مكونات النظام المحدد في هذا الموقف، بحيث تتجمع وتتكامل هذه المصادر معًا في إطار منظومي في ظل الظروف والشروط التي تم تصميم الموقف التعليمي على أساسها.

وتمثل التكاملية مطلبًا ملحًا يفرض نفسه على البيئة التعليمية في عصر المعلومات وتحدياته، وتكاثر مصادر التعلم وتنافسها في الموقف التعليمي، وهي تنطلق من المقدرة على توظيف مصادر التعلم وإمكانياته في بيئة تعليمية صالحة لتقديم المعرفة لكل طالب وفق قدراته واستعداداته وذكاءاته المتنوعة بشكل غير متنافس أو مُتضاد.

وتعتبر التكنولوجيا ذات أهمية بالغة في حياة الأفراد الصم، فهي تساعدهم على الاستقلالية والاعتماد على أنفسهم في إدارة شؤونهم الخاصة. وقد كانت تكنولوجيا التعليم التقليدية تعتمد على جهاز عرض الشرائح، وجهاز عرض فوق الرأس، وغيرهما. وفى **أوائل الثمانينات** تضمنت أجهزة تقنيات التعليم الحديثة جهاز الكمبيوتر، والفيديو. أما في **أوائل التسعينات** فقد لعبت الشبكة العالمية (إنترنت)، البريد الإلكتروني، التعلم عن بُعد، الأقراص، التطبيقات على الكمبيوتر، تحويل الكلام من الرموز المنطوقة إلى رموز بصرية مكتوبة، وغيرها، دورًا كبيرًا في تعليم الصم.

وتُمثل التكنولوجيا المساعدة Assistive Technology أهمية بالغة في مساعدة الصم على اكتساب مهارات متنوعة، وهي جزء من الخدمات المساندة لبرامج

التربية الخاصة، التي إذا أحسن استخدامها وتوظيفها مكنت الصم من تلبية احتياجاتهم الخاصة. وهذا يتطلب ضرورة تدريب المعلمين قبل الخدمة، وفي أثنائها على المعرفة المتعلقة بتطبيقات التكنولوجيا المساعدة في مجال تربية ورعاية الصم وضعاف السمع.

ويركز مفهوم دمج التكنولوجيا في تعليم الصم على الانتشار المنظم (Systematic Desperation) الهادف للتكنولوجيا المستحدثة داخل المنظومة التعليمية بكامل عناصرها. وفقًا لمعايير محددة، بحيث تصبح هذه التكنولوجيا مندمجة فيها ومرتبطة بها ارتباطًا حيويًا بهدف رفع مستوى هذه المنظومة، وزيادة فاعليتها وكفاءتها.

ويمكن تعريف الوسائل التكنولوجية المُساعدة بأنها الوسائل التي يستخدمها الأفراد الصم لكي تساعدهم على السمع والنطق والتواصل والتعلم، وممارسة الحياة اليومية الاعتيادية. ومن هذه الوسائل ما هو مصنع من المواد المعدنية أو البلاستيكية. كما يوجد منها ما يعمل بواسطة آلية كهربائية أو بطريقة ذاتية تعتمد على جهد المصاب. وتختلف هذه الأجهزة من حيث الأنواع والمقاييس والوزن باختلاف حالة الشخص المصاب ونوع إصابته.

ويُعرف Alberta, 2006 تكنولوجيا التعليم المساعدة (ATL) بأنها الأجهزة، الوسائط والخدمات التي يستخدمها الطلاب ذوي الإعاقة السمعية من أجل تحقيق تعلم أفضل وتحقيق أهدافهم التعليمية الفردية وهي تمثل متصل من التكنولوجيا المنخفضة، ثم المتوسطة، وأخير التكنولوجيا المرتفعة أو المتقدمة.

ويشتمل مصطلح التكنولوجيا المُساعدة (AT) على الوسائل التكنولوجية، والخدمات التكنولوجية المُساعدة، **وذلك على النحو التالي:**

- **الوسائل التكنولوجية المُساعدة** The Assistive Technology Devices : هي عبارة عن أي أداة أو وسيلة، أو نظام منتج سواءً كان مأخوذًا مباشرة بصورته

التجارية، أم بعد تعديله أو تصنيعه أو الحفاظ عليه أو تحسين القدرات الوظيفية لدى الأفراد ذوي الإعاقات، **وذلك مثل:** أجهزة الكمبيوتر الشخصية المُعدلة والبرامج الإلكترونية المتخصصة، والوسائل المعززة للتواصل، والوسائل المُساعدة على التحكم في البيئة المحيطة، وأجهزة التسجيل، وكتب مسجلة على شرائط كاسيت.

- **الخدمات التكنولوجية المُساعدة** An assistive Technology Services أي خدمات تستخدم في زيادة أو تحسين المقدرة الوظيفية للطفل المعوق سمعيًا، ويمكن أن تستخدم التكنولوجيا المساعدة للعناية بالذات، معالجة المعلومات الحسية، التواصل، الحركة، وعلى فريق الخطة الفردية تحديد احتياجات المعوقين للخدمات/ الأجهزة التكنولوجيا المساعدة وإدراجها ضمن خطة الطالب.

أي أن التكنولوجيا المساعدة تعنى بعنصرين رئيسين الأول هو: الوسائل التكنولوجية أي عنصر أو جهاز أو منتج سواء أتم الحصول عليه تجاريًا أم عُدل أم استخدم لزيادة وصيانة أو تحسين القدرات الوظيفية للأفراد الصم، والعنصر الثاني: الخدمات التكنولوجية وتُعني بشكل مباشر بمساعدة الأفراد الصم في اختيار أو اقتناء أو استخدام وسائل تكنولوجية مساعدة. **ومن الوسائل التكنولوجيا المساعدة للصم ما يلي:**

- تليفونات النص Text Telephones (TTP).
- تليفزيون الصم أو وسائل التعليق المغلقة Closed Captioning Devices.
- مُعينات البيئة Environment Aids: مثل الساعات المعدلة وأنظمة المنبهات للوقت، وأنظمة الاستدعاء والإنذار، باستخدام الضوء أو الاهتزاز أو الرسائل النصية.

- وسائل التعليق في الوقت الفعلي (المباشر) Real Time Captioning: توفير نصًا مطبوعًا مباشرًا للمحاضرات أو الدروس، ويحتاج هذا النظام إلى كمبيوتر لعرض النص مباشرة على الطلاب لمشاهدته.

- تكنولوجيا الاتصالات الإضافية Augmentative Communication: ويحتاج هذا النوع من التكنولوجيا المساعدة لطلاب الذين يعانون من صعوبات حادة تمنعهم من التواصل مع الآخرين داخل بيئتهم.

مُبررات استخدام التكنولوجيا المُساعدة في تعليم الصُم:

تعددت مُبررات استخدام التكنولوجيا الحديثة في تربية وتعليم الأطفال الصـم أهمهـا: إنها تُسـهم في تحفيز وتسلية الصم للتعلم، وتساعد في تنمية مهارات التعلم الصم، كما أنها تمثل جزءًا من مستقبل الصـم سواء أكان داخل المدرسة أم خارجها. إضافة إلى الكثير مـن الفوائـد هـي: **أولاً: اكتسـاب معلومـات عـن التقنيات:** تعريف الصم بأجزاء، واستخدامات، وصيانة التكنولوجيا. كما يتعلم الصم بعض المفردات والمصطلحات الخاصة بها، التي تزيد من حصيلتهم اللغوية. **ثانيًا التعلم من التقنيات:** تشتمل عـلى جميـع الأنشطة التي تساعد في تنمية المهارات المعرفية للصم. كما تُساعد هـؤلاء الأطفـال عـلى إجـراء بعـض التدريبات والأنشطة الصفية والمنزليـة، بالإضافة إلى تعويدهم الاستقلالية والاعتماد على النفس. **ثالثًا: التعلم مع التقنيات:** توفير التقنيات المناخ التربوي المناسب للصم للحصول على المعلومات التربويـة والتعليمية.

وتعتبر التكنولوجيـة المُساعدة (Assistive technology) المُستحدثة في مجـال تعليم الصُم، ومحتوياتها الثقافية من المعززات السلوكية المهمة، فهي تُتيح للطفل الأصم إلى جانب تعليمه وتأهيله فرصًا للـترويح والترفيه وصبغ قاعات الدراسة بصورة غير تقليدية، كما تُسهم في تنمية المهارات الأكاديمية والاجتماعية، بـما توفيره من

تفاعلات إنسانية مُتبادلة مع الآخرين سواءً الصم أم العاديين، كما توفير فرصًا أكبر للتعليم والتدريب والمران.

أهمية استخدام التكنولوجيا المُساعدة في تعليم الصُم:

وفرت التكنولوجيا الحديثة خدمات عديدة للأطفال الصم، منها التقنيات السمعية التي تستخدم مع أنماط معينة من فقدان السمع، وعمليات تقوية قوقعة الأذن، وزراعتها، ووجود معامل صوتيات جماعية وفردية لتطوير القدرات السمعية والشفهية.

ويُركز استخدام التقنيات الحديثة على استخدام التقنيات في التعليم، وتوظيفها بشكل يجعلها جزءًا أساسيًا في التعليم، وليست مجرد إضافة، وهذا ما أكدته توصيات مؤتمر التربية الخاصة العربي "الواقع والمأمول" (2005)، من حيث ضرورة تطويع التقنية الحديثة في خدمة وتعليم الصم، واستخدام التقنيات في تحقيق كثير من أهداف التربية الخاصة بهم كعملية الدمج وتطبيق الخطة التربوية الفردية التي تتعامل مع الأصم بشكل فردي بناءً على إمكاناته وقدراته، ولن تحقق هذه الأهداف جميعًا دون توفير عناصر مهمة كالمعلم الكفء وتوفير الوسائل التقنية الهادفة، والدعم المادي والفني، وإزالة جميع العقبات التي تحول دون استخدام التقنيات في تعليم هؤلاء الأطفال. وتوفير بيئة تعليمية هادفة تُسهم في بناء اتجاهات إيجابية نحو استخدام الوسائل والتقنيات التعليمية للأفراد الصُم، واستخدام وسائل التواصل المختلفة التي تسهم في إدماج تلك الفئة بالمجتمع الخارجي.

وقد طالب قانون التربية الخاصة (IDEA, 1997) بتقديم التكنولوجيا المساعدة للأطفال ذوي الإعاقة السمعية، إذ أن التكنولوجيا المساعدة مهمة لتزويد المعوق بإمكانية الحصول على التربية العامة، وإزالة العقبات السمعية المرتبطة بالإعاقة، فضلاً عن تحسين جودة الحياة لتلك الفئة، وتأهيل الأشخاص الصم من تقدم يهيئ سندًا قويًا وتيسيرات فعالة لاستراتيجيات التدخل التربوي والنفسي والاجتماعي.

وعلى المعلم مساعدتهم في استخدام تلك التكنولوجيا في اكتشاف وإدراك ما لدى الفئة من قدرات والعمل على توظيفها بما يخدم مستقبلهم المهني.

وقد أكدت دراسة (إلهام سويلم ، 2006) أهمية التكنولوجيا المساعدة في تعليم الصم من خلال استخدام المنظمات بالرسوم في تنمية المفردات اللغوية لدى الأطفال ذوي الإعاقة السمعية الذين تتراوح عتبة الحس السمعي لديهم ما بين (71 – 91) ديسبل؛ نظرًا لأن هذا المستوى هو مستوى متوسط بين الإعاقة السمعية الخفيفة والإعاقة السمعية الشديدة، وعنده يُعاني ذوي الإعاقة السمعية عيوبًا في النطق والكلام، ولا يستطيعون فهم اللغة، وحصيلتهم اللغوية من المفردات محدودة.

وأكدت دراسة (Volterra and others, 1995) أهمية استخدام تكنولوجيا التعليم المُساعدة في تعليم الصم، فاستخدام الوسائط التعليمية المتعددة التفاعلية تُفيد في: تعليم الأطفال الصم ذوي الخلفيات الثقافية المتباينة، كما تُزيد من فترة انتباههم في المواقف التعليمية، إضافة إلى زيادة دافعيتهم للتعلم من خلال مواقف تعليمية تقدم معلومات لغوية وغير لغوية من خلال مثيرات بصرية.

ويُرجع (Carole Howell, 2004) أهمية التكنولوجيا المساعدة في تعليم الصم وضعاف السمع إلى ما يلي:

- إن تخصيص وقت لدمج التكنولوجيا في تربية وتعليم الصُم له أهمية كبيرة في مساعدة الصم وضعاف السمع على التعلم بشكل أفضل.

- لقد وفرت التكنولوجيا للطلاب فرصًا لتنمية مهارات التفكير على مستوى عال.

- وبناءً على الحقيقة البديهية التي تقول بأن العقل البشري ومعظم الطلاب الصم وضعاف السمع يعطون الأفضلية القصوى للمعلومات المرئية، فإن التكنولوجيا تجذب الطلاب لتنفيذ مهام تعلم مفيدة.

- إن استخدام التكنولوجيا سمح للطلاب بالتواصل وإنتاج وتقديم بل تبادل الأفكار.

- باستخدام التكنولوجيا يستطيع الطلاب الوصول إلى المشكلات ومن ثم تحليلها والوصول إلى حلول لها.
- استخدام التكنولوجيا في الأنشطة التعليمية وخصوصًا تلك التي تركز على المهارات الكتابية والقرائية يمكن أن تعزز خبرة الطالب التعليمية وتوفير الفرصة أمامه لتنمية مهارات التفكير على مستوى عال.

أنواع الوسائط التكنولوجية المُساعدة في تعليم الصُم:

تتمثل وسائط التكنولوجيا الحديثة التي يُمكن توظيفها في تعليم الصم فيما يلي:

أولاً: وسائط إلكترونية تستخدم كأدوات توصيل وتعليم وتعلم، ومن أمثلتها: مؤتمرات الفيديو Video conferences، النص الفائق Hypertext، الفيديو التفاعلي Interactive video، الوسائط الفائقة Hypermedia، الوسائط المتعددة المتفاعلة Interactive multimedia، الكمبيوتر التفاعلي، المحاكاة الكمبيوترية، الألعاب التعليمية الكمبيوترية، تكنولوجيا التحديق بالعين Eye Gaza، التخاطب الصوتي، التصفح بالصوت عبر الإنترنت، التسجيلات المسموعة، التسجيلات المرئية، برامج الأقمار الصناعية Satellite programs، الخادم التربوي Pedagogical server، الاتصال بواسطة الكمبيوتر Computer mediated communication، المدرسة الإلكترونية E- school، الجامعة الافتراضية Virtual university.

ثانيًا: وسائط إلكترونية تستخدم كمصادر للمعلومات، ومن أمثلتها: الكتاب الإلكتروني E-Book، البريد الإلكتروني e-mail، المناقشات المباشرة On- Line discussion، المكتبة الإلكترونية E- Library، قواعد البيانات المباشرة On- Line database، رسومات بيانية وتكوينات خطية مسموعة Audio graphics، المعمل الافتراضي Virtual laboratory، المتحف الافتراضي Virtual museum،

قاعات الدراسة الافتراضية Virtual classroom، المتعلم الافتراضي Virtual student/ learner، التدريب الافتراضي على الإنترنت، الاستدعاء المباشر على الهواء Call-in، المقررات تحت الطلب on demand.

ومن أهم الأجهزة والتقنيات التكنولوجية اللازمة لتعليم الصم وضعاف السمع هي:

1. **أجهزة فحص واختبارات السمع:** تقوم بفحص وتقييم السمع عند الأطفال بهدف الكشف عن الصم أو نقص السمع في الأشهر الأولى من حياة الطفل، وبالتالي تحديد نمط العلاج والتأهيل المناسب للحالة في سن مبكرة.

2. **أدوات تدريب السمع والنطق** بهدف استثمار البقايا السمعية لدى الطفل، وزيادة مقدرته على التواصل.

3. **أجهزة تعليمية حديثة:** هي وسائل إيضاحية بصرية.

4. **أجهزة معاونة على الإصغاء والتواصل.**

5. **أجهزة الاتصال عن بعد:** مثل أجهزة الإنذار الضوئية، المؤشرات البصرية، وهواتف الصم منها ما هو مزود بشاشة ناقلة للرسائل والنصوص، ومنها ما تحول الكلام إلى نص مقروء وتحويل النص إلى كلام.

مستويات التكنولوجيا المُساعدة في تعليم الصُم:

Assistive Technology Devices and Services

تتضمن التكنولوجيا المساعدة اولاً: **الوسائل التكنولوجية المُساعدة** (ATDs) التي تتراوح ما بين الأجهزة المعقدة، والأجهزة المنخفضة التقنية؛ **وثانيًا الخدمات التكنولوجيا المساعدة.**

أولاً: الوسائل التكنولوجية المساعدة التي يُمكن تصنيف إلى ما يلي:

أ- **الوسائل المُساعدة مرتفعة التكنولوجيا** High Assistive Technology Devices: تُشير إلى الوسائل أو الأجهزة الأكثر تطورًا أو تعقيدًا، وتكون تلك الوسائل المُساعدة هي أغلى ثمنًا عن باقي الوسائل المُساعدة المتوسطة، أو منخفضة

التكنولوجيا، وتمتلك المقدرة على القيام بالكثير مـن الوظـائف، وعـادة تتضـمن نوعًـا معينًـا مـن عمليـات أجهزة الكمبيوتر والبرامج الإلكترونية التي يمكن استخدامها مع الصم بإجراء تعـديلات بسـيطة منهـا: تعليم قراءة الشفاه والإشارة وهجاء الإصبع والنطق، كما تضم الوسائل السـمعية، والبصرية، وأجهـزة الفيديو، والوسائل الإلكترونية التي تشمل معينات السمع، وهواتف الصم، وأجهـزة التلفـاز المغلقـة، وأجهزة الإشارات عن بُعد. وتحتاج مثل هذه الوسائل إلى عدد صغير من الأطفال.

ومن أمثلة الوسائل المُساعدة مرتفعة التكنولوجيا: معالج للكلمات مع مـدقق إملائي، ونحـوي. Word processor with spelling and grammar checking، أجهـزة كمبيـوتر تعمـل براحـة اليـد. palm computers، أجهزة للقراءة تستخدم أجهزة الكمبيوتر، والبرامج الإلكترونية لقراءة النصوص.

ب- الوسائل المُساعدة متوسطة التكنولوجيا Intermediate Assistive Technology Devices، **مثل:** المنظمات الإلكترونية Electronic organizers، القواميس الإلكترونية Electronic dictionaries، الإضـاءة الخاصـة Special lighting، المعاملات البصرية.

ج- الوسائل المُساعدة منخفضة التكنولوجيا Low Assistive Technology Devices: تُشـير إلى الأجهـزة الإلكترونية التي لا تتضمن مكونات الكمبيوتر المعقدة، أو المتطورة، مثل الوسائل المُسـاعدة مرتفعـة التكنولوجيا، أو متوسطة التكنولوجيا. ويُمكن شراء تلـك الوسائل مـن شركات أجهـزة الكمبيـوتر، أو حتى تصنع باستخدام الأدوات والمواد الموجودة بالمنزل، أو بأماكن العمل. وتوفير الكثير من الوسائل المُساعدة منخفضة التكنولوجيا التي يمكن أن يصنعها المعلم.

ومن أمثلة الوسائل المُساعدة منخفضة التكنولوجيا: الكتب المدرسية المسجلة على شرائط الفيديو Videotaped textbooks ، سبورة مخصصة لتعليق الصور Picture books، دفاتر للعمل Work books، قوائم الفحص Checklists، طوابع ماسحة Rubber stamps، قوالب رسم Drawing templates، قوالب للكتابة Writing templates، برامج إلكترونية متعددة الوسائط Multimedia software.

د- الوسائل المُساعدة عديمة التكنولوجيا No Assistive Technology Devices: تشير تلك الوسائل **غير إلكترونية.** وتمتاز بإمكانية تطويرها حسب احتياجات الفرد الشخصية، ويمكن أن يستخدمها المعلم لتقليل العوائق التي يواجهها الأطفال ذوي الإعاقة السمعية. **ومن أمثلة الوسائل المُساعدة عديمة التكنولوجيا:** الاستخدام الخاص للأجهزة العامة، أو الأدوات العادية مثل عمل سطح الكتابة مائل، دعم الأفراد بتقديم استراتيجيات التعليم، والتعلم إليهم.

ثانيًا: الخدمات التكنولوجية المُساعدة (The Assistive Technology Services):

وهي الخدمات التي تُعين الأصم على اختيار الوسائل التكنولوجية المُساعدة، أو حتى استخدامها At Devices ، **وتتضمن تلك الخدمات ما يلي:**

- تقدير احتياجات الأصم وتقويمها، وذلك بما يتضمنه من تقويم وظيفي للأصم في البيئة المحيطة العادية.

- انتقاء الوسائل التكنولوجية المساعدة أو تصميمها، أو تجهيزها، أو تصنيعها، أو إعدادها، أو تقديمها، أو الحفاظ عليها أو إصلاحها، أو حتى إبدالها.

- إمداد الأطفال الصم بالوسائل التكنولوجية المُساعدة؛ عن طريق الشراء، أو التأجير، أو بأي وسيلة أخرى.

- تقديم التدريب، أو المساعدة الفنية للطفل الأصم، وعائلته أو أسرته أيضًا.

- التدريب، أو تقديم المساعدة الفنية للمتخصصين (بما فيهم الذين يقدمون الخدمات التعليمية، أو خدمات إعادة التأهيل)، أو للموظفين، أو الأفراد الذين

يقدمون تلك الوسائل المُساعدة للاستعمال، أو من ناحية أخرى إلى الأشخاص الموجودين فعليًا في أنشطة الحياة الرئيسة للطفل الأصم.

أجهزة وخدمات تكنولوجية مُساعدة في تعليم الصُم:

تعتمد فكرة التقنيات التكنولوجية المُستخدمة في مجال تعليم ذوي الإعاقة السمعية على أساس: استقبال الصوت بواسطة ميكرفون، وتكبير الصوت بواسطة مُكبر بداخل الجهاز، وموصل لتوصيل الصوت المُكبر إلى أُذن الطفل الأصم، هذا التوصيل قد يكون بواسطة سلك، يجعل الطفل مُقيد الحركة إلى المنضدة. وقد يكون التوصيل بدون سلك اعتمادًا على البث الكهرومغناطيسي أو الأشعة تحت الحمراء، ضمانًا لحرية حركة الطفل داخل قاعات الدراسة.

وتُشير (فوزية أخضر 2007) إلى أهمية استخدام التقنيات المُساعدة المناسبة للصُم، ومن أمثلتها: توظيف التقنية الحديثة في خدمة الصم، واللغة الصناعية، وجهاز الهاتف المتصل بمضخم للصوت ذو منبه ضوئي، وسماعة تليفون نقالة بمضخم صوتي، وساعة تنبيه هزازة تعمل بالبطارية، يمكن وضعها تحت الوسادة، وجهاز كشف الدخان بمنبهين صوتي وضوئي يعمل بالبطارية، وزراعة القوقعة، وجهاز الهاتف الكتابي، ويترجم الصوت إلى كلمات كتابية، وجهاز نظام الاتصال الناسخ، والتلفون المراقب: وهو الذي يترجم صوت الجرس والهاتف والمنبه والإنذار وبكاء الطفل، وكل صوت له إضاءة مختلفة عن الأخرى.

كما حدد (عبد الغني اليوزيكي، 2002) مجموعة من التقنيات والأجهزة التي تُستخدم في مجال تعليم ذوي الإعاقة السمعية، أهمها:

- **الصفوف الجماعية لضعاف السمع:** تعتمد فكرة عملها على تكبير الصوت داخل حجرات الدراسة لجميع الأطفال ذوي الإعاقة السمعية، عبر سماعات رأسية. وقد تكون السماعات مُثبتة على المناضد (الصفوف الجماعية الثابتة)، وقد تكون وحدات التكبير مُتحركة (الصفوف المُتحركة)، تنتقل من صف إلى آخر حسب الحاجة إليها.

وقد تتألف من جهاز استقبال مع ميكرفون خاص به أو ما يُطلق عليه صفوف البث (الراديـو) (F.M)، حيث يستقبل جهاز الاستقبال الكلام المُرسل من الميكرفون، ومن يبثه بـدوائر حولـه، ويُمكـن للأطفـال استقبال هذا البث عبر المُعينات السمعية.

- **صفوف أجهزة اللولب** Loop System : تعتمد فكـرة عملهـا عـلى إرسـال الصـوت المُكـبر في شـكل بـث كهرومغناطيسي عبر سلك يلف حول قاعة الدراسة، بحيث يُغطي البث المساحة المُحـددة بالسـلك. ويُمكـن للمعينات السمعية المُجهزة أن تلتقط هذا البث أي تحويل مفتاح السماعة عـلى حـرف(T) تليفـون. **ومـن مميزات هذا الجهاز:** التقاط الكـلام المُرسـل عـبر الميكرفـون دون تشـويش أو ضوضـاء، ويُمكـن اسـتخدامه كصف كجماعي، رخيص الثمن، حرية حركة الطفل لان الجهاز يعتمد على الربط اللاسلكي، يُمكن استخدامه في قاعات مُتفاوتة المساحات. ومن عيوبه: حدوث تداخل للبث عبر الصفوف المُتجاورة.

- **الصف الجماعي المبتكر لضعاف السمع:** تعتمد فكرة الجهاز على استنفار حاستي السمع والبصر لـدى الطفل الأصم سمعيًا، فالجهاز يُمكنه تكبير الصوت أو عن طريق البث المباشر للمُعلم أو البـث غـير المُبـاشر لصوت مُسجل على الجهاز، فالجهاز يُمكنه أن يعمل آليًا أوتوماتيكيًـا بـدون مُعلـم، كـما أن الجهـاز يعـرض شفافيات توضح الشرح الكلامي بشكل مُتزامن. ويُمكن للمُعلـم أن يُرسـل البـث لجميـع الأطفـال في نفـس التوقيت، كما يُمكنه التحكم في إرساله لطفل بعينه حسب مُتطلبات الموقف التعليمي، حيث يُمكن التحكم في المُساعدة السمعية لكل طفل على انفراد.

- **جهاز الأشعة تحت الحمراء:** تعتمد فكرة الجهـاز عـلى التوصيل غـير اللاسـلكي، حيـث يُحمـل الجهـاز الفردي الذي يُربط على صدر الطفل، ويلتقط البث عبر عيـون سـحرية مُثبتـة في أعـلاه مـن سـماء الغرفـة المُغطاة بالأشعة تحت الحمراء- غير المنظورة- التي تنبعث من عيون ثابتـة بأركـان الغرفـة الأربعـة بشـكل موجه إلى وسطها. والجهاز يُمكن الطفل من استقبال البث الإذاعي لأجهزة الراديو والإذاعة،

واستقبال بث جميع الأطفال داخل قاعة الدراسة، وبث واستقبال التسجيلات عن طريق تسجيل مُثبت بالجهاز نفسه، كما يحتوى الجهاز على جهاز (**بيك أب**) لغرض وبث واستقبال الأسطوانات.

- **صف الأشعة تحت الحمراء لضعاف السمع:** يتم ترتيب مقاعد جلوس الأطفال (10 مقاعد) على شكل نصف دائرة، يُقابله من الداخل مقعد المُعلم مُباشرة، وتُوضع في أركان قاعة الدراسة الأربعة أجهزة بث الأشعة تحت الحمراء باتجاه سقف الغرفة، وفي وسط الغرفة بين مقاعد جلوس الأطفال ومقعد المُعلم تُوضع ميكروفونات محمولة على قاعدة أرضية لالتقاط البث الصوتي من كل الغرفة. (Folder- Aural Habilitation Audiology)

- **جهاز الكلام الواضح** Visible Speech Apparatus: يستخدم لتدريب الصُم على الكلام وتكوين مقاطع الكلمة، فهو يُمكن الأصم من رؤية كلامه بعينيه، حيث يتكون الكلام من ذبذبات مُختلفة، والجهاز مُزود بمنقيات أو فلاتر للصوت، بحيث تظهر مكونات الكلمة من الذبذبات بألوان مُعينة على شاشة أمام الطفل ومدربه، وبعد تدريبه على تقليد صوت معُلمه، يمكنه أن يُشكل نفس الألوان الدالة على مكونات كلمة مُعينة على الشاشة بواسطة اللفظ عبر الميكرفون الموجود بالجهاز نفسه. **ويتألف الجهاز من الأجزاء التالية:** جهاز الكلام الواضح، مفتاح لتزويد الجهاز بالطاقة الكهربية، (16) قناة تصفية الذبذبات الصوتية مُتصلة بـ(16) مفتاح تحكم، مفتاح إضاءة مسئول عن توضيح شدة الضوء الظاهر على الشاشة، حيث تتناسب شدة إضاءته طرديًا مع شدة الصوت الوارد عبر الميكروفون، مفتاح شدة الصوت يتحكم في شدة الصوت الواردة عبر الميكرفون، ميكرفون يتكلم فيه الطفل والمُعلم، فتظهر الصور الملونة على الشاشة على شكل مستطيلات، مفتاح تجميد الصوت لتجميد الصورة على الشاشة. والجهاز مُفيد في التدريب على الكلام وعلاج عيوب النطق أيضًا.

- **جهاز المونوفونتير للتدريب على السمع والكلام:** يستهدف هذا الجهاز تدريب ضعيفي السمع على السمع والكلام، ومساعدتهم على تكوين اللغة من خلال قراءة الشفاه وتعبيرات الوجه والإحساس الجلدى باهتزازات الكلام. **ويتألف الجهاز من المكونات التالية:** منضدة مُثبت عليها مرآة يمكن تحريكها للأمام وللخلف بما يُمكن الناظر من رؤية وجهه بوضوح، وسبورة مُثبتة على المنضدة، وجهاز تكبير الصوت يمكن وضعه على المنضدة، وميكرفون للمُدرب، وهزاز يُربط على رسغ الطفل أو راحة يده، وسماعات رأسية تُوضع على أُذني الأصم. بحيث يجلس الطفل خلف المنضدة ويجلس المُعلم خلفه بقليل، ثم تُفتح المرآة على مسافة مُناسبة تُمكن من رؤية وجهي الطفل والمُعلم بوضوح بهدف قراءة الشفاه وتعبيرات الوجه، مع وضع السماعة الرأسية على رأس الطفل الصم. ويتم فتح الجهاز مع ضبط تكبير الصوت بما يُلاءم درجة الفقدان السمعي، ثم يُربط الهزاز على رُسغ الطفل لتحويل الكلام إلى اهتزازات يحسها الطفل بجلده ويُدركها بعد التدريب الجيد عليها، ثم يتكلم المُعلم في الميكروفون، وعلى الطفل ملاحظة وتعود حركات شفاه المُعلم وتعبيرات وجهه. ويُمكن استعمال السبورة المُلحقة في تعليم الحروف والكلمات للأطفال ضعيفي السمع.

- **جهاز البولي فونتير للتدريب على السمع والكلام:** بعد أن يتم تدريب الأطفال الصُم وضعاف السمع فرادى على جهاز المونوفونتير، يُمكن تدريبهم بعد تحسن إدراكهم السمعي جماعيًا كل (4) أطفال، ويحوي الجهاز على أجهزة الاهتزازات الجلدية، والمُكبر الصوتي، الذي يُمكن التحكم في شدته الصوتية؛ لتناسب درجة الفقدان السمعي لدى الأطفال.

- **الكمبيوتر التعليمي للصم وضعاف السمع:** يُمثل الكمبيوتر وسيلة مهمة في تعليم الصم وضعاف السمع، من خلال ما يوفره من خبرات تعليمية تناسبهم، وما يوفره من تغذية راجعة فورية، وتعزيز، وتقويم ذاتي، فضلاً عن تحديد الصعوبات التي

تواجه الأصم أثناء تعلمه، ومن ثم محاولة تلافيها أو علاجها في مراحل لاحقة، وما يُوفره من برامج مُتعددة الوسائط Mutimedia تشمل الفيديو والتليفزيون والبرمجيات التفاعلية الموجودة على(CDs)، وإمكانية إعادة المعلومات وفحص الرسومات والتصحيح الفوري للمواد التعليمية، وما يُقدمه من مُحاكاة للمواقف الواقعية، كما يُمكن استخدام الكمبيوتر في التدريب السمعي واستغلال بقايا السمع في تنمية المهارات اللغوية وتعليم النطق الصحيح، وتشخيص وعلاج أمراض التخاطب، وتحويل الأرقام والحروف والكلمات إلى إشارات إصبع هجائية.

- **برامج التعليم الذكية للأطفال الصُم:** Intelligent Computer Aid Instruction (ICAI)

تُعرف برامج التعليم الذكية بأنها أنظمة تربوية مدارة بالكمبيوتر تعتمد على الذكاء الاصطناعي، وتعتبر مجال التطبيق الأساسي لهذا العلم هو التربية، وتستخدم هذه البرامج المنطق والقواعد الرمزية في التدريس، وهى تُحاكى المُعلم البشرى إلى حد كبير. **وهي برامج كمبيوترية، منظومية، صامتة،** تجمع بشكل متكامل بين ثلاث أو أكثر من الوسائط البصرية التالية: النص المكتوب، والصور(الثابتة، والمتحركة) والرسوم (الخطية أو المتحركة)، ولقطات الفيديو، ولغة الإشارة، وتتيح التفاعل بينها وبين الطفل الأصم، لتحقيق أهداف تعليمية محددة.

ويحتوى برنامج التعليم الذكي المنشأ للأطفال الصم على عروض الوسائط المتعددة على نظام خبير، وقناة ربط مرئية بينهم، ويلاحظ الخبير نظام المعلم الذكي المُعد للأصم، ويحدد ما يعرفه الطفل الأصم وما لا يعرفه، ويتم استخدام هذه المعلومات لتعديل عرض محتوى الوسائط المتعددة.

ومن أهم مميزات برامج التعليم الذكية ما يلي: الاهتمام بالكمبيوتر في العملية التعليمية، كونه معلمًا ديناميكيًا فعالاً وليس وعاء للمعلومات، والمرونة في تطبيق البرامج من خلال معالجات الذكاء الاصطناعي، ومحاكاة أسلوب المعلم البشرى

للتغلب على مشكلات نقص المعلمين المتخصصين في مجال تربية الصم، ومراعاة الفروق بين المتعلمين، وإتاحة فرص مناسبة للتعلم الفردي، والتواصل مع الأطفال الصم بلغتهم الطبيعية، وتنمية مهارات التفكير وحل المشكلات، ووجود مواجهة للتفاعل المتبادل والمرن بين الطفل الأصم والبرنامج وبناء بيئة تعلم تفاعلية.

وقد حددت (رحاب شومان، 2005) أهمية استخدام الكمبيوتر التعليمي في تعليم الصم وضعاف السمع فيما يلي:

- تلبية الاحتياجات الفردية عن طريق ربط برامج الكمبيوتر بتعليم مهارات القراءة والكتابة والحساب والتدريب على النطق واكتساب اللغة، وتنمية المفاهيم، إضافة إلى تحسين الممارسات التدريسية وبيئة التعلم.

- يُمكن الكمبيوتر من إدخال أبجدية الأصابع ولغة الإشارة وتكاملها بحيث تؤدي إلى الأسلوب المناسب للصم.

- يعتمد التعلم المبني على الكمبيوتر على استخدام حواس متعددة، وهذا يُيسر عملية التعلم ويُحسن نواتجها.

كما أكدت دراسة (Tighe, R. J, 1994) على التأثيرات الإيجابية لاستخدام الكمبيوتر في تحسين حياة الصم ومساعدتهم على التكيف مع بيئاتهم. كما أكدت دراسة (Belcastro, F. P., 2004) على أهمية استخدام التكنولوجيا الإلكترونية في التغلب على الكثير من العقبات التي تواجه الموهوبين الصم، حيث تتيح هذه التكنولوجيا لهم مواقع الإنترنت الملائمة لهم وما تقدمه من خدمات تدريبية وتعليمية لهم ولمعلميهم.

ويتطلب استخدام الكمبيوتر التعليمي في تعليم الصم وضعاف السمع توفر المتطلبات الأساسية التالية (Patrick, P. Pillai, 1998):

- عمل شبكات تفاعلية معتمدة على الكمبيوتر للطالب والمعلم أو للطالب والطالب للتعليم والتحاور.

- تزويد الطلاب الصم بفرص أكبر لاستخدام الكمبيوتر والأجهزة الملحقة به.
- تنمية الثقافة الكمبيوترية لدى الطلاب الصم.
- بناء بيئة تعليمية تعلميه تركز على المتعلم.
- توافق طرق التواصل المستخدمة في برامج الكمبيوتر مع طرق التواصل لدى الصم.

- **التعليم المُبرمج:** وهي تقنية تعليمية مُفيدة للأطفال ذوي الإعاقات السمعية حيث يوفر تعليم يُناسب الخطو الذاتي للمُتعلم، ويُمكن تنفيذه باستخدام الكمبيوتر أو باستخدام الكُتب المُبرمجة.

- **تعليم الصُم عبر شبكة الإنترنت:** أكدت دراسة (Johnson, H. A., 1997) على أهمية الإنترنت في تعليم الصم، وضرورة تضمين برنامج إعداد وتدريب معلمي الصم (قبل الخدمة وفي أثنائها) مقررات عن كيفية استخدام الإنترنت في تعليم الصم. وفي مجال تعليم الصم عن بُعد تعاونت مدرسة Allegany مع مدرسة Maryland في تقديم برنامج تعليمي عبر القمر الصناعي، بحيث أمكن تعليم الأطفال الصم داخل منازلهم وضمن أسرهم بدلاً من عزلهم بعض الوقت أو كل الوقت. وأشارت دراسة (Volterra, V. and others, 1995) إلى أهمية الإنترنت في تقديم المعلومات المطلوبة مثل وسائط تفاعلية من خلال لغة الإشارة المناسبة للصم وبخاصة ثنائية اللغة. ويمكن الإفادة من الإنترنت في تعليم الصُم، من خلال ما يلي:

- **ورش العمل الخاصة بشبكة الإنترنت:** حيث يتقابل الطلاب الصم مع أقرانهم من الصفوف الدراسية الأخرى (مجموعات صغيرة) لمناقشة موضوعات دراسية، كما يتعرف الطلاب على بعض المشكلات التي تواجههم عند استخدام شبكة الإنترنت.

- **المشاريع الطلابية الخاصة بالنشر عن طريق شبكة الإنترنت:** يمكن للمعلم أن يطلب من الطلاب الصم تصميم صفحة خاصة بالصف، أو نشر موضوع خاص بالعملية التربوية والتعليمية عن طريق شبكة الإنترنت.

- **البحث عن طريق شبكة الإنترنت:** يمكن للمعلم تكليف الطلاب الصم (فرد/مجموعة) للبحث عن موضوع مُعين عن طريق شبكة الإنترنت.

- **الأنشطة الطلابية الخاصة بتعليم اللغات:** يمكن للمعلم تعريض الطلاب الصم لخبرات مختلفة في القراءة، وفهم المطبوعات بأشكال مختلفة.

- **يمكن للمعلم تشجيع الطلاب الصم على التحدث مع أقرانهم** والمعلمين داخل الصف وخارجه، وذلك عن طريق شبكة الإنترنت، وكذلك استخدام البريد الإلكتروني بين الطلاب بعضهم البعض داخل وخارج المدرسة.

- **الأنشطة الطلابية الخاصة بمواد الاجتماعات:** يشجع المعلم الطلاب الصم على قراءة موضوعات مختلفة عن الشخصيات التاريخية، والاطلاع على الأحداث الاجتماعية عن طريق شبكة الإنترنت.

- **الأنشطة الطلابية الخاصة بالعلوم الطبيعية:** إذ يُكلف المعلم الطلاب الصم بعمل الجداول والرسومات البيانية، والبحث عن الموضوعات العلمية.

- **الأنشطة الطلابية الخاصة بدراسات عن الصم:** وذلك من خلال تكليف المعلم تلاميذه الصم بالبحث عن طريق شبكة المعلومات بالصفحات الخاصة بحياة الصم، ومجتمعهم حول العالم.

- **الأنشطة الطلابية الخاصة بالتربية الإسلامية:** يمكن للمعلم تكليف الطلاب الصم بزيارة بعض المواقع الإسلامية على شبكة الإنترنت كزيارة مكة المكرمة والمدنية المنورة وبعض المساجد في الدول العربية والإسلامية.

- **استخدام الكمبيوتر لتسهيل حياة الصم وانضمامهم إلى باقي فئات المجتمع مـن خـلال آليتـين هما:**

الأولى: تحويل لغة الإشارة إلى لغة ناطقة:

أ- طرق تمييز لغة الإشارة باستخدام الكومبيوتر:

1. باستخدام كاميرات فيديو وتحليل الصور المتتابعة.
2. باستخدام القفازات الإلكترونية PowerGlove ذات الحساسات الدقيقة.

ب- خطوات تنفيذ نظام التحويل من الإشارات إلى الكلام:

1. تمييز مفردات القاموس الإشاري للصم التي تتطلب يد واحدة.
2. تطوير وتصميم قفاز لاسلكي ذكي محليًا.
3. تمييز إشارات القاموس الإشاري للصم التي تتطلب استخدام اليدين معًا.
4. تطوير نظام لتمييز لغة الإشارات المستمرة وتحويلها إلى لغة ناطقة بدلاً من الإشارات المنفصلة.
5. مرسلي إشارات فوق صوتية على القفاز.
6. ثلاثة مستقبلات إشارات فوق صوتية لتحديد موقع ومقدار دوران القفاز.
7. حساسات مصنوعة من حبر ناقل مطلي داخل الإصبع البلاستيكي.
8. وتحديد مقدار انحناء الإصبع.
9. دائرة كهربائية لتوصيل القفاز إلى الكمبيوتر.
10. حساسات على أربعة أصابع فقط (عدا الصغرى)

الثانية: تحويل الكلام إلى لغة إشارة :

خطوات تنفيذ نظام التحويل من الكلام إلى الإشارات:

1. تطوير نظام لتحويل الكتابة إلى إشارات مع التهجئة باستخدام الأصابع للكلمات غير الموجودة في القاموس.
2. ربط جميع مشتقات كل كلمة مع جذرها.

3. تطوير نظام لتحويل الكلام المنطوق المستمر. إلى لغة إشارات مستمرة بدلاً من المفردات المنفصلة.
4. دمج نظامي التحويل من الإشارات إلى لغة ناطقة وبالعكس.

- **الربوت بالدى Baldi (مُعلم التخاطب):** استطاع مجموعة من الباحثين الأمريكيين والبريطانيين ابتكار شخصية متحركة ثلاثية الأبعاد، يمكنها مساعدة الأطفال الصم وضعاف السمع في تطوير قدراتهم على التخاطب، حيث تساعدهم تلك الشخصية على فهم وإنتاج اللغة المنطوقة وإصلاح عيوب النطق، وبحيث يقوم (بالدى) معلم التخاطب المزود بفم وأسنان ولسان بتحريك ملامح وجهه بشكل دقيق ومتزامن مع صوت الكلام الذي يتم سماعه، الذي قد يكون تسجيلاً أو صوت حي لإنسان، ويتميز هذا الجهاز بإمكانية تعديل برنامجه ليناسب مستوى المتلقي، ويتطور معه، كما يمكن تزويده بالكلمات والمقاطع التي نريد تعليمها للأصم، وإمكانية التكرار للكلمات، علاوة على عوامل التشويق، وجذب انتباه للطفل وإثارة تفكيره.

- **ماكينة الكتابة المقروءة:** وهي تُتيح للأطفال ذوي الإعاقة السمعية من تبادل الحديث مع الآخرين، حيث تُحول ما يُنطق به الأصم إلى " كلمات مقروءة " على شاشة من البلور السائل يقرؤها الفرد المواجه له، ومن مميزاتها أنها رخيصة الثمن، صغيرة الوزن، سهلة الحمل، بها بطارية قابلة للشحن.

- **الفيديو التعليمي:** يُمثل الفيديو التعليمي أداة مهمة في تعليم الصم، حيث يُمكن تسجيل البرامج التعليمية على شرائط فيديو، وتُعرض ويُعاد عرضها للأطفال، كما يُمكنها تسجيل المهارات والموضوعات التي تهم الأصم، مثل تعليم لُغة الإشارة للصُم، مع إمكانية تزويد الموضوعات المعروضة بشريط مقروء يتحرك أفقيًا، يقرأه الأصم بدلاً من الاستماع. وقد قدمت دراسة (Gentry, C. and others, 1990)

برنامجًا تعليميًا تفاعليًا باستخدام الفيديو (videodisk) للأطفال الصم لتعليمهم عبارات وأشكال لغوية مُحددة، من خلال تقديم توضيحات بصرية للإشارة.

وأشار (مراد عيسى، وليد خليفة، 2007) إلى مجموعة من التقنيات التي تُستخدم في مجال تعليم ذوي الإعاقة السمعية:

- **البرامج التليفزيونية المُترجمة بلغة الإشارة:** فقد أمكن للطفل الأصم مشاهدة البرامج التليفزيونية المتنوعة بلغة الإشارة، ومنها البرامج التعليمية التليفزيونية. وقد ذكر (Gentry، C. and others،1990) أن من أهم التقنيات التي تُسهم في تفاعل الصُم مع الإعلام المرئي هي **تقنية الترجمة المكتوبة للبرامج التلفزيونية والأفلام أو ما يعرف بـ** Closed Caption، في السابق كانت هذه التقنية تعتمد على جهاز غالي التكلفة يوصل بالتلفزيون بحيث يقوم بإظهار الكلام مكتوبًا لبرامج محددة تمت ترجمتها كتابة بشكل مسبق، أما الآن فقد تحول هذا الجهاز إلى قطعة صغيرة في قلب جهاز التلفزيون، بما أتاح للصم الذين يجيدون القراءة التفاعل مع التلفاز كغيرهم من السامعين طوال فترات البث التلفزيوني ولغالبية البرامج. كما أن هذه التقنية تتيح للصم متابعة أحدث الأفلام في صالات السينما، إذ يتم تحديد الصالات التي ستقدم عروض خاصة بالصم وأوقات العرض. **أما ما يجب على الفنيين القائمين على البرامج المترجمة بلغة الإشارة مراعاته عند إخراج البرنامج، فهي ما يلي:**

- في حال كان الأصم هو المتحدث يجب أن تكون الكاميرا عليه وليست على المترجم إذ أن المترجم الناطق يجب أن يكون خارج الصورة.
- يجب أن يوجه مقدم البرنامج السؤال مباشرة إلى الأصم وهو ينظر إليه وليس إلى المترجم.
- المترجم الذي يقوم بترجمة الكلام المنطوق إلى إشارة يجب أن يكون جالسًا في مكان يتيح للأصم مواجهة المتحدث ورؤيته في نفس الوقت (أي يجلس المترجم بزاوية قريبة من المُتحدث).

- في حال كان هناك أكثر من متحدث يفترض وجود مترجمين وليس مترجم واحد بحيث يكون أحدهم للأسئلة والآخر للأجوبة لكي يسهل على الأصم المتابعة.
- في البرامج الحوارية الطويلة والمباشرة لابد من وجود مترجمين يتناوبون الترجمة إذ يصعب على مترجم واحد ترجمة برنامج لمدة ساعة كاملة ولعدد من المتحدثين.
- أن تتابع الكاميرا المتحدث الذي يتم ترجمة كلامه للغة الإشارة ولا تنتقل بين الحضور لكي يسهل على الأصم معرفة الشخص الذي تتم الترجمة له.

أما ما يجب على مترجمي لغة الإشارة في التلفزيون مراعاته عند الترجمة التلفزيونية:

- ضرورة الحضور مبكرًا إلى الأستوديو لترتيب المكان المناسب لجلوس المترجم وأيضًا لجلوس الأصم.
- ضرورة الاطلاع المُسبق على محاور البرنامج لتهيئة نفسه لموضوع الترجمة.
- أن تكون الملابس بلون واحد بحيث يرتدي المترجم ذو البشرة الداكنة ألوان فاتحة والمترجم ذو البشرة الفاتحة ألوان داكنة، والتأكد من عدم تداخل لون الخلفية مع لون ملابس المترجم، وتنبيه المخرج إلى ذلك.
- التأكد من عدم وجود أدوات تؤدي إلى عكس الإضاءة مثل الساعة أو القلم لأن ذلك قد يؤدي إلى إجهاد بصري وتشتيت للانتباه.

- **نظام الاتصال من بُعد** Telecommunication System: وهو نظام يُمكن الصُم من التواصل مع الآخرين ممن لديهم أجهزة مُشابهة، وهي أجهزة مُزودة بلوحة مفاتيح ذات أحرف بالنقر قابلة للحمل والانتقال.

- **جهاز مُحول الأصوات إلى ذبذبات** Tactual code: وهو وسيلة ميكانيكية تنقل الأصوات إلى ذبذبات يُمكن أن يسمعها المصابون بتلف سمعي.

- **جهاز الاتصال التليفزيوني للصُم** Telecommunication device for the def.(T.D.D.): وهو وسيلة إلكترونية تُمكن الأطفال الصم وضعيفي السمع من التواصل مع بعضهم.

- **جهاز مُساعد السمع** Vibratactile Pulser: وهو جهاز مُصمم لمساعدة الأطفال الصم في عملية القراءة، عن طريق ذبذبات إيقاعية في راحة يد الطفل، وهي ذبذبات تُيسر له الاستجابة لما يُطلب منه.

- **محول الصوت إلى مثيرات لمسية** Teletractor: وهو جهاز يُستخدم لتحويل الموجات الصوتية إلى استثارة لمسية يُستفاد بها في تعليم الأفراد الصُم وضعاف السمع.

- **المُرسل والمُستقبل** Superphone: عبارة عن لوحة يُنضد عليها الأحرف بواسطة الشخص الأصم المُرسل، وتُترجم داخل الجهاز إلى صوت إلكتروني يستجيب له الشخص المُستقبل من خلال مفاتيح لمسية.

- **أجهزة اللغة الصناعية لضعاف السمع**: ظهرت أجهزة اللغة الصناعية نتيجة للتعاون بين عدد من الأخصائيين في علوم اللغة والهندسة والتربية الخاصة، ويشير مصطلح اللغة الصناعية إلى ذلك النظام اللغوي المصمم وفق نظام الكمبيوتر والذي يشبه إلى حد كبير اللغة العادية الطبيعية. **ومن أجهزة اللغة الصناعية ما يلي:**

1. **جهاز البالوميتير** Palometer: طور هذا الجهاز في مركز برمنجهام الطبي في جامعة الأباما في الولايات المتحدة الأمريكية لمساعدة الأطفال الصم على التدريب الكلامي.

2. **كمبيوتر أومنيكم** Omnicom : يُعتبر هذا الجهاز من أجهزة الاتصال المتعدد الأغراض، ويستخدم هذا الجهاز لأربعة أغراض رئيسة هي: الاتصال اللغوي، واستدعاء المعلومات، والتعبير اللفظي، وقضاء وقت الفراغ. ويتطلب استعمال هذا الجهاز أن يقوم الشخص بإدخال المادة المكتوبة على شاشة التلفزيون وذلك من أجل تحويلها إلى مادة منطوقة.

3. **جهاز الاتصال المسمى بـ** Zygo : يعتبر هذا الجهاز ذا فائدة كبيرة للأشخاص ذوى الإعاقة السمعية، ولهذا الجهاز عدد من لوحات الاتصال تستخدم في نظام إدخال المعلومات ومن ثم تحويلها إلى لغة منطوقة.

4. **جهاز نطق الأصوات المسمى بـ** TRS-80 : صمم هذا الجهاز الالكتروني كأداة ناطقة، ويمكن توصيله بجهاز كمبيوتر منزلي، ويطلب من مستعمل هذا الجهاز أن يدخل المعلومات المراد التعبير عنها لفظيًا وبطريقة مسموعة في هذا الجهاز، ومن ثم يقوم الجهاز بتحويلها إلى لغة مسموعة.

- **أجهزة قياس السمع (الأوديوميتر):** تقاس القدرة السمعية عند الإنسان بواسطة جهاز يسمى جهاز قياس السمع أو الأوديوميتر Audiometer. ويتكون هذا الجهاز من الأجزاء التالية:

   1. الجزء المصدر للصوت.
   2. الجزء الخاص باختيار الذبذبات الصوتية.
   3. الجزء الخاص بتغيير الذبذبات الصوتية.
   4. الجزء الذي ينقل النغمة الصوتية الصافية إلى الأذن.

- **جهاز السوفاج:** يُستخدم في إعادة تأهيل القصور السمع، وله أنواع كثيرة، منها:

1. جهاز السوفاج SUVAG CT 10: هو وحدة مصممة لتستخدم في إعادة تأهيل جميع أنواع القصور السمع، ومصمم للاستخدام في حجرة الدراسة أو مع مجموعة مكونة من عشرة أطفال كحد أقصىـ ويمكن أن يستخدم أيضًا مع

الأطفال ذوي السمع الطبيعي ولكن يعانون من عجز في الكلام، كما يمكن لجهاز السوفاج suvag ct 10 أن يكبر ويحول ترددات الكلام والترددات المنخفضة الأقل من Hz16. (Sedi service europeén)

2. جهاز الميني سوفاج Mini- suvag (سوفاج الصغير): يعتبر هذا الجهاز وحدة شخصية محمولة مصممة خصيصًا للمصابين بصمم عميق وشديد، إذ أنه يوفر لهم وحدة تكميلية، تمكن من إعادة التأهيل في المنزل، تعزز التواصل وتشبه مواصفات Mini- suvag مواصفات Suvag IT2، ولكن في شكل جهاز محمول وأصغر حجمًا، إذ أنه يحول الترددات المنخفضة ويستخدم هزاز للطاقة للتحويل الجسمي الحسي، وكذلك يمكن توصيل هزاز هيدفون تأهيلي أو مستقبلي أذني داخلي بهذه الوحدة. (Sedi service europeén)

3. جهاز Suvag 2s : هو جهاز محمول مهني مصمم لإعادة تأهيل الكلام لدى الصم (جزئيًا وكليًا) والمصابين ببعض الإعاقات السمعية وبعضها إعاقات الكلام. وهو سهل الاستخدام، ويقوم الجهاز بتكبير وتحويل الترددات المنخفضة جدًا، لذلك يناسب إعادة تأهيل المصابين بصمم عميق. ويمكن تركيب مجموعتين من الهيدفون والهزازات للجهاز وذلك لعمل مع طفلين أو ثلاثة في نفس الوقت.

4. جهاز Suvag CT 10 I.R : نظام تحويل الصوت بالأشعة تحت الحمراء لتعليم وإعادة تأهيل الصم، وقد تم تطوير النظام ليناسب الفصول والأنشطة التي تشمل الموسيقى والإيقاع. وبالفعل يحتاج الأطفال الصم إشارة مسموعة مناسبة كلما أمكن، ويجب أن يتحرروا من الأسلاك المرتبطة بهم ويعتبر ذلك مهم للأطفال الصغار جدًا بشكل خاص، والذين يجب أن يتمتعوا ببيئة غير مقيدة وأن يتحركوا بحرية في الفصل.

- **أجهزة الكتابة الخفيفة** Light writer ، ومنها ما يلي:

1. **جهاز لوحة المفاتيح** SL5: إن هذا الجهاز هو الأبسط في سلسلة "light writer" اكتب على لوحة المفاتيح وشاهد المخرجات على الشاشتين. للجهاز مفتاحين

للذاكرة وتتوفير 36 مفكرة، اختر MEM ومفتاح لرقم/ حرف لاستدعاء كلمة أو عبارة. استخدم الجهاز للتواصل اليسير.

2. **جهاز لوحة مفاتيح ونطق** SL30: يوفر الجهاز 5K للذاكرة، يوفر أيضًا إمكانية الاختصار، التفصيل، ويتوفير خيار مركب داخلي من النص إلى الكلام، ويتم استخدامه مباشرة أو عبر التليفون (المسماع). ويمكن استخدام الرموز أو الصور على لوحة المفاتيح المصورة المتوفيرة لغير مستطيعي القراءة، إن هذا الجهاز صغير، خفيف وذو شكل جذاب.

3. **جهاز المسح** SL8 وSL80: هي أجهزة مسح سهلة الاستخدام لأشخاص ذوي الإعاقات الشديدة، ويستخدم SL8 تكنيكات صفية/ عمودية، بينما يستخدم SL80 مسح خطي أكثر بساطة ويعتبر المسح السمعي مثالي.

وتتميز أجهزة الـ Light writer **بمجموعة من الخصائص العامة هي:**

- توفر شاشتي عرض كبيرتين من أجل سهولة الحوار المباشر.
- سهولة الاستخدام، حيث يستخدم مثل الآلة الكاتبة؛ ادخل ما تريد أن تقوله أو استخدم نظام الذاكرة القوي.
- إمكانية اختيار نوع لوحة المفاتيح.
- إذا تم تركيب خاصية النطق، يمكن أن ينطق المستخدم كل كلمة؛ جمل كاملة أو تهجي الكلمات الأخيرة، ويوفر الجهاز صوت ذكر وصوت أنثى.
- إمكانية عمل البطارية لـ 12 ساعة من الاستخدام المستمر.
- توفر دليل استخدام كامل.

- **تليفون الاتصال بالصم** Telephone Communication Devices For the Deaf : عبارة عن جهاز تليفون موصل بمصباح كهربائي يتعرف من خلاله الأفراد الصم بورود مكالمة على هاتفهم، فيقوم الأفراد الصم بطباعة الرسالة مكتوبة ومن ثم تحويلها إلى شخص آخر لديه نفس الجهاز ليقوم بالرد عليه متبعًا نفس الإجراء،

وفي حالة عدم وجود نفس الجهاز لدى الشخص الأخر، فإن الذي يقوم بالترجمة موظف السنترال في الهاتف.

- **جهاز تحويل الكلام الملفوظ إلى رموز بصرية**Real-time speech to printعبارة عن جهاز يقوم بتحويل الكلام الملفوظ للمعلم إلى رموز بصرية مكتوبة، ويستخدم هذا الجهاز داخل الصف الدراسي العادي للتلاميذ الصم المدموجين مع أقرانهم السامعين في التعليم العام. وفي نهاية الدرس يحصل الطلاب الصم على نسخة مكتوبة من الدرس.

- **جهاز إنذار الحريق** Smoke Detectors: عبارة عن جرس حريق موصل بمصباح كهربائي. يساعد الصم على التعرف على وجود حريق داخل المبنى.

- **جرس الباب** Door Signaler: عبارة عن جرس للباب موصل بمصباح كهربائي، وهو بديل عن جرس الباب عند السامعين

- **جرس بكاء الطفل** Baby Cry Signaler: عبارة عن جهاز لاسلكي صغير الحجم يمكن وضعه في غرفة الطفل، وموصل بمصباح كهربائي يُومض إذا كان الطفل يبكي.

- **جهاز الاستيقاظ** Bed Vibrator: عبارة عن جهاز هزاز يقوم على مساعدة الأفراد الصم أثناء الاستيقاظ في الصباح ويوضع تحت الفراش.

ويُعرف (علي حنفي، 2003) المُعين السمعي بأنه عبارة عن أداة (جهاز- وسيلة) لنقل الصوت إلى الأذن وتضخيمه بهدف مساعدة المعوق سمعيًا على الاستفادة من البقايا السمعية لديه في سماع وفهم الأصوات. **وتتكون أجزاء المُعين السمعي مما يلي:**

1. **الميكروفون** MICROPHONE: عبارة عن جهاز يتكون من غشاء رقيق يحول الأمواج الصوتية من الهواء إلى تيار كهربائي أو أشارت إلكترونية ونقلها إلى المضخم (خلايا التكبير).
2. **خلايا التكبير (مضخم الصوت)** AMPLIFIER: وهو عبارة عن دائرة كهربائية تحول التيار الكهربائي الصغير إلى تيار كهربائي اكبر أي أنها تزيد من شدة الإشارات الإلكترونية ونقلها إلى المستقبل.
3. **المستقبل** RECIVER: يُعيد تحويل التيار الكهربائي الذي تم تكبيره عن طريق خلايا التكبير إلى أمواج صوتية مرة ثانية.
4. **مفتاح التحكم** VOLUME OF CONTRO : ووظيفته التحكم في درجة تضخيم الصوت، والتحكم في النغمة.
5. **البطارية** BATTERY: وهي عبارة عن مصدر الطاقة اللازمة لتشغيل السماعة ولها عدة أنواع.
6. **طبعة قالب الأذن** EAR IMPRESSION: مادة مكونة من معجون خاص ومن نوعين مختلفين، تخلط مع بعضها، ثم توضع في صيوان الأذن ليأخذ شكل ومقاس الأذن الخارجية، ومن صفاتها الأساسية: أنها لا تسبب حساسية للمريض، كمية الانكماش قليلة، سهلة الاستعمال ورخيصة الثمن.
7. **قالب الأذن** EAR MOULD : يُعتبر من أهم أجزاء السماعة الطبية حيث يعمل على توصيل الصوت الخارجي من السماعة إلى الأذن، وتثبيت السماعة على أذن المريض ومنع حدوث الصفير.

ويمكن تقسيم المُعينات السمعية للأطفال ضعاف السمع إلى نوعين رئيسين هما:

أولاً: المُعينات السمعية الفردية (individual hearing aids) وهي أجهزة إلكترونية تستخدم لتعويض النقص في القدرات السمعية لمستخدميها.

ثانياً: المعينات السمعية الجماعية التي تستخدم في الفصول الدراسية Classroom hearing aids ، **وتتضمن السماعات الأنواع التالية:**

1- **سماعات الجيب** pocket hearing aid: وهي من أكثر السماعات تكبيراً للصوت، **وتتميز بالمميزات التالية:** تعمل على توصيل الصوت بواسطة أسلاك توصيل خاصة، لها مقدرة عالية على تكبير الصوت، رخيصة الثمن، من أكثر السماعات توفيرا للطاقة، يسهل إصلاحها وصيانتها، توصف للأطفال الصغار الذين يعانون من إعاقة سمعية شديدة جدًا، والذين تتراوح أعمارهم من سن سنتين وحتى سن ما قبل المدرسة. **ومن أهم سلبيات هذه السماعات** مظهرها الخارجي وما يترتب على هذا المظهر من مشكلات اجتماعية ونفسية لمستخدميها.

2- **سماعات خلف الأذن**: تعتبر سماعات خلف الأذن من المعينات السمعية الأكثر انتشارًا عن غيرها والأكثر تنوعًا في أحجامها وأشكالها كما أنها تصلح للكبار والصغار على حد سواء. ويمكن تقسيمها من حيث الحجم إلى ثلاثة أنواع : سماعات صغيرة الحجم Mini size BTE، سماعات متوسطة الحجم Midi size BTE، سماعات كبيرة الحجم Power BTE . كما يمكن تقسيم هذا النوع من السماعات إلى سماعات تقليدية والسماعات الرقمية المبرمجة على الكمبيوتر.

3- **زراعة القوقعة** Cochlear Implant: والقوقعة عبارة عن جسم حلزوني الشكل، ممتلئ بالسائل، ويقسم إلى قسمين الأعلى ويسمى السلم الدهليزي، والأسفل ويسمى السلم الطبلي، ويوجد في القوقعة تجويف داخلي يطلق عليه اسم السلم المتوسط، الذي يحتوى على خلايا السمع الشعرية التي يتراوح عددها بين (16- 20) ألف لتكون العصب السمعي الذي يقوم بنقل الإحساس بالأصوات إلى المراكز العليا بالمخ. وتزرع الغرسة القوقعية من خلال فتحة خلف الأذن ويتم توصيلها بالأذن الداخلية كما يتم توصيلها خارجيا بسماعة تعمل على تعويض الأجزاء التالفة في الأذن الداخلية وتنبيه العصب السمعي

إلكترونيًا باستخدام التردد المغناطيسي. **ويتم السمع بواسطة الغرسة القوقعية على النحو التالي:**

• يقوم الميكروفون باستقبال الصوت ثم ينقله إلى جهاز معالجة الإشارات، وهو عبارة عـن جهاز دقيـق باستطاعته أن يحول الكلام الذي يصل إليه إلى ذبذبات كهربائية تشمل تـرددات صـوتية مختلفـة ويشـفر الأصوات المفيدة لفهم الكلام.

• ترسل الأصوات المشفرة إلى جهاز الاستقبال الذي يقوم بتحويلها إلى إشارات كهربائية تتحول إلى الجهاز المزروع داخليًا عن طريق التردد المغناطيسي، وتنبيه العصب السمعي ليحول الأصوات إلى الـدماغ حيـث يتم تمييزها وفهمها.

4- **سماعة مع نظارة** spectacles hearing aid: عبارة عن جهاز صغير يُركب علـى النظارة ويوصـل مـع قنـاة الأذن بأنبوبة صغيرة في قالب، **من مميزاتها** أنها غير ملفتة للنظر، تريح المريض نفسيًا، سـهلة اللبس. **ومن عيوبها:** أنها غالية الثمن، كذلك عند عدم استعمال النظارة لا تستعمل السماعة.

5- **سماعة داخل الأذن**، ومنها ما هو داخل صيوان الأذن، ومنها ما هـو داخل قنـاة الأذن. ومـن مميزاتهـا: أنها صغيرة جدًا ومخيفة، وتستخدم للإعاقات السمعية البسيطة، المتوسطة، الشديدة. ومـن عيوبهـا: قد لا يستطيع المريض فتحها أو إغلاقها بسبب صغر حجم أداة التحكم في الصوت وضبطه، سـريعة العطل وذلك بسبب إفرازات الأذن، وغالية الثمن.

6- **سماعات عن طريق العظم** Bone conduction hearing aid: تستخدم مع الأطفال الذين يعـانون تشـوه خلقي في صيوان الأذن، أو مـن التهاب وسيلان في الأذن الوسطى بطريقة تعوق اسـتخدام السـماعات العادية، وتوضع السماعة على عظمة mastoid خلف صيوان الأذن، أو يتم تثبتها بربـاط الـرأس أو مـع نظارة، أي أن هذه السماعات تستخدم للذين يعانون من ضعف سمع توصيلي، حيث يعمل الجهـاز على تحويل الطاقة الكهربائية إلى اهتزازية، ويخـرج الصـوت إلى الأذن الداخليـة مـن الخارجيـة دون مروره في الأذن الخارجية.

7- **النظام اللاسلكي(أف أم FM)**: عبارة عن معينات سمعية متطورة حيث يسمع من خلالها ضعيف السمع مهما تكن درجة فقدان السمع لديه، بشرط أن يكون لديه بقايا سمعية. ويتكون هذا النظام من لاقطة (ميكرفون) موصل بجهاز بث (إرسال) وجهاز استقبال موصل بمعين سمعي.

اتخاذ القرار الخاص بشأن التكنولوجيا المُساعدة في تعليم الصُم:

إن تطبيق نظام التكنولوجيا المُساعدة هو في واقع الأمر نتيجة للاهتمام الملحوظ من قبل الخبير التعليمي، أو من قبل ولي الأمر، أو حتى من خلال مناقشة مع الفريق الموجود، والذي يتعامل مع احتياجات الطالب. **وفيما يلي قائمة بأعضاء الفريق، والدور الذي يقوم به كل عضو في هذه العملية:**

- **الطالب** The Student: وهو الشخص الوحيد الثابت في هذه العملية. ومن الضروري أن يكون الطالب- وعلى قدر الإمكان- مشاركًا بشكل فعال في عملية اتخاذ القرار الخاص بالتكنولوجيا المُساعدة. كما يجب أن يؤخذ رأيه، ويعمل به في هذا الشأن، إذ أن الطالب هو الشخص الذي سيستفيد من هذه التقنية، وهو الذي سيقوم باستخدامها أولاً.
- **الأسرة** The Family: فالوالدين، وأعضاء الأسرة هم الذين يعرفون الكثير من حياة الطالب اليومية، وعن أدائه، وأيضًا عن وسائل، وطرق التعامل مع إعاقته، ويوفر اشتراك هؤلاء في فريق العمل منظورًا آخر لحياة الطالب لا يمكن لطاقم الفريق التربوي رؤيته.
- **مُعلم الفصل** Classroom Teacher: يُعد معلم الفصل هو الشخص المسئول عن تنفيذ البرنامج التربوي للطالب. فهو الذي يفهم قدرات الطالب فمن الأفضل إتاحة الفرصة له في المشاركة في إعداد البرنامج، وسيكون المعلم أيضًا مسئولاً عن تطبيق استراتيجيات تربوية تسهم في تحقيق الأهداف التعليمية، والوظيفية الاجتماعية.

- **معاوني هيئة التدريس** Instructional Assistants: وهم يعملـون جنبًـا إلى جنـب مـع المعلمـين، وذلـك لتطبيق المنهج، وتسهيل العملية التعليمية.

- **الأخصائي النفسي بالمدرسة** School Psychologist: وهو قادر عـلى إعطـاء المعلومـات الخاصـة بمستوى الطالب العقلي.

- **الأخصائي في أمراض الكلام، واللغة** Speech Language Pathologist: ويكون لديه القدرة على إعطاء رؤية عن أساليب المتعلم الحالية للتواصل، وعن جهود الطالب في تنمية اللغة، والكلام. كما يقترح أيضًـا الطـرق المناسبة؛ ليصل بقدرة التواصل لدى الطالب إلى أقصىـ درجـة ممكنـة في أثنـاء اليـوم الـدراسي. وغالبًـا مـا يقدرون على المساعدة في تنمية بعض أجهزة الكلام، وذلك لأنظمة التواصل المعزز.

- **أخصائي المعالجة بالعمل** Occupational Therapist: وهو المسئول عـن إعطـاء المعلومـات عـن مهـارات الطالب الحركية الجيدة. كما يضع في اعتباره الأشياء البصرية، والحركية المتداخلة مع الطالب.

- **أخصائي العلاج الطبيعي** Physical Therapist: وهو قادر على تقويم الأشياء المتعلقـة بجلـوس الطالـب، والمكان الخاص به، كما يقدم التوصيات بالاستراتيجيات التي تزيد مـن تفاعـل الطالـب في بيئتـه المدرسـية، والأنشطة.

- **مدرسو الخدمات التكميلية** Supplemental Service Teacher: وهم كثيرًا ما يخدمون كمصدر، أو كمورد للخدمات التكميلية، وذلك فيما يتعلق بالتعديلات والتكيفات التي ترتبط باحتياجات الطالب السمعية، أو البصرية.

- **أخصائي علم السمعيات** Audiologist: حيث يختـبر القـدرة السـمعية، ويرشـح بعـض أنظمـة الاستماع المُساعدة التي تقوم مهارات الطالب السمعية.

- **ممرضة المدرسة** School Nurse: ومـن الممكـن أن يكون لهـا تـدخل في احتياجـات الطالـب الطبيـة، والاعتناء به في المدرسة.

- **الطبيب** Physician: حيث يحدد الموضوعات الطبية، والمضاعفات الطبية. ويشترك الطبيب في عملية فرض الكثير من الأجهزة السمعية.

- **مديرو المدارس، ومشرف التربية الخاصة** School Administrators Special Education Supervisors: توكل إليهم مسئوليات متعددة تضم إدارة البرامج التربوية، والنواحي المالية، وكذلك دعم فرق العمل، والإعداد للاجتماعات، وتخصيص فترات للتدريب الفني لطاقم العمل.

- **الاتصال التكنولوجي بالمدرسة** School Technology Contact: يوفر المعلومات الفنية ودعمها. والمساعدة الفنية لصيانة الأجهزة.

- **أخصائي التكنولوجيا المُساعدة** Assistive Technology Specialist: ويعمل هذا الأخصائي كمصدر لتوفير الخيارات الخاصة بالأجهزة التكنولوجية المُساعدة والبائعين، والتدريب الفني، تقديم المساعدة لفريق العمل في تحديد، وتعيين قدرات الطالب التي تتعلق باستخدام التقنيات المساعدة.

- **المهندس المتخصص بإعادة التأهيل** Rehabilitation Engineer: يقدم المعلومات الخاصة بتعديل التعامل مع الأجهزة التكنولوجية وتسهيلها.

ومع كل المزايا التي يحصل عليها الطفل الأصم نتيجة استخدامه للتكنولوجيا المُساعدة (AT) في كافة مجالات الحياة، وخاصة التعليم إلا أنه قبل تحديد ما إذا كان هؤلاء الأطفال الصُم سوف يستفيدون من هذه التكنولوجيا المُساعدة (AT) أم لا؟ **فإنه يجب الأخذ في الاعتبار ما يلي:**

- من يستخدم هذه التكنولوجيا ؟
- كيف يمكن للأصم أن يستفيد من استخدام وسيلة تكنولوجية مُساعدة مثل الكمبيوتر، أو الوسائل المُساعدة على التواصل أو الوسائل المُساعدة على التحكم في البيئة المحيطة ؟
- كيف يمكن للأصم أن يستخدم مثل هذه الآلات والأجهزة المساعدة؟

- كيف يمكن للطالب أن ينجز الأعمال المدرسية اليومية مثل الواجب المنزلي، والاختبارات، والتقارير، وكيف يُشارك في الفصل باستخدام تلك التكنولوجيا؟
- كيف يمكن للأصم أن يستخدم هذه التكنولوجيا المُساعدة (AT) في بعض أنشطة الحياة اليومية مثل الأكل، واللبس، والنظافة، وأنشطة العمل؟
- كيف يمكن للأصم أن يستخدم تلك الوسائل المُساعدة ليشارك في البيئات المحيطة، والأنشطة المختلفة؟
- كيف يمكن للأصم أن يستخدم هذه التكنولوجيا لاستقبال التغذية الراجعة الإيجابية، أو مهارات التوجيه النفسي الذاتي لبعض الأمور السلوكية؟
- باستخدام تلك التكنولوجيا هل يتمكن الأصم من القيام بالأشياء باستقلال أكثر مما يتمكن هذا الطالب منه في الوقت الحالي؛ أي (قبل استخدام تلك التكنولوجيا المُساعدة)؟
- يجب على المعلم أن يكون على دراية بتطبيقات أجهزة التكنولوجيا المُساعدة (AT) واستخدامها والتي يحتاجها برنامج التعليم الفردي للطالب، وكذلك البرامج الإلكترونية، فضلاً عن إن التدريب لأولياء الأمور على استخدام التكنولوجيا المُساعدة يعد شيئًا حيويًا، إذ أن الوقت عامل حيوي، ومهم.
- يجب أن تكون التكنولوجيا المُساعدة في المكان نفسه الذي تحدث فيه عملية التعلم، والتدريس، وأن تكون متواجدة في الفصل، ومتاحة أمام الطالب في البيت، وذلك لإتاحة استمرارية التعلم إذا أمكن.
- يجب أن تكون عملية الاختيار للوسائل ذات التكنولوجيا منخفضة إذا أمكن.
- يجب أن يكون الطالب في حاجة حقيقية لهذه الوسيلة المساعدة.
- لابد أن تكون الحلول التي تقدمها التكنولوجيا المُساعدة مرنة، وقابلة للتغير لملائمة القدرات الخاصة بكل فرد.
- يجب أن يحصل الأطفال على الدعم الكافي من الأفراد الموجودين في البيئة المحيطة بهم (مدرسين، وآباء).

- يجب أن تلاءم الوسيلة المستخدمة الفرد، ومستواه العقلي.
- لابد أن يكون لدى كل من المعلمين اتجاهات إيجابية نحو استخدام الوسيلة.
- يجب أن يتم تطوير الطرق المستخدمة في التدريس.
- كما يجب أن يؤخذ في الاعتبار الدور الذي يجب أن يقوم به الفرد، والـدور الـذي يجـب أن تقـوم بـه الآلة.

اعتبارات بشأن استخدام التكنولوجيا المُساعدة في تعليم الصم:

تتمثل تلك الاعتبارات فيما يلي:

- أن يكون موضوع الدرس هـو المنطلـق الـرئيس لمعلـم الصـم كي يسـتخدم التكنولوجيـا داخـل الصـف الدراسي.
- أن يأخذ معلم الصم وضعاف السمع بعين الاعتبار مستوى وقدرات هـؤلاء الأطفـال في التعامـل مـع التكنولوجيا الحديثة.
- أن يقرر معلم الصم ما إذا كان يرغب في استخدام التقنيـات الحديثـة لتوضيح موضـوع درس مـا، أو التدريس عنها.
- أن يقرر معلم الصم إذا كان يرغب في تقسيم هؤلاء الأطفال إلى مجموعات، أو بشكل فردي مع الأخـذ بعين الاعتبار العمر الزمني، والمهارات اللغوية والأجهزة المتوفرة داخل الصف.
- أن يعرف معلم الصم الخبرات السابقة لهم في استخدام التقنيات الحديثة.
- أن يحدد معلم الصم ماذا يتعين على هؤلاء الأطفال عمله أثناء استخدام هذه التقنيات الحديثة.
- أن يعرف معلم الأطفال الصم مـاذا يتعـين عليهـم عملـه بعـد الانتهاء مـن اسـتخدام هـذه التقنيـات الحديثة.
- أن يكتب معلم الصم جميع الوسائل التي يحتاجها عند تنفيذ الأنشطة.
- أن يحدد المعلم كيف يمكن تقييم الأطفال الصم من خلال التقنيات الحديثة.

وحدد (يُسري السيد، 2006) مجموعة من الاعتبارات الواجب توفيرها في التكنولوجيا التعليمية المُساعدة للصم وما تقدمه من محتوى علمي هي:

- **بالنسبة للمحتوى العلمي المُقدم بواسطة التقنيات التعليمية الحديثة:**

- تلبية المادة العلمية لحاجات ومطالب النمو المُختلفة لدى الأطفال الصم.
- وظيفية المعلومات ومناسبتها للمستويات المعرفية المختلفة للأطفال الصم.
- حداثة الموضوعات ومساعدتها في تكيف الصم مع سمات العصر الحديث.
- توفير الدافعية الداخلية لدى الأطفال الصُم.
- الاتجاهات الإيجابية لدى الأطفال الصم نحو المادة والمعلم.
- أساليب تدريسية تدفع للاستقصاء والاكتشاف.

- **بالنسبة لتوظيف التكنولوجيا التعليمية الحديثة في مواقف التعليم والتعلم:**

- تعمل على إشباع وتنمية ميول الأطفال الصُم: من خلال وسائط الاتصال التعليمية توفير خبرات حية ومتعددة؛ لتُشبع ميول الأطفال، وتزيد من استمتاعهم بمواقف التعليم والتعلم.
- تساهم في معالجة انخفاض المستوى العلمي والمهني لدى بعض المعلمين: لوسائط الاتصال التعليمية دور مهم في علاج مشكلة انخفاض المستوى العلمي والمهني لدى بعض المعلمات، خاصة إذا كانت هذه الوسائط مُصنّعة بواسطة أخصائيين تربويين في مجال العلوم والتربية، كما أنه يمكن تقديم استراتيجيات حديثة في التدريس من خلال هذه الوسائط وتدريب المعلمات على ممارستها (كما في برامج التعليم المصغّر مثلاً).
- تسهم في استغلال المتعلمة لحواسها المختلفة.

وتوجد مجموعة من الاعتبارات العامة لتطوير جودة التكنولوجيا والوسائل والأدوات التعليمية السمعية أو البصرية للأطفال الصم وضعاف السمع هي:

- ينبغي عرض المعلومات في شكل صورة كما ينبغي استخدام النص أو الكتاب ولكن بقدر بسيط.
- ينبغي تطوير التكنولوجيا والوسائل والأدوات التعليمية الخاصة بالأطفال الصم وضعاف السمع بـدلاً من تعديل تكنولوجيا الأطفال الذين يسمعون.
- ينبغي عمل تكنولوجيا ووسائل وأدوات تعليمية يمكن للمدرسة تطبيقها.

معوقات استخدام التكنولوجيا المساعدة:

- الافتقار إلى الوقت لإعداد استراتيجيات تعليمية جديدة تستخدم التكنولوجيا وتطويرها.
- الافتقار إلى الأجهزة والخدمات التكنولوجيا المساعدة بمعاهد ومدارس الصُم.
- الافتقار إلى التدريب وخاصة تدريب المعلمين على استخدام وفاعلية التكنولوجيا المساعدة للصُم.
- الخوف من استخدام التكنولوجيا المساعدة للصُم وعدم الراحة في استخدامها.
- الافتقار إلى فريق المساندة التكنولوجية (مثل المنسق التكنولوجي).
- الافتقار إلى برامج الكمبيوتر وأشرطة الفيديو وأدوات المساندة الضرورية الأخرى.
- الافتقار إلى مكان ملائم للأجهزة التكنولوجية والخدمات التكنولوجية المساعدة للصُم.
- الافتقار إلى معلومات عن الأجهزة والخدمات التكنولوجية المساعدة للصُم.
- الافتقار إلى طريقة كلية يتبعها الطلاب لتطبيق برامج التكنولوجيا .
- الافتقار إلى التكنولوجيا المساعدة في مواقع المدرسة.
- الافتقار إلى مصادر الإصلاح والمحافظة على الأدوات والأجهزة التكنولوجية المُساعدة للصُم.

صور للوسائل التكنولوجية المُساعدة للصُم:

شعار المركز عند المدخل الرئيس

أهداف برامج المركز عند المدخل الرئيس

أجهزة الكمبيوتر بوحدة تكنولوجيا المعلومات

أجهزة الكمبيوتر بوحدة تكنولوجيا المعلومات

أجهزة فحص السمع بوحدة التكنولوجيا المُساعدة

أدوات فحص السمع بوحدة التكنولوجيا المُساعدة

كمبيوتر الصُم بوحدة تكنولوجيا المعلومات

منصة المُعلم/ المُدرب

أزرار التنبيه موجودة على منصة المُعلم/ المُدرب

أرفف وحدة القراءة والاطلاع

جهاز الداتاشو بسقف بوحدات التعليم والتدريب

وحدة القراءة والاطلاع

طاولات الجلوس دائرية يمكن طيها

طاولات الجلوس دائرية ثابتة

السبورة التقليدية

إشارة غرفة الألعاب والأنشطة

طاولات الجلوس منظمة في شكل دائري

طاولات الجلوس منظمة في شكل دائري

إشارة المرحاض

إشارة المطبخ

إشارة وحدة الكمبيوتر

إشارة وحدة القراءة والاطلاع

إشارة وحدة الإدارة

إشارة الاستقبال في مدخل المركز

بعض مصطلحات الكمبيوتر بلغة الإشارة

إشارة البريد الإلكتروني

إشارة الكمبيوتر والإنترنت

مسرح العرائس بوحدة مسرحة المناهج

مجموعة من النماذج بوحدة مسرحة المناهج

نماذج للفاكهة والخضروات بوحدة الألعاب

عرائس بوحدة الألعاب

السبورة بوحدة الألعاب

الأرفف بوحدة الألعاب

أرفف بوحدة الأنشطة والألعاب

مجموعة من العرائس بوحدة الألعاب

ملفات الطلاب الصُم بوحدة الإدارة

فلاشر أو منبه ضوئي

فلاشر أو منبه ضوئي للحريق

موضع الفلاشر المنبه الضوئي

شكل النوافذ والستائر

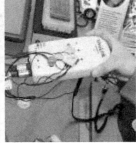

أجهزة الاتصال TDD

ستيريوميكرفون لاستقبال الأصوات

عيادة السمع بوحدة التكنولوجيا المُساعدة

جهاز استقبال الأشعة تحت الحمراء

جهاز قياس درجة السمع(الأوديوميتر)

طريقة جلوس الطلاب على شكل نصف دائرة

موضع مقاعد جلوس الطلاب بالنسبة لمدخل القاعة

موضع السبورة ومقعد المعلم بالنسبة للطلاب

التدريب على الكلام

طريقة جلوس الصُم داخل غرف التعليم والتدريب

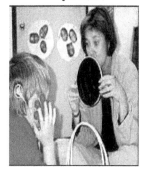

بيئة وحدات التعليم والتدريب للصُم

سماعات الجيب

جهاز فحص السمع عند الولادة

سماعة خلف الأذن

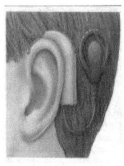

سماعات داخل الأذن

غرس القوقعة السمعية

غرس القوقعة السمعية

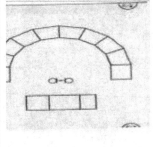

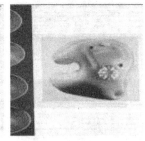

سماعة داخل الأذن مخفية

صف الأشعة تحت الحمراء

مرسل الأشعة تحت الحمراء

جهاز الأشعة تحت الحمراء

جهاز المونوفونتير للتدريب على السمع والكلام

جهاز للتدريب على الكلام

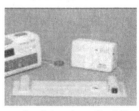

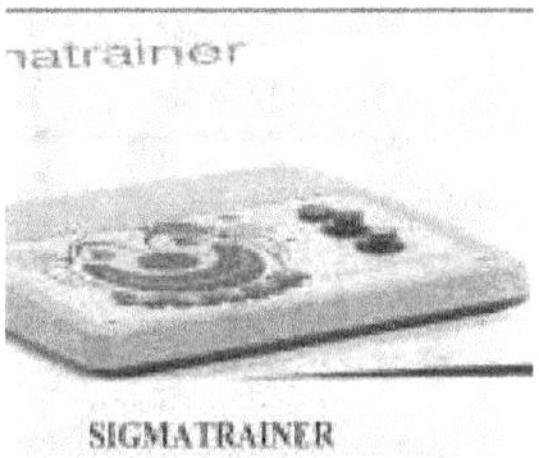

جهاز للتدريب على الكلام للمعاقين سمعياً

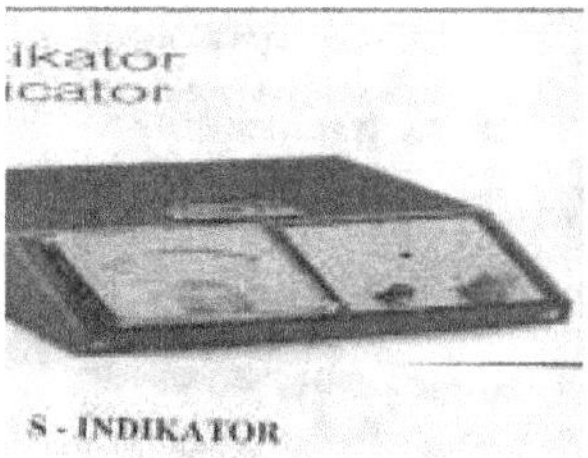

S - INDIKATOR

جهاز للتدريب على الكلام للمعاقين سمعياً

جهاز للتدريب على الكلام

مساعدات سمعية Tip Loop

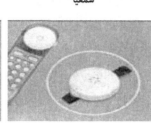

تليفون الصُم

مساعدة تليفزيون TV Aid

المنادي البصري لتحويل الصوت لإشارات ضوئية

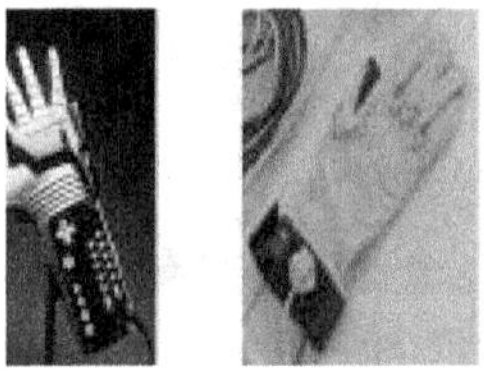

جهاز اللولب بقاعات الدراسة

القفاز الإلكتروني

جهاز السوفاج SUVAG

جهاز السوفاج SUVAG

جهاز السوفاج SUVAG

سماعة لاسلكية لجهاز الأشعة تحت الحمراء

سماعات جهاز الأشعة تحت الحمراء

سماعات جهاز الأشعة تحت الحمراء

قاعة مزودة بجهاز الأشعة تحت الحمراء

جهاز الأشعة تحت الحمراء

طفل أصم يستخدم سماعة لاسلكية للأشعة تحت الحمراء

طريقة العمل مع الصم في قاعة الكمبيوتر

طريقة العمل باستخدام جهاز الأشعة تحت الحمراء

طريقة العمل باستخدام جهاز الأشعة تحت الحمراء

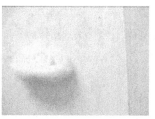

صافرة للتدريب على النفخ في جلسات التدريب التنفسي

جهاز هرمونيا للتدريب التنفسي

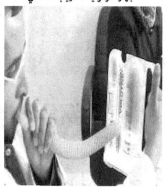

جهاز كينديل للتدريب التنفسي

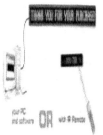

التحكم في أجهزة الكمبيوتر بالأشعة
تحت الحمراء

جهاز التحكم عن بعد (رموت كنترول) في الأشعة تحت الحمراء

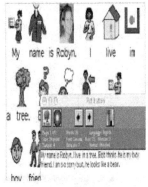

استخدام برامج الكمبيوتر في التواصل مع الصم

تعليم اللغة باستخدام برامج الكمبيوتر

استخدام الإنترنت (الدردشة) في تواصل الصُم

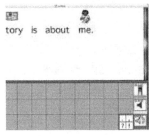

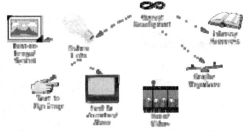

برامج الكمبيوتر للصم تجمع بين النص والرسومات والصورة والحركة والفيديو لتنمية المفاهيم

تعليم مفردات اللغة باستخدام برامج لغة الإشارة

استخدام السبورة الذكية في تعليم الأطفال الصُم

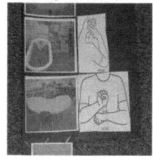

استخدام الصور والرسومات التوضيحية في تعليم لغة الإشارة

القلم الخاص بالسبورة الذكية

كاميرا رقمية

جهاز بروجيكتور

جهاز الكلام الواضح **Visible Speech Apparatus**

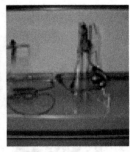

تليفون الصم
Pocket Speak & Read VCO TTY

تليفون الصم
Krown PocketComm Portable
VCO TTY

لتليفون للتواصل بين الصم داخل المركز
Hearing Aid Telephone
Interconnect System

A telecommunications device
that allows individuals who are
Deaf or Hard of Hearing
converse via the telephone

تليفون مزود بآلة كاتبة
Teletypewriters (TTYs)

تليفون الصم مزود بمنبه ضوئي
Telestrobe WL-PS11

منبه ضوئي يوضع على مقعد الطالب
eFlasher

تليفون للصم من نوع
Dialogue VCO

تليفون للصم من نوع
Uniphone

فيديو فون ملحق بالكمبيوتر
D-Link Videophone

ويب كامب ملحقة بالكمبيوتر
Logitech Quickcam for Notebook Pro

فيديو فون D-Link DVC لعمل مكالمات فيديو Videophone Calls

المعلم الإلكتروني (بالدى)

استخدام برامج لغة الإشارة عبر الإنترنت

برامج الكمبيوتر لتحويل الصوت إلى نص

الفصل الرابع

نموذج مُقترح لمراكز مصادر التعلم للأطفال الصُّم

- دواعي الحاجة إلى نموذج مُقترح لمركز مصادر التعلم بمعاهد الصُم
- فلسفة مركز مصادر التعلم المُقترح.
- أهداف النموذج المقترح لمركز مصادر التعلم للصم.
- وحدات النموذج المقترح لمركز مصادر التعلم للصُم.
- التجهيزات اللازمة لوحدات المركز وقاعاته.
- مواصفات البيئة الصفية للنموذج المقترح لمركز مصادر التعلم.
- المتطلبات الأساسية لمركز مصادر التعلم.
- أعضاء فريق العمل بالنموذج المُقترح لمركز مصادر التعلم للصُم.

نموذج مُقترح لمراكز مصادر التعلم

للأطفال الصُّم

يتناول هذا الفصل من الكتاب نموذج لمراكز مصادر التعلم للصم ، وقد اعتمدت المؤلفة في تصورها للنموذج المُقترح لمركز مصادر التعلم للصُم على الأدبيات التربوية الخاصة، بتصميم مراكز مصادر التعلم، وعلى طبيعة الاحتياجات التعليمية للصُم، والاطلاع على تجارب بعض الدول العربية (المملكة العربية السعودية ، مصر، الأردن) وجامعة مونتريال الكندية، **وفيما يلي عرض للنموذج المُقترح لمركز مصادر التعلم للصُم:**

دواعي الحاجة إلى نموذج مُقترح لمركز مصادر التعلم بمعاهد الصُم:

1. الواقع غير المُلائم لمراكز مصادر التعلم بمعاهد الصُم، من حيث ضعف توفير المواصفات والمعايير الفنية الملائمة للصم، وانخفاض نسب توفير المواد والأجهزة التعليمية المناسبة للصُم، وكذا ندرة توفير التكنولوجيا المساعدة، وانخفاض نسب توفير الأنشطة والخدمات التربوية المُقدمة للطلاب الصُم، وضعف توفير الكوادر البشرية المؤهلة أو المدربة بهذه المراكز، وانخفاض مستوى الدمج الوالدي والمجتمعي في رعاية وتعليم الصُم.

2. التطورات والمُستحدثات التكنولوجية في مجال تكنولوجيا تعليم الصُم خاصة مراكز مصادر التعلم، ومن ثم ضرورة الأخذ بهذه التطورات بما يُناسب احتياجات الصُم.

3. التوجهات التربوية العالمية التي تُنادي بضرورة دمج الصُم والمعاقين سمعيًا مع أقرانهم العاديين السامعين داخل الصفوف الدراسية، وما يتطلبه ذلك من تهيئة بيئة تعليمية تعلمية تناسب الصُم وتراعي احتياجاتهم ومتطلباتهم، إضافة إلى

اعتبار المتعلم هو العملية التعليمية وليس المعلم، والاهتمام بنوعية التعلم بدلاً من التركيز على كم التعلم فقط، والتأكيد على المشاركة المجتمعية وأهمية أن يتشارك كل من المدرسة والمجتمع في تحقيق أهداف التعليم، واعتبار المعلم ميسرًا وموجهًا لعملية التعليم والتعلم وليس ناقلاً للمعلومات.

4. المستحدثات العلمية والتكنولوجية التي يشهدها مجال التكنولوجيا المساعدة للصُم وتكنولوجيا التعليم عامة.

5. الافتقار إلى التعاون بين الجهات الرسمية وغير الرسمية التي تقدم الخدمات والبرامج التربوية والتأهيلية للمعاقين سمعيًا، فليس هناك آلية فاعلة لتنسيق الخدمات وتكاملها، والحيلولة دون حدوث الازدواجية والتدخل.

6. وجود نقص هائل على صعيد بعض الوظائف المساندة لعمليتي التربية الخاصة والتأهيل مثل العلاج النطقي، أو التربية الرياضية.

فلسفة مركز مصادر التعلم المُقترح:

ترتكز فلسفة نموذج مركز مصادر التعلم المُقترح للصُم على توفير بيئة تعليمية تعلمية نشطة وهادفة وقادرة على استيعاب المُستجدات التكنولوجية، ودمجها في عمليتي التعليم والتعلم بشكل مُتكامل ومُتوازن وشامل؛ لتحقيق أهداف التعليم والتعلم على نحو أفضل على أن فلسفة مراكز مصادر التعلم للصم ترتكز على أربعة مفاهيم أساسية هي: طريقة التواصل Communication access، البيئة المرتكزة حول المتعلم a child- centered environment، المدخلات staff input، والمشاركة الوالدية parent involvement.

كما ترتكز تلك الفلسفة على مجموعة من العوامل هي:

1. **الفلسفة الموجهة للمركز**: احتياجات الطلاب والمعلمين أولاً: أي توجيه كل مصادر المركز البشرية وغير البشرية لمقابلة احتياجات الطلاب والمعلمين أولاً.

2. **الخدمة:** توفير خدمات تعليمية ومعلوماتية وتدريبية تتميز بالجودة والفاعلية والكفاءة للطلاب والمعلمين لمقابلة حاجاتهم.
3. **الاتصال:** المفتوح المرن بين إدارة المركز والمستفيدين منه، بهدف تعرف حاجاتهم وتحليلها واتخاذ القرارات بشأن مقابلتها.
4. **الإتاحة:** توفير فرص الاستفادة وفق مبدأ تكافؤ الفرص للمستفيدين من المركز.

وفي ضوء المفاهيم والعوامل السابقة يستند النموذج المُقترح لمركز مصادر التعلم للصُم إلى عدة اعتبارات هي:

1- تدعيم النظرة التطبيقية التكاملية بين مصادر المعرفة المُتعددة والتكنولوجيا الحديثة، وما يرتبط بها من مواد وأجهزة وخدمات تعليمية ملائمة للطلاب الصُم.

2- توظيف نظريات التعليم والتعلم وتطبيقاتها التربوية، بطريقة تناسب الصُم.

3- اعتبار مراكز مصادر التعلم استجابة لتلبية الاحتياجات التربوية للصُم، من خلال مشاركتهم في أنشطة تعليمية تعلمية تُراعي جوانب النمو الشامل والمتكامل لديهم.

4- إثراء خبرات التعليم والتعلم من خلال تهيئة بيئة تعليمية تعلمية غنية بمصادر المعرفة المُتعددة الملائمة لخصائص الصُم واحتياجاتهم التربوية.

5- تصميم بيئة التعليم والتعلم للصُم في ضوء دراسة الاحتياجات التربوية وتصميمها وبنائها، ودراسة متغيرات النظريات التربوية وفلسفتها، ومتغيرات سيكولوجية، ومتغيرات تكنولوجيا المجتمع وثقافته، وهناك أيضًا الجودة والدراسات الخاصة بالكفاءة والفعالية.

6- مراعاة ما بين الطلاب الصُم من فروق فردية، سواءً فيما بينهم، أم فيما بينهم وبين السامعين، فالصُم ليسوا كالمتعلمين العاديين، يدرسون نفس مقرراتهم وفي نفس أماكنهم، إنما لابد من توفير أماكن وبيئات تعليمية مناسبة لهم، تتوفر فيها مواصفات ومعايير البيئة التعليمية الملائمة.

7- التوظيف الأمثل لما تبقى لدى الطلاب ضعيفي السمع من حاسة السمع، واستثمار ما بقية الحواس الأخرى السليمة لديهم، وما يتطلبه ذلك من توفير التكنولوجيا المُساعدة بشقيها الأجهزة والخدمات.

8- توفير علاقات تبادلية من التعاون الإيجابي بين مراكز مصادر التعلم للصم وأفراد الأسرة، وأفراد ومؤسسات المجتمع المحلي؛ بهدف مساعدة الأصم في التوافق النفسي والاجتماعي. من خلال خدمات عدة، منها: التقويم الشامل، المناهج والمواد التعليمية، تعليم الأسر أساليب رعاية أبنائهم الصم، المعلومات العامة بهدف التوعية والإرشاد، تعليم لغة الإشارة وخدمات الترجمة، وخدمات التدريب المهني للمعلمين، وخدمات البحث والتطوير..

9- يُسهم في إشباع الاحتياجات المختلفة للصم (المعرفية، الانفعالية، الاجتماعية، البيئية).

10- يلائم المحتوى العلمي المقدم للأطفال الصم.

11- يتماشى مع المستحدثات العلمية في مجالي تعليم الصم ومراكز مصادر التعلم.

12- يُسهم في التنمية المهنية للعاملين في المركز .

13- يُسهم في خدمة المجتمع المحلي، واستغلال الموارد/ الإمكانات المادية والبشرية المتاحة في المجتمع المحلي.

14- يُسهم في تنمية مهارات التعلم لدى الأطفال الصم.

15- تحقيق التكامل في التقييم والتدريس بين الصفوف العادية ومركز مصادر التعلم.

16- تنسيق الجهود بين اختصاصي مركز مصادر التعلم وأعضاء هيئة التدريس العاملين مع الصم.

17- تقسيم الخدمات التربوية التي يقدمها المركز إلى خدمات مباشرة تتم داخل المركز، وخدمات غير مباشرة، تتم من خلال المتابعة المستمرة للطلاب الصم في الصفوف العادية بالتعاون بين اختصاصي المركز ومعلم الصف.

18- يُوفر التقويم والتغذية الراجعة بشكل مستمر وشامل، وتوفير تغذية راجعة من خلال الزيارات المستمرة والمقابلات والمناقشات الفردية، وعمل الاستبانات لاستطلاع رأي العاملين والأفراد المستفيدين.

أهداف النموذج المقترح لمركز مصادر التعلم للصم:

الأهداف العامة للنموذج المُقترح لمراكز مصادر التعلم للصُم ما يلي:

- تقديم خدمات التشخيص المناسبة من خلال مقاييس واختبارات من شأنها تحديد طبيعة وشدة الإعاقة والاحتياجات التربوية.

- تأمين الخدمات والبرامج التربوية والتأهيلية المناسبة من مرحلة ما قبل المدرسة وحتى الإعداد الكامل للدمج المدرسي (علاج طبيعي، وظيفي، نطق).

- عقد الدورات والبرامج التدريبية المتخصصة للمعلمين وللعاملين في هذا المجال.

- المساهمة في إعداد دليل المنهاج التربوي لذوي الإعاقة السمعية.

- التوعية للمعلمين والطلاب وأولياء الأمور وأفراد المجتمع المحلي حول الإعاقة السمعية وطبيعتها وخصائص المعاقين سمعيًا واحتياجاتهم المختلفة.

- مساعدة العائلة والمجتمع على تبني توجه إيجابي نحو الطلاب الصم.

- نشر فكر التربية الخاصة في مجتمع المدرسة بين الطلاب مما يزيد من النضج المجتمعي.

- إشراك والدي الطفل الأصم في البرامج الإرشادية – كأساس من أسس فلسفة الدمج الشامل- بهدف إكسابهم معلومات عن إعاقة طفلهم والخدمات المقدمة لهم وطرق التواصل معه والتدريب عليها. أي ضرورة تقديم مركز مصادر التعلم للصم برامج والدية، تستهدف زيادة التفاعل بين الوالدين والمعلمين، وزيادة الوعي العام باحتياجات الصم ومشكلاتهم، وأهمية الاكتشاف المبكر للصم والتدخل المبكر للتعليم والتأهيل، ويمكن تنفيذ برامج التضمين الوالدي من خلال التدريب الفردي، وجلسات التدريب الجماعي، وورش العمل، واللقاءات والمؤتمرات. وتضمين خبرات أسر

الأطفال الصم والمعاقين سمعيًا: تطبيقات للإعداد المهني في مجالات اكتشاف الإعاقة السمعية التي تتضمن (خدمات التدخل المبكر، عملية اتخاذ القرار، قلق الوالدين)، وجوانب قلق خاصة لـدى آبـاء الأطفال ضعاف السمع التي تتضمن (جوانب النمو المختلفة للأصم، التكنولوجيا المسـاعدة السـمعية، وعملية التواصل مع الصُم وطرائق وكيفيتها).

- الدعم النفسي والاجتماعي والتربوي لذوي الإعاقة السمعية.
- التعاون مع المؤسسات المحلية الحكومية والأهلية العاملة في مجال التأهيل؛ لتقديم أفضل خدمة لذوي الإعاقة السمعية.
- تطوير العملية التعليمية والتأهيلية في معاهد العوق السمعي وبرامجه.
- الاستفادة من التجارب والخبرات العالمية في مجال التعليم والتأهيل المهني للصُم.
- تعرف المجالات المهنية التي يحقق فيها المعوقون سمعيًا نتائج إيجابية.
- تحديث الخطط الدراسية المهنية للمعوقين سمعيًا.
- تربية وتعليم الصُم بوسائل تتناسب مع مقدراتهم واستعداداتهم.
- تدريب الحواس المتبقية للصُم تدريبًا يجعلهم يعتمدون على أنفسهم في اكتساب الخبرات.
- تقديم أفضل الخدمات النفسية والاجتماعية للصم كي يتكيفوا مع المجتمع.
- تأهيل من لا يستطيع مواصلة الدراسة في الأقسام النظرية الأكاديمية تأهيلاً مناسبًا بحيث يكتسب مهارة مهنية معينة تتناسب ومقدراته وتعينه على كسب العيش معتمد على نفسه.
- تقديم برامج تربوية لكل طفل مُعاق سمعيًا تُتيح له إشباع حاجاته المختلفة على نحو ملائـم، مـع الأطفال العاديين، من خلال الاهتمام بمختلف الأنشطة العلمية والفنية والترويحية والرياضية.
- العمل على إكساب الصُم ثقافة لغوية ومفاهيم حياتية تعينه على الاستمرار قدمًا في حياتـه العلميـة والعملية والاجتماعية.

- إعـادة النظـر بتأهيـل المُعلمـين والقائمـين عـلى العمليـة التربويـة لهـذه الفئـة، وتكثيـف الـدورات ذات الاختصاص، وإطلاعهم على كافة المستجدات في هذا المجال.
- توفير بيئة تعليمية تعلمية مناسبة لتنمية مهارات التعلم والتفكير للطلاب الصُم.
- توفير بيئة تعليمية تتنوع فيها المثيرات، بما يتلاءم وطبيعة الإعاقة السمعية.
- تلبيـة احتياجـات الصـم (المعرفيـة، الانفعاليـة، الاجتماعيـة، البدنيـة) مـن خـلال مـواد وأجهـزة وأدوات وتكنولوجيا مساعدة تمكنهم من إشباع هذه الاحتياجات.
- تهيئة الفرص المناسبة لتمكين المعلمات من تنمية أنفسهن مهنيًا وذاتيًا في مجال تعليم الصم وتكنولوجيا التعليم.

الأهداف الخاصة للنموذج المقترح لمركز مصادر التعلم للصم:

- تلبية احتياجات الطلاب الصم بمصادر تعلم ملائمة لخصائصهم واستعداداتهم.
- توفير البيئة التعليمية لممارسة مختلف الأنشطة العلمية والرياضية والاجتماعية.
- تعريف الطلاب بمصادر التعلم المتعددة وكيفية استخدامها وتوظيفها.
- تدريب الطلاب على أساليب التعلم الذاتي والتعاوني والجماعي.
- تنمية شخصية المتعلم تنمية شاملة متكاملة متوازنة من جميع جوانبها.
- تعريف الطلاب بالتكنولوجيا المساعدة وكيفية استخدامها والاستفادة منها.
- مساعدة الطلاب الصم على التوافق النفسي والاجتماعي، من خلال عملية دمجهم مـع الطلبـة العـاديين في المدارس العادية.
- تنمية مهارات التعلم والتفكير للطلاب الصـم، مـن خـلال خـبرات تعليميـة واقعيـة مرتبطـة بحاجـاتهم وبيئاتهم المحلية.

وحدات النموذج المقترح لمركز مصادر التعلم للصُم:

يوضح الشكل (1) وحدات مركز مصادر التعلم للصم:

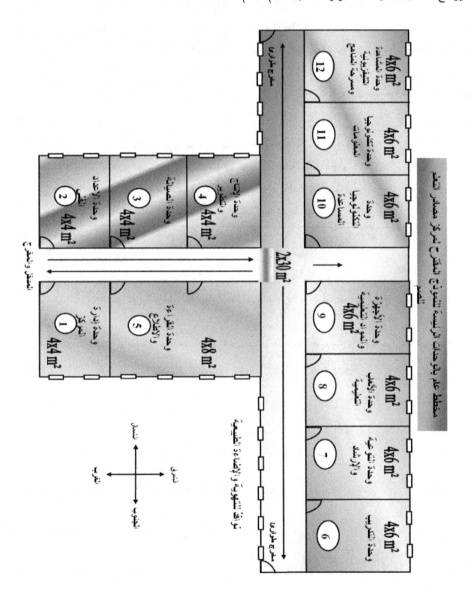

شكل (1) النموذج المقترح لمركز مصادر التعلم للصُم

1. وحدة الإدارة: مسئولة عن إدارة مركز مصادر التعلم بجميع وحداته، وتيسير أعماله ومراقبتها وضبطها في ضوء معايير الجودة. ويتبين من خلال الشكل (2) أنها تشمل:

شكل (2) وحدة الإدارة بمركز مصادر التعلم المقترح

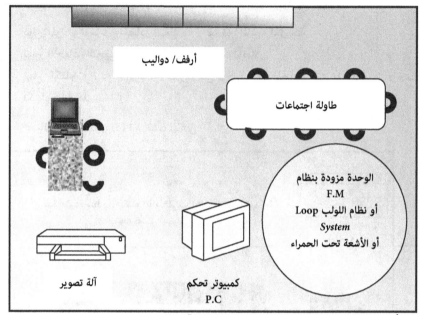

- **الأجهزة:** جهاز كمبيوتر للتحكم، سماعات خارجية، آلة تصوير.

- **الأثاث:** مكتب ودواليب وطاولة اجتماعات وأرفف لحفظ السجلات.

- **التجهيزات الفنية:** جعل كمبيوتر المدير (Server) يتم من خلاله التحكم في جميع أجهزة الكمبيوتر والطابعات بجميع وحدات المركز وتوصيل خطوط الشبكة الداخلية لربط القاعة بجهاز المدير والإنترنت.

- **وظيفة الوحدة:** إدارة وحدات المركز.

2. **وحدة الإعداد الفني:** وتختص هذه الوحدة بالعمليات الفنية من تزويد سـواءً بالشـراء أو بالإهـداء أو بالتبادل مع مراكز أخرى، وفهرسة وتصنيف وتكشيف، ويتم بتوفير مجموعة من المصادر التي تسـاعد العاملين في المركز من القيام بالأعمال الفنية مثل قوائم ببلوجرافية، خطة تصنيف ديوي العشري، خطة قواعد الفهرسة، قوائم رؤوس الموضوعات. وعلى ذلك فالاقتناء والتزويد يتضمن:

- توفير المواد والوسائل والمصادر التعليمية المتعددة المناسبة لكل فئة.
- توفير الأجهزة والتجهيزات المطلوبة لاستخدام تلك المصادر.
- توفير الكفاءات البشرية المؤهلة والمدربة على توظيف تلك المصادر، وتشـمل المعلمـين وأخصائي تكنولوجيا التعليم.

3- **وحدة الصيانة:** يبين الشكل (3) أنها تشتمل على:

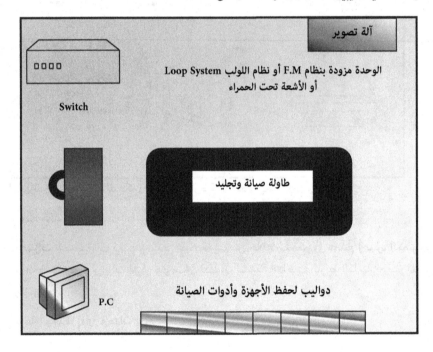

- **الأجهزة:** جهاز كمبيوتر للتحكم، آلة تصوير وطباعة، جهاز اتصالات (Switch).

- **الأثاث:** مكتب وطاولة مناسبة لإجراء عمليـات الصـيانة والنسـخ والتجليـد والطباعـة، أرفـف ودواليـب لتخزين الأدوات والآلات اللازمة، لأعمال الصيانة في الأجهزة، مخزن خشبي مناسب لتخزين الأجهزة.

وظيفة الوحدة:

- إجراء عمليات الصيانة البسيطة والدورية على جميع الأجهزة التي يتضمنها المركز.
- الطباعة والتجليد والنسخ لمستلزمات المركز الورقية وغير الورقية.
- التعاون مع اختصاصي الحاسب في تشغيل وحدة التعلم الإلكتروني.
- القيام ببعض الأعمال المكتبية ومعاونة اختصاصي المكتبات في هذا الأمر.

4. **وحدة الإنتاج:** ويبين الشكل (4) أنها تشتمل على:

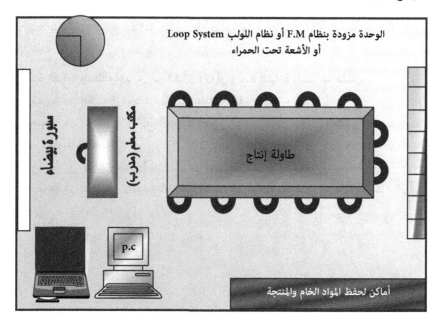

- **الأجهزة:** كمبيـوتر شخصيـ ومحمـول، وفيـديو بروجيكتـور، جهـاز السـبورة الضـوئية، طابعـة، فيـديو، تليفزيون، ريسيفر استقبال قنوات فضائية، مسجل.

- **الأثاث:** جميع أنواع المواد المستخدمة في إنتاج مصادر التعلم البسيطة والمركبة (المتقدمة) مثل: الشفافيات، شرائط مسجل، أوراق صحائف قماش، أوراق رسم، أقراص ممغنطة (يمكن الاستفادة ببعض أجهزة وحدات الحاسبات)، طاولة إنتاج على شكل مُستطيل أو حرف (U)، دواليب لحفظ المواد المنتجة.

الوظائف:

- تصميم جميع أنواع مصادر التعلم (المواد) التعليمية، وإنتاجها سواء التقليدية منها أو الحديثة الخاصة بتعليم ذوي الإعاقة السمعية.

- تصميم معرض بسيط لإبراز الأعمال التي يقوم الطلبة بإنتاجها.

- إعداد مجلات حائطية وإخبارية وغير ذلك.

- إعداد وإنتاج لوحات تعليمية متنوعة.

- إنتاج: شفافيات، شرائح شفافة، مصادر تعلم صوتي، نماذج وعينات، إنتاج برامج تعليمية بالفيديو ما أمكن ذلك.

5. وحدة القراءة والمطالعة: يتبين من الشكل (5) أن وحدة القراءة والمطالعة تشمل:

- مجموعة من الكتب في المجالات ثقافية- عامة- أدبية- علمية- رياضية.

- مجموعة من القصص والروايات الهادفة ويمكن توفير قصص للخيال العلمي ليتناسب مع طلاب المدرسة الثانوية والمتوسطة.

- مجموعة من القصص المصورة لتتناسب مع طلاب المرحلة الابتدائية.

- مجموعة من القواميس والموسوعات التي تناسب كل مرحلة تعليمية (ابتدائي- متوسط- ثانوي).

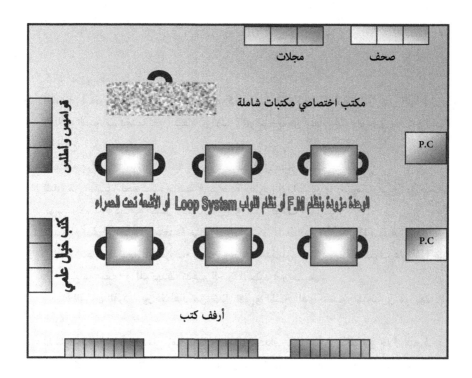

صحف   مجلات

مكتب اختصاصي مكتبات شاملة

كراسيوأطلس

P.C

الوحدة مزودة بنظام F.M أو نظام الحلقات Loop System أو الأشعة تحت الحمراء

P.C

كتب خيال علمي

أرفف كتب

شكل (5) يبين وحدة المطالعة والقراءة المتنوعة

ومن أنماط القراءة التي يمكن ممارستها في هذه الوحدة:

1. قراءة مرتبطة بالمناهج الدراسية بهدف إثراء موضوعات المنهج الدراسي.

2. القراءة الحرة المرتبطة بالتثقيف.

3. القراءة المرتبطة بالواجبات ذات الصلة بالمنهج الدراسي.

4. القراءة السريعة (Speed Reading) كنشاط إثرائي لتنمية القدرات العقلية والتفكير لجميع الطلاب وخاصة الموهوبين منهم.

5. القراءة فرديًّا أو جماعيًّا.

ويمكن استغلال هذه الوحدة في:

• إقامة مناظرات وندوات علمية بين مجموعة من الطلاب الموجودين فيها.

• إجراء مناقشات منظمة متبادلة بين كل مجموعة من الطلاب.

- كتابة تقارير حول ما قرأه كل طالب.

- الاستماع لبعض الطلاب حول ما استوعبوه، كما يفضل أن يكون المعلم قادرًا على التواصل مع الطلاب الصم، مستخدمًا لغة الشفاه أو الإشارة لتوضيح بعض النقاط الموجودة في مصادر القراءة والاطلاع.

- الاهتمام بمراحل التأهيل الأساسية: العرض، المطابقة، الاختيار، التعبير اللفظي.

- البدء من الأشياء الحقيقية، خاصة في مرحلة العرض إلى الصور والرسومات مرورًا بالمجسمات كوسيلة لاستثارة دافعية الطفل وتفعيل دوره في هذا الموقف التعليمي.

- استخدام أنشطة تطبيقية متعددة مثل (إدراك الشكل المتطابق- الأشكال المختلفة- إدراك الجزء الناقص- تحليل الكلمة إلى حروف- تجميع الحروف لتكوين جمل بسيطة- التعرف على كل حرف في جميع مواضعه) وذلك بهدف تدعيم الخبرة التعليمية وتعميمها.

- مراعاة الفروق الفردية بين الأطفال من خلال تطبيق المنهج الذي يتسم بالمرونة في مواجهة تلك الفروق.

- المشاركة الفعالة للأهل تعد عاملاً مهمًا في تحقيق أهداف هذا المنهج وذلك من خلال التعرف على كيفية تقديم المعلومة للطفل من خلال حضور يوم كامل مع الطفل، وعملية الإرشاد والتوجيه التي تتم بصورة دورية.

6. وحدة التدريب والتأهيل: وهي وحدة مستحدثة لتقديم الأنشطة التدريبية (التعليمية والمهنية والتأهيلية، والإرشادية)، المُقدمة لكل من المعلمين، والطلاب الصُم، أفراد الأسرة الأصم، أفراد المجتمع المحلي:

- **الأجهزة:** كمبيوتر محمول، جهاز تليفزيون، جهاز فيديو.

- **الأثاث:** طاولات دائرية تتسع كل واحدة منها لعدد (4-5) مدرب- طالب، مكتب للمدرب أو المعلم، سبورة بيضاء، شاشة عرض.

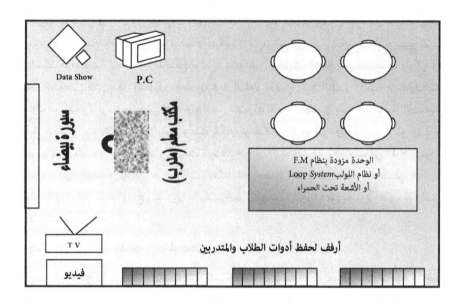

شكل (6) يبين وحدة التدريب والتأهيل

وظائف الوحدة:

• تنفيذ مجموعة من البرامج التدريبية للصُم، والمعلمين أو أفراد أسرة الأصم، وأفراد المجتمع المحلي، التي تتماشى مع الأهداف العامة لتعليم الصُم ودمجهم.

• تدريب الطلاب الصم على مهارات التعلم الذاتي والتعلم التعاوني، والمهارات الحياتية الوظيفية، ومهارات التفكير، ومهارات استخدام الأجهزة التكنولوجية المُساعدة، من خلال استخدام وحدات تعليمية نسقية في المقررات الدراسية.

• تقديم التدريب للطلاب الصُم لتحسين مهارتهم على الانتقال من المدرسة إلى حياة الرشد في المجتمع للراشدين الصم.

- الاعتماد على أساليب التدريب بالأقران والزملاء، والتدريب المباشر (Face to Face) والتدريب من بُعد Training at Distance، والعروض الجماعية للطلاب أو المتدربين.

- التدريب المهني للمعلمين على مهارات التعامل مع الطلاب الصُم، وطرق التواصل معهم، ومهارات استخدام الأجهزة التكنولوجية، وتوظيف التكنولوجيا المُساعدة في تعليم الصُم.

- تدريب الوالدين والأسرة على مهارات التعامل مع أبنائهم الصُم، وطرق التواصل معهم، وتقبلهم، ومساعدتهم في استخدام التكنولوجيا المساعدة، كذلك يوفر المركز مجموعة من الآباء تدير الأحداث والمناسبات الاجتماعية للمدرسة والمجتمع، وتدريب الوالدين وحديثي الزواج على الاكتشاف المبكر لإعاقة الطفل السمعية؛ حتى يمكن التعامل معها، وتدعيم السلوك المقبول من الطفل الأصم، ومحاولة تقديم السلوك غير المقبول أولاً بأول حتى لا يصير عادة، ومشاركة الأسرة المهتمين بعلاج الإعاقة السمعية من الأطباء النفسيين ومختصي إعاقة السمع وأطباء الكلام ومعالجي التخاطب والعمل معًا لمواجهة إعاقة الصم، والقيام بالأدوار الأسرية وحل المشكلات ودعم جوانب النمو الشخصي والاجتماعي لأفراد الأسرة.

- تدريب أفراد المجتمع المحلي على مهارات التعامل مع الصُم، وطرق تواصلهم، وتوظيف التكنولوجيا المساعدة في تعليم الصم، ومنح المُتدربين ما يفيد حصولهم على دوارات تدريبية تـؤهلهم للتعامل مـع الطلاب الصُم.

7. وحدة التوعية والإرشاد الأسري والمجتمعي:

تلعب الأسرة دورًا كبيرًا في إكساب الأصم السلوكيات التربوية التي تعمل على ترسيخ الاتجاهات الاجتماعية السليمة لدى الأصم، وتعريفه بالعادات والتقاليد الموافقة للشرع، وتزويده بالثقافة والخبرة التي تعينه على التكيف عن طريق الأدب، تعريفه بألوان متعددة من الثقافة بمفهومها الكامل، مساعدته على ضبط انفعالاته

واتزانها، وإكسابه طرائق التعامل مع غيره من الناس وحسن التصرف في المواقف المختلفة. **وتتمثل أهـم وظائف هذه الوحدة فيما يلي:**

- تقديم برامج للتأهيل المجتمعي فيما يعرف ببرامج "الامتداد" outreach للأطفال الصم الذين لم يلتحقوا بالتعليم لظروف خاصة على شكل خبرات وخدمات متخصصة وتدريب، وإشراف، ومتابعة عاملي التأهيـل، والمعلمين، والمتطوعين في مجال الإعاقة السمعية.

- مشاركة الأشخاص السامعين من المجتمع المحلي ذوي الخبرة في النشاطات.

- مشاركة الأشخاص الصُم الراشدين من المجتمع المحلي في تعليم كيفية التواصل مع الصم.

- الاتصال بالجمعيات المحلية والمنظمات العربية والدولية المهتمة بالصم ومساعدتهم.

- مساعدة الأهل وأطفالهم على تعلم اللغة الإشارية الوطنية واللهجة المحلية.

- نشر الوعي في المجتمع المحلي حول اللغة الإشارية.

- عقد ورش عمل واجتماعات وندوات من أجل تعليم الصم.

- التوعية الإعلامية: بـين المستشـفيات والأطبـاء والجامعـات والمجتمـع والمـدارس مـن خـلال المناقشـات والمحاضرات والندوات والزيارات والنشرات الدورية.

8. وحدة الألعاب التعليمية:

وهي وحدة مناسبة للتفاعل الفرد مع بيئته وتطويره وتعلمه واكتسابه أنماط السلوك المختلفـة، وهـي مصدر للتعلم الاستكشافي والتفاعل الاجتماعي، وتوفير الدوافع الداخلية للتعلم والتكيف، وتنمية المفـاهيم واكتسابها، وتساعد في تحويل الأطفال الصم إلى أطفال إيجابيين ومشاركين من خـلال تفـاعلهم الاجتماعـي، كما يُساعد بناء وتكوين النظام القيمي والأخلاقي المرغوب للمتعلم، وتنمية المهارات الاجتماعية والحياتية، وتحسين التحصيل الأكاديمي في المواد الدراسية المختلفة،

وتنمية حب الاستطلاع والفضول العلمي والبحث وحل المشكلات، وتحسين المقدرات اللغوية للأطفال الصُم، وتدريبهم على النطق والتعرف على مخارج الحروف وأصواتها والإحساس بها وزيادة نموهم اللغوي، نتيجة إقبالهم على الألعاب التي تتحرك بالصوت، التي تقلل الشعور بالملل، وكذلك نتيجة للاهتمام باستخدام طرائق التواصل الكلى عند التدريس، والتأكيد على تلبية الاحتياجات النفسية للأصم والتركيز على النشاط الحسي- الحركي للطفل الأصم. من خلال تكليف الطلاب بالقيام بلعب الأدوار والتمثيل الحر والصامت تحت إشراف المعلم، وممارسة بعض الألعاب التعليمية التي قد تحتاج إلى ممارسات حركية مثل: القصص الحركية.

وتتسم الألعاب التعليمية المستخدمة مع الأطفال الصُم بمجموعة من الخصائص هي: توفير المحسوسات والمجسمات وتنوعها، وتدرج المشكلات والصعوبات، وتنوع المثيرات يحرك الحواس، وتنوع الموضوعات، وإمكانية لا نهائية للتكرار، والحث على التفاعل، وتنمية المهارات التفاعلية، وتنمية التآزر الحركي النفسي، والإحساس بالذات، وتوفير البهجة، وتنوع الحوافز، وتشجيع التفاعل والتنافس الجماعي، وفرص المحاولة والخطاء، وتوفير الصور المحسوسة يغني عن الاتصال اللفظي، وتنمية المهارات اليدوية والحركية، وتنمية القدرة على الملاحظة والإدراك، وتنمية سرعة رد الفعل.

وتتمثل أهم وظائف وحدة الألعاب التعليمية فيما يلي:

- تنمية مهارات التعلم البصري: التي تسهم في تنمية النواحي العقلية المعرفية في بنيته الشخصية حتى لا يصبح الأصم معزولاً إدراكيًا.
- تنمية مواهب المتعلم الفطرية، ومهاراته الإدراكية البصرية، وفي تطور مفاهيم المكان والزمان والمفاهيم المجردة.

- تنمية القدرة على توجيه الانتباه إلى مشكلات وأنشطة تعليمية أخرى يختارها الصم بأنفسهم، وتلبي رغباتهم واحتياجاتهم المختلفة.

- تنمية مهارات التفكير البصري: عن طريق اللعب يمكن استخدام الحواس المتبقية للصم لتكوين ثروة من الخبرات البصرية لعناصر البيئة التي يعيش فيها لتكون بمثابة مصادر للتصور والتمثيل الذهني Sources of imager المبني على التحليل والنقد والتفسير، عن طريق الفهم والاستبصار والاستدلال والتخيل حتى يصل إلى عمليات التفكير العليا اللازمة للتحصيل الدراسي والتفاعل الاجتماعي.

- ربط المثيرات البصرية بمعاني وظيفية وفق خبرات المتعلم ومقدراته؛ مما يساعد في حفز عقل المعاق سمعيًا على التفكير المستقل، وإكسابه مهارات حل المشكلات واتخاذ القرار، مما يزيد من حماسته ودافعيته نحو التعلم.

- تنمية مهارات الاتصال البصري: فالأنشطة التي تتضمنها الألعاب تكسب المتعلم الدقة، وملاحظة البناء والتركيب وتحليل الأشكال والأشياء إلى مكونات وأجزاء، مما ينمي مهارات التعامل مع الوسائل البصرية المختلفة.

- تنمية مهارات كتابة اللغة البصرية التي تعتمد على التآزر البصري الحركي أثناء تأدية الأنشطة المختلفة مثل: التدريب على التعبير بالرسم والتلوين، ترتيب وتسلسل أحداث القصص، إعادة بناء الأشكال وتركيبها، تكملة الصور.

- تنمية مهارات التفاعل الاجتماعي والاتزان الانفعالي بين الصم والمجتمع.

- إعطاء الصُم الثقة والاعتماد على النفس الذين هم في أشد الحاجة إليه، وتأكيد الذات والشعور بالنجاح والتقدم، مما يساعد في علاج كثير من المشكلات النفسية كالانطواء والخجل والتوتر النفسي وتخفيف حدة الانفعالات المكتوبة.

- الشعور بالأمن والطمأنينة التي تعكس مشاركته الفعالة في مختلف ألوان النشاط الفردي والجماعي.

9. وحدة الأجهزة والمواد التعليمية: وتشمل هذه الوحدة على النماذج والعينات المعروضة في دواليب زجاجية للمحافظة عليها لضمان سلامة الطلاب، ولابد

أن تكون هذه الوحدة جيدة التهوية؛ نظرًا للرائحة المنبعثة من بعض مواد تصنيع النماذج وحفظ العينات، كما تشمل هذه الوحدة على الشفافيات واللوحات وأنواعها، وشرائط الفيديو وشرائط الكاسيت والرسومات والخرائط، وكذلك الكرات الأرضية، ويراعى في هذه الوحدة الاتساع، وتواجد مناضد كبيرة للاطلاع. كما تشتمل على الأجهزة اللازمة لعرض هذه المواد التعليمية مثل: الفانوس السحري، جهاز العرض فوق الرأس، اللوحات الوبرية، الكاسيت، أجهزة التلفزيون، أجهزة الفيديو، أجهزة الكمبيوتر.

وتستهدف هذه الوحدة تقديم المواد والأجهزة التعليمية للمعلمين داخل المركز وخارجه أي في داخل الحجرات الدراسية بالمدرسة أو معهد الصُم.

10. **وحدة الأجهزة التكنولوجية المساعدة:** وهي من الوحدات المهمة لتنشيط الذاكرة السمعية كما يبينها الشكل (7) وتشمل:

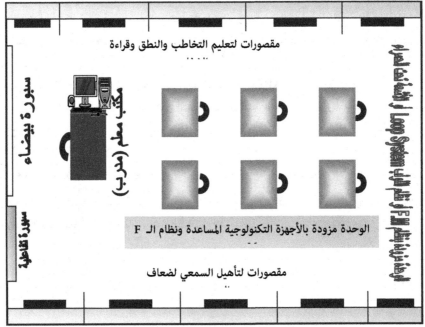

شكل (7) يبين وحدة التكنولوجيا المساعدة

- **الأجهزة والأدوات:** سماعات الأذن بأنواعها المختلفة، أجهزة كمبيوتر الصُم، أجهزة .F.M، أجهزة اللولب Loop System، أجهزة الأشعة تحت الحمراء، أجهزة الكلام الواضح، أجهزة المونوفونتير، والبولي فونتير، القفازات الإلكترونية، والمعلم الإلكتروني (بالدى)، وأجهزة قياس المقدرة السمعية (الأوديوميتر)، وأجهزة الاتصال عن بُعد، والاتصال والتنبيه البصري، مرايا من أجل الملاحظة والتدريب على التقليد والنطق وتصحيحه، ومراقبة حركات الطفل غير الطبيعية.

- **الأثاث:** مقصورات مزودة بأجهزة استماع وأجهزة إلكترونية للاستماع الفردي وكراسي للمستخدمين، مكتب للمعلم، مقاعد للمعلمين أو المتدربين لمواجهة المعلم ومناقشته نظريًا.

- **التجهيزات الفنية:** توصيل أجهزة اللغات والاستماع وعزل الجدران والأرضيات بمواد كاتمة للصوت لضمان الهدوء التام.

وظيفة الوحدة:

- التدريب على التعليم السمعي الشفهي Auditory- oral approach: وهو منحى يستند إلى المبدأ الذي يؤكد أن كثيرًا من الأطفال الصم وضعاف السمع يمكن أن يتعلموا الاستماع والكلام من خلال التدخل المبكر والتدريب الثابت؛ وذلك لتطوير إمكانياتهم السمعية. وتهدف إلى مساعدة هؤلاء الأطفال ليصبحوا مواطنين مشاركين مستقلين في المجتمع. ويطلق على هذا المنحى أيضًا تعليم الصم الشفهي.

- التدريب على المنحى السمعي- اللفظي Auditory- verbal approach: وهو منحى يُؤكد أحقية الأطفال ذوي الإعاقة السمعية في تعلم الاستماع والتواصل باستخدام اللغة المنطوقة وذلك اعتمادًا على مجموعة من المبادئ والتطبيقات. ويُؤكد أيضًا على أهمية الاكتشاف المبكر لفقدان السمعي، والاستخدام المبكر للمعينات السمعية أو زراعة القوقعة ومشاركة الأسرة منذ فترة مبكرة في تنمية وتطوير مهارات السمع والكلام لدى أطفالهم الصم أو ضعاف السمع.

- الاستماع والتعلم من خلال المواد والتسجيلات المسموعة لجميع الطلاب.
- الاستماع الفردي والجماعي.
- تقديم الخدمات التقييمية، والتشخيصية، والاستشارية، وصيانة وبيـع المعينـات السـمعية، والتشـخيص والتدخل المبكرين (مسح المواليد الجدد).
- التدريب على السمعيات، وكذلك تـدريب فنيـي المسـاعدات السـمعية مـن أجـل تسـهيل الخـدمات السمعية في المجتمع المحلي (توظيف جماعات مهنية أخرى)
- تقديم المواد التعليمية البصرية مثل: استخدام الصور والأجسام، وتمثيل الأفكار، وإعطاء أسـماء أشـارية للأشياء والأفكار الجديدة، استخدام النماذج والمجسمات والإيماءات والإشارات لمساعدة الأصـم عـلى تعـرف الأشياء.
- تقديم تكنولوجيا الوسائط المُتعددة، التي تعتمد على دمج الفيديو، والصوت والنص والصور.
- تقديم أنظمة الترجمات (التعليقات) المصاحبة المغلقة أو المفتوحة.
- تقديم تكنولوجيا التخاطب الآلي Speech Recognition Technology: وتعني ترجمة وتحويـل التخاطب (الصوت البشري) إلى نص مرئي، فعندما يشرح المعلم يتحول كلامه إلى نص مرئي مباشرة يراه الصُم.
- إتاحة أنظمة الفيديو التفاعلي Interactive Video: التي تجمع بين مميزات الفيديو والكمبيوتر، وتمكن المتعلم من تثبيت الإطار الواحد حتى يتمكن مـن القـراءة الكاملـة للتعليـق (Captioned) الحـرفي، حسـب خطوه الذاتي.
- تقديم تكنولوجيا الاتصالات عبر الإنترنت: وهي تقنية مفيدة للصم، تعمل عـلى تحقيـق اتصـال جيـد، وتفاعل بين الأشخاص الصم مع بعضهم البعض، أو بينهم وبين الأشخاص العاديين، مستخدمين لغة الإشارة من خلال كاميرا الفيديو، أو من خلال النص على المحادثة الكتابيـة (Chatting)، كـما يمكن اسـتخدام هـذه التقنية في تـدريب المعلـمات عـلى اسـتخدام لغـة الإشـارة مـن خـلال الاجتماعـات أو المـؤتمرات Video conference عبر شبكة الإنترنت، وتحقيق الاتصال وجهًا لوجه من خلال المقاهي

الافتراضية Cyber coffee، والتعرف على الأحداث والأخبار اليومية، وتنمية الاتصال الاجتماعي.

- تقديم برامج الوسائط المتعددة التفاعلية Interactive multimedia التي تتكامل فيها عـدة وسـائط للاتصال بالطفل متضـمنة الصـورة الثابتـة والمتحركة والرسـومات الثابتـة والمتحركـة، والنصـوص المكتوبـة والمصورة والمقروءة بلغة تواصل تناسب الصم، التي يتعامل معهـا الأصم بشـكل تفـاعلي يناسب إعاقتـه السمعية واحتياجاته الخاصة.

- ويُفضل في هذه الوحدة البدء بالتكنولوجيا الأقل تقدمًا ثم الانتقال للأكثر تقدمًا أي أن نبـدأ بلوحـات التواصل، وعندما تزيد مفردات الطالب يتم الانتقال إلى تكنولوجيا أكثر تقدمًا.

- تقديم خدمات العلاج السمعي الكلامي كما يلي:

- تلقي رعاية طبية وسمعية متخصصة وعالية الكفاءة، من خلال الاختيار المناسب للأجهزة التكنولوجية المساعدة، والتأكد من ضبطها وصيانتها.

- اعتبار الإعاقة السمعية أمر عائلي قد يغير في ديناميكية الأسرة؛ لذا ينبغي إرشاد وتوجيه جميـع أفـراد الأسرة، من خلال جلسات علاجية فردية، بمشاركة فاعلة من قبل الوالدين.

- مساعدة الأطفال على استخدام حاسة السمع، بحيث يـتم دمجهـا ضـمن تطـور مهـاراتهم التواصـلية والاجتماعية والإدراكية.

- تطوير مهارات الأطفال السمعية اللفظية من خلال جلسات التعليم الفردي.

- مساعدة الأطفال في المراقبة السمعية لأصواتهم وأصوات الآخرين، بما يسـاعدهم في إخـراج الكـلام بشكل واضح يساعدهم في التواصل اللفظي باستقلالية إلى حد كبير.

- إتباع الأنماط الطبيعية لتطور مهارات الاستماع واللغة والنطق والإدراك؛ لتنبيه التواصل الطبيعي، بدءًا بإدراك الأصوات وانتقالاً عبر تمييز الأصوات والتعرف عليها ووصولاً إلى استيعاب المحادثات والمهارات الدراسية والكتابية المتقدمة.

- تقييم تقدم الأطفال في مهارات الاستماع واللغة والنطق والإدراك، من خلال العلاج التشخيصي- من قبل أخصائي التأهيل السمعي اللفظي.

- توفير الخدمات المساعدة لتسهيل عملية دمج الأطفال تعليميًا واجتماعيًا ضمن الفصول الدراسية العادية.

11. وحدة تكنولوجيا المعلومات: يتبين من الشكل (8) أن مكونات هذه الوحدة:

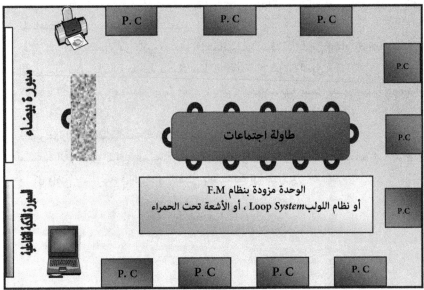

شكل (8) يبين وحدة تكنولوجيا المعلومات

ووحدة تكنولوجيا المعلومات مسئولة عن تقديم محتوى تعليمي (إلكتروني) عبر الوسائط المعتمدة على الكمبيوتر وشبكاته إلى التعلم، بشكل يتيح له إمكانية التفاعل النشط مع هذا المحتوى، ومع المعلم وأقرانه سواء أكان ذلك بصورة

متزامنة Synchronous أم غير متزامنة Asynchronous، وكذا إمكانية إتمام هـذا الـتعلم في المكـان والسرعة التي تناسب ظروفه وقدراته، وإمكانية إدارة هذا التعلم من خلال تلك الوسائط.

الأجهزة: عدد (10-16) جهاز كمبيوتر مرتبط بشبكة الإنترنت، طابعة مشـتركة عـن طريـق الشـبكة، جهـاز عرض بيانات (Video Projector)، سماعات خارجية، جهاز كمبيوتر محمول، سبورة تفاعلية، سبورة بيضاء.

الأثاث: طاولات للكمبيوتر وكراسي للطـلاب والمتـدربين والمسـتخدمين تتناسـب مـع أعـمار وخصـائص كـل مرحلة تعليمية، طاولة صغيرة على شكل "دائرة" أو حرف (U) للجلوس عليها أثناء الشرح النظري، ويمكـن الاستعاضة عنها بتكليف الطلاب بتدوير الكراسي لمواجهة المعلم أو المدرب.

استخدامات الوحدة ووظيفتها: تعتبر هذه الوحدة من أبرز معالم نموذج مركز مصادر التعلم المقترح وهـي في الواقع استجابة لأحد الاتجاهات العالمية المعاصرة لتوظيـف المسـتحدثات التكنولوجيـة في مجـال تعلـيم الصُم.

ومن أهم وظائف هذه الوحدة:

- تهيئة بيئة التعليم والتعلم الإلكتروني في أشكاله المتعددة سواء من خلال:

- التعلم الذاتي المباشر: من خلال توفير البرمجيات التعليمية المرتبطـة بـالمقررات الدراسـية أو التـي تحمـل أنشطة إثرائية لتنمية مهارات التفكير ومهارات وعمليات التعلم مدى الحياة لدى الطلاب الصُم.

- التعلم عن بُعد من خلال شبكة الإنترنت واختيار المواقع المناسبة للصُم، والمناسبة لكل مرحلة تعليمية.

- توفر مصادر المعرفة المُتعددة عبر شبكة الإنترنت لأنها توفير بيئة ثرية بالمصـادر والمعلومـات والعديـد من الخدمات التي تقدمها الشبكة.

- تطبيق برامج الواقع الافتراضي (Virtual Reality) وربطه بموضوعات المقرر الدراسي واختيار ما يتناسب مع كل مرحلة تعليمية.
- تطبيق برامج المحاكاة بأنماطها.
- استخدام البرامج المدعمة بالتكنولوجيا المساعدة للصُم، مثل لغة الإشارة.
- استخدام برامج التدريب على تقوية انتباه الطلاب، والتمييز البصري.
- استخدام برامج الألعاب التعليمية والترفيهية المثيرة والمشوقة.

12. وحدة المشاهدة التليفزيونية ومسرحة المناهج:

وتشمل كما بالشكل (9) ما يلي:

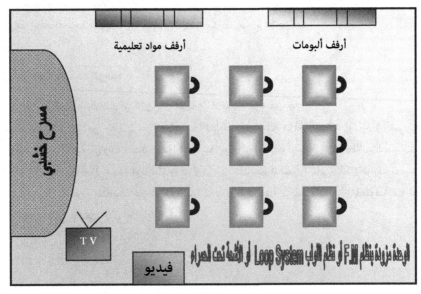

شكل (9) يبين وحدة المشاهدة والعروض الضوئية والدراما التعليمية

الأجهزة: عدد (1) تليفزيون (34) بوصة، فيديو، جهاز أفلام ثابتة وصور معتمة، وجهاز عرض الشرائح (5x5) سم، هوائي (Antenna)، طبق استقبال هوائي (Dish Antenna)، جهاز استقبال قنوات تعليمية فضائية، شاشة عرض، سماعات.

الأثاث: مسرح خشبي صغير (3.5x2.5) متر، أشرطة فيديو تعليمية، أفلام تعليمية ناطقة، شرائح شفافة (5x5) سم، أفلام ثابتة، ألبومات صور ورسوم تعليمية ذات صلة بمفردات المقرر وخاصة المفاهيم المجردة.

وظائف الوحدة واستخداماتها:

- مشاهدة البرامج التعليمية المدعمة بلغة الإشارة من خلال القنوات التعليمية الفضائية والمرتبطة بالمناهج الدراسية للطلاب.
- مشاهدة برامج تعليمية مسجلة مدعمة بلغة الإشارة عبر الفيديو.
- مشاهدة الألبومات المصورة التعليمية.
- مسرحة القصص القصيرة.
- مسرحة بعض الموضوعات الدراسية لتبسيطها لجميع المتعلمين وبخاصة ذوي الاحتياجات الخاصة.
- تكليف الطلاب بالتحدث والتعبير عن الأحداث والمشاهدة، والمواقف الحياتية في صورة نقدية أو ساخرة.
- العروض التوضيحية المرتبطة بالمناهج الدراسية.
- يقوم على فعالية الطفل الأصم ومشاركته في عمليه التعليم والتعلم، واستغلال مهارة التمثيل الصامت لدى الطفل الأصم، ومخاطبة حاسة البصر من خلال رؤية المواقف التمثيلية، وتحويل المواقف والأحداث الاجتماعية إلى وقائع حية ملموسة يتم التعبير عنها دراميًا، وأداء المعلم لدور المُخطط و المُوجه.

التجهيزات اللازمة لوحدات المركز وقاعاته:

ينبغي أن يُراعى في وحدات النموذج المقترح لمراكز مصادر التعلم للصُم ما يلي:

- مكان الدخول والخروج: ينبغي أن يكون جذابًا ومتسعًا للدخول والخروج، ويتوفر فيه مرشدات واضحة إلى الوحدات الرئيسة للمركز، ويقود مباشرة إلى مكان الاستعلام القريب من المدخل.

- مكان الاستعلام: ينبغي أن يكون مجاورًا للمدخل ومواجهة له، بحيث يمكن لجميع الزائرين رؤيته عند دخولهم، ويجاوره قاعة المواد التعليمية التي تستخدم بشكل مستمر مثل المواد المرجعية والفهارس والكشافات.

- مكان الاستعارات الخارجية للمواد التعليمية: ينبغي أن يكون قريبًا من مدخل الخروج؛ حتى يمكن قيد الاستعارات للمواد التعليمية.

- مكان الفهارس: ينبغي أن يكون مجاورًا من المدخل الرئيس؛ نظرًا لأنه يعتبر المفتاح الأساسي للمواد التعليمية التي يضمها مركز مصادر التعلم، وقريبًا من مكان الاستعلام والاستعارات.

- مكان المراجع للاستخدام السريع Quick Reference: ينبغي أن يكون قريبًا من المدخل ومكان الاستعلام، ومجاور لقاعة المراجع.

- مكان المواد المتداولة Handout Materials: قريبًا من مكان الاستعلام، ومدخل المركز.

- لا يوجد إطار تنظيمي واحد يمكن تطبيقه على جميع مراكز مصادر التعلم، فهو يختلف حسب نوع المؤسسة التعليمية التي يخدمها وحسب الأهداف التي يسعى هذا المركز إلى تحقيقها، وحسب وحدات العمل به. والطاقات البشرية الموجودة لتولي وظائف هذه الوحدات المختلفة والإمكانات المادية المطلوبة.

- ضبط وتنويع الإضاءة الطبيعية والاصطناعية، وإمكانية التحكم فيها من خلال: وضع النوافذ على جدار واحد فقط، وترتيب وحدات التدفئة والتهوية بحيث لا تعيق فتح أو إغلاق الستائر، وعمل مناور (فتحات في الجدران)، وتصميم النوافذ بحيث لا تعيق فتح وغلق الستائر، تجنب استخدام كشافات الإضاءة الكهربية غير المناسبة.

- توفير مصدر للكهرباء الكافي والآمن، بحيث تكون الدوائر الكهربية قادرة على حمل التيار المتردد، وتسمح بتشغيل عدة أجهزة في الوقت نفسه في الفرقة الواحدة، والحرص على توصيل جميع مآخذ التيار الكهربي الأرضي.

- يفضل أن تأخذ الجدران لونًا مناسبًا ومريحًا للعين مثل الأبيض المائل للرمادي، البيج الغامق.
- يُفضل أن تكون الأرضية مغطاة ببلاط مطفي أو بطبقة من الموكيت.
- يجب أن يتوفر بمركز مصادر التعلم تقنية أف أم FM على تحسين نسبة الإشارة الكلامية للضجيج بشكل ملحوظ. والنتيجة هي تزويد الطفل بالمعلومات بطريقة واضحة ومنتظمة مما يزيد من مقدرته على فهم الكلام في كل الأوقات. وتتكون أجهزة FM من: ميكروفون، جهاز بث يقوم المعلم باستخدامه، وجهاز استقبال يتم وصله بالمعين السمعي الذي يستخدمه الطالب، ويتم نقل الإشارة الكلامية من جهاز البث إلى جهاز الاستقبال بشكل لاسلكي. ويتم شبك جهاز البث بملابس المعلم على بعد 15 سم من الصم، أما الطالب يمكنه الجلوس في أي مكان داخل الفصل الدراسي وسماع صوت المعلم بشكل واضح كما لو كان يبعد عن المعلم مسافة 15 سم فقط، ويتم تقليص أثر صدى الصوت والضجيج الموجود في الفصل الدراسي.
- التحكم بالصوت لمنع صدى الأصوات من الحدوث، ومنع انتقال الأصوات غير المرغوبة بين القاعات المختلفة من خلال: استخدام أسطح عاكسة للصوت (صلبة) تكون قريبة من مصدر الصوت، وأن تكون الأسطح الممتصة للصوت وراء الطلاب، واستخدام شاشات عرض مائلة لمنع تركيز الضوء، وأفضل أنواع شاشات العرض هي مزدوجة التحدب بأسطح بيضاء أو فضية (180) درجة.
- تهوية وتدفئة مناسبة لتوفير هواء نقي بدرجة حرارة مناسبة؛ للإبقاء على جو صحي، وأن تجديد الهواء دون الحاجة لفتح النوافذ.
- توفير المقاعد والطاولات المريحة، وأن تكون قابلة للحركة، مريحة، صحية، متينة، مرنة وقابلة للنقل والإبدال والتشكيل بما يتناسب مع طبيعة العملية التعليمية أو التدريسية، مناسبة لسن الطلاب في مرحلة تعليمية، متنوعة في أشكالها وأحجامها ليناسب جميع المستفيدين، كافية من حيث العدد، مجهزة بمكان مناسب

لكتابة الملاحظات، ألا يصدر عنها أصوات مزعجة، وان تكون موحدة الشكل قابلة للطي ومزودة بذراعين لوضع الذراع عليها.

• توفير الأجهزة التكنولوجية المُساعدة، التي تشمل الهواتف وأجراس الأبواب، وساعات التنبيه وأجهزة عن بعد وبعض المواد المحددة التي تم وصفها تصدر فلاشات ضوئية مثل رنات الهاتف وأجراس الأبواب وساعات التنبيه، والتحذير من التدخين، والشاشات والتحذيرات السمعية.

مواصفات البيئة الصفية للنموذج المقترح لمركز مصادر التعلم:

• **المُحافظة على الهدوء والتخلص من** الضوضاء : لتحقيق أقصى فائدة من الأجهزة السمعية المُستخدمة، فمستوى الضوضاء المُعتاد في قاعات الدراسة هو (55-58) ديسبل، ويجب تقليله إلى (30) ديسبل، عن طريق: أن يكون موقع معهد الصُم في منطقة تتسم بالهدوء، واختيار مواد عازلة للصوت للأرضيات والأبواب والمقاعد والمناضد مثل المطاط أو الفلين أو وضع السجاد، استعمال النوافذ المُزدوجة. ويجب تصميم وحدات المركز وترتيبها؛ لتخفيف حدة مستوى التشويش Noise Level، لأن أصوات التشويش قد تُغير الأصوات الكلامية التي يحاول الصُم تمييزها، كما ينبغي غلق النوافذ عندما يكون صوت الهواء مشوشًا.

• **تقليل صدى الصوت:** عن طريق: فرش الأرضيات بالسجاد، تركيب ستائر سميكة وخشنة الملمس، تغليف الصفوف بألواح مانعة للصوت أو ممتصه، حيث تزداد حساسية ضعاف السمع للضوضاء مقارنة بالعاديين.

• **استعمال الميكرفون:** بحيث يبعُد عن فم المُعلم (20-30) سم، وتبعُد الميكروفونات الخاصة بالأطفال عن أفواههم (15-20) سم.

• **الإضاءة** Lighting: إن الشكل المثالي لقاعات المركز يجب أن يكون بها نوافذ من جانبي القاعة تزودها بالإضاءة الطبيعية دائمًا. وينبغي ألا يتم تعليق أي شيء في منتصف سقف القاعة ولكن على جانبيها، للتقليل من الظلال في القاعة مما يزيد

من وضوح الرؤية، وينبغي أن تمكن الإضاءة من وضوح كل شيء (جودة الإضاءة) حتى لا يتسبب ذلك في إجهاد العين، مع تركيز الإضاءة على وجه المُعلم حتى يُمكن ملاحظة حركات شفاهه وتعبيرات وجهه وإشاراته.

- **قاعة الدراسة:** أن تكون النوافذ أعلى من مستوى نظر الأطفال؛ لضمان عدم تشتيت انتباهه، وأن تكون ذات طابع جمالي غير ممُتلئة بالألوان والصور المُشتتة للانتباه، اختيار طريقة الجلوس المُناسبة للموقف التعليمي.
- **ترتيب المقاعد** Seating arrangements: أفضل ترتيب لمقاعد الصم هو الذي يشبه نصف دائرة في مواجهة المعلم، بحيث لا يواجه هذا الشكل النوافذ أو أي مصدر إضاءة آخر.
- **الإشارات** Signalers: أو الفلاشر مثل منبهات الإضاءة لجرس الباب، التليفون، أو منبهات الاهتزاز التي توضع تحت الوسادة، ومنبهات بكاء الطفل أو المرايا الممتدة توضع على الباب أو السلالم التي تفيد الطفل في رؤية الشخص القادم دون أن يلتفت.
- **توفر وسائط الإيضاح المتنوعة:** التي تُمكن الطفل من استخدام أكثر من حاسة في تعلم الخبرات التعليمية، خاصة التمييز الحسي البصري واللمسي، وتدريبه على التوافق بين الشكل والجسم والصورة واللون والأبعاد.
- **توفير الجوانب الجمالية:** إن الفصول الجميلة ترضى الطلاب والمعلمين. ويمكن أن يستخدم المعلمون عدة بدائل لتجميل الفصول مثل:

- عرض لوحات المحتوى أو لوحات النشرات.
- عرض أعمال الطلاب.
- النباتات والحيوانات عندما يكون ذلك مناسبًا. وإجمالاً يعتبر تنظيم البيئة المادية متغير مهم في تصميم الفصل الناجح وتختلف مستويات التركيب تبعًا لمستويات النمو، حالات الإعاقة السمعية والأهداف التعليمية.

المتطلبات الأساسية لمركز مصادر التعلم:

يحتاج مركز مصادر التعلم إلى مجموعة من المتطلبات الواجب توفيرها؛ لكي يتمكن من العمل والقيام بوظائفه المطلوبة وتقديم الخدمات المتوقعة منه للطلبة والمعلمين، **ويمكن توضيح المتطلبات الأساسية للمركز على النحو التالي:**

أولاً: الموقع المناسب: الذي يُعد متطلبًا أولياً وأساسياً؛ لأنه سيؤثر في مدى استخدام المركز وفعاليته في خدمة المستفيدين واستقطابهم، **ويشترط في الموقع المناسب للمركز ما يلي:**

- أن يكون متوسطًا يمكن الوصول إليه بسهولة من أي مكان.
- أن يسمح للإضاءة الطبيعية والهواء النقي للدخول إلى المركز.
- أن يكون بعيدًا عن الضوضاء ومناطق الإزعاج كالملاعب وقاعات الموسيقى.
- أن يكون قابلا للتوسع الأفقي والرأسي.

ويُمكن لمركز مصادر التعلم أن يكون في مبنى تعليمي أو منفصلاً تمامًا، وهذا يعتمد على حجمه وإمكانات المبنى التعليمي الملحق به ، ويفضل أن يقع في مكان مناسب من الطابق الأول إذا كان المبنى يتكون من طابق واحد أو طابقين، وفي منتصف الطابق الثاني إذا كان يتألف من ثلاثة طوابق، ولا يُنصح إطلاقًا أن يكون في الطوابق العليا من المبنى.

ثانياً: المبنى المناسب والمساحة الكافية:

لا تقل أهمية المبنى المخصص للمركز وتصميمه ومساحته عن أهمية باقي المتطلبات الأخرى الأساسية، وذلك لأنها تؤدى دورًا مهما في تسهيل كافة العمليات والأنشطة التي يقوم بها المركز وتجعل إمكانية تنظيمه وفق أسس ومعايير متقدمة عملية ممكنة، ويحتاج المركز إلى مساحة كافية لا يمكن تحديدها أو حصرها؛ لأن ذلك يعتمد على عدد من المتغيرات مثل: حجم المواد والأجهزة وحجم المدرسة وعدد طلابها ومعلميها، بالإضافة إلى الإمكانات المادية والبشرية المتوافرة

للمركز، ويفضل أن يكون المبنى مصممًا من الأصل ليكون مركزًا لمصادر التعلم، وأن يمتاز بالقوة وجمال التصميم من الناحية الوظيفية. وينبغي ألا تقل المساحة عن (250 متر2)، لتحقيق المعايير الكاملة لمركز مصادر التعلم، وضرورة إتاحة أكبر قدر من المرونة المستقبلية للتوسع في مساحة المركز، واستخدام الحيز الداخلي له، وفق ما يستجد من خدمات جديدة ومطورة، وعمل الشبكات وتوصيل الكابلات اللازمة للإنترنت (سلكي واللاسلكي) الخاص بالحاسبات الشخصية والنقالة.

ثالثاً: الأثاث والأجهزة: يُعد الأثاث والأجهزة والمُعدات المختلفة جزءًا مهمًا لمركز مصادر التعلم، ولا تقل أهميتها عن غيرها من المتطلبات إطلاقًا، بل تعد متطلبًا سابقًا لغيرها. ويجب أن يمتاز الأثاث والأجهزة بمجموعة من المميزات لكي يكون قادرًا على أداء وظيفته. **وتتلخص هذه المميزات في النقاط التالية:**

- قوة التحمل والمتانة.
- عملي وقادر على أداء الوظيفة المطلوب منه.
- مريح ويمتاز بالجمال والناحية الفنية.
- مطابق للمعايير والمواصفات القياسية في هذا المجال.
- مرن وقابل للنقل والإبدال الحركة بسهولة.
- متنوع في أشكاله وأحجامه ليتناسب مع المستفيدين والوظيفة.
- كافي من حيث العدد لرواد المركز في الظروف المختلفة.

أما مادة الأثاث فيمكن أن تكون من الخشب أو المعدن أو البلاستيك، ولكل نوع إيجابياته وسلبياته، ولا يمكن تفضيل مادة على أخرى إذ أن طبيعة الأثاث والوظيفة المطلوبة منها تقرر أحيانًا مادته. فالمعدن المناسب للرفوف والخشب مناسب للمقاعد والطاولات والبلاستيك مناسب للحافظات المختلفة وهكذا.

ويحتاج مركز مصادر التعلم إلى أنواع مختلفة من الأثاث والأجهزة لعل أهمها: الرفوف المختلفة، المقاعد والطاولات، أثاث للمواد السمعية والبصرية،

أدراج للفهارس، حاملات للصحف والمجلات والمراجع الكبيرة والأطالس وغيرها، مكاتب للعاملين في المركز، لوحات للإعلانات، خزائن للمغلفات، مقصورات للقراءة الفردية وغيرها، هذا بالإضافة إلى أجهزة اللازمة لاستخدام المواد السمعية والبصرية، مثل: أجهزة التسجيلات الصوتية والتلفزيون والفيديو وأجهزة عرض المواد المختلفة وأجهزة التصوير والأجهزة الخاصة بالمصغرات الفيلمية والكمبيوتر.

رابعاً: الكادر البشرى المتخصص والمدرب للعمل في المركز:

يتطلب مركز مصادر التعلم عددًا من العاملين للقيام بالعلميات والأنشطة والخدمات كافة والتي يهدف المركز إلى تقديمها، ويُعد هذا المتطلب مهمًا جدًا، بوصفه همزة الوصل ما بين المركز من جهة ومجتمع المستفيدين من جهة أخرى، ويفضل أن يعمل في مراكز مصادر التعلم متخصصون في تكنولوجيا التعليم والكمبيوتر(تخصص إعاقة سمعية)، ومن لديهم الخبرة الكافية في هذا المجال، بالإضافة إلى الاستعداد الشخصي، والرغبة في العمل مع الطلاب والمعلمين والقدرة على الاتصال الفعال معهم بنشاط وحيوية. أما بالنسبة لعدد العاملين المطلوب فيقرره حجم المركز، ومقتنياته ونشاطاته، وحجم المدرسة، وعدد الطلاب والمُعلمين فيها، ومهما يكن حجم المركز فإنه يحتاج إلى مدير عام واختصاصي في تكنولوجيا التعليم، وفني صيانة ومساعد تصليح.

خامساً: الميزانية الكافية: تعد الميزانية متطلبًا أساسيًا لا يمكن للمركز أن تقوم بأي إنجاز بدونها، وخاصة أن كل المتطلبات السابقة تحتاج إلى ميزانية، فالمبنى يحتاج إلى الأموال والأثاث والأجهزة، والمصادر والمقتنيات والمعدات والكادر البشرى كذلك، أما تشغيل الأجهزة وما يتطلبه من مواد مختلفة وعمل الصيانة اللازمة فيتطلب جزءاً مهمًا من الميزانية، ولهذا يجب على معاهد الصُم أن توفير الميزانية الكافية للمركز، وأن تحرص على أن تزداد الميزانية سنويًا لارتفاع تكاليف المواد والمصادر والأجهزة والصيانة.

أعضاء فريق العمل بمركز مصادر التعلم للصُم:

يتكون فريق العمل بمركز مصادر التعلم المُقترح من مجموعة من الأفراد ذوي التخصصات المُختلفة والمُتكاملة، لتأدية مجموعة من الأدوار منها ما يلي:

- اتخاذ أهم الإجراءات التي تسهم في دمج المعاقين سمعيًا في مدارس التعليم العام وتطبيق منهج التعليم العام عليهم.
- تقدير الحاجات الناجمة عن الإعاقة لمواجهتها وتسهيل عملية المشاركة.
- تحديد ما إذا كان المعاق سمعيًا يحتاج إلى حاجات تربوية أخرى ناجمة عن إعاقته والتي يجب مواجهتها أم لا؟
- تحديد خدمات التربية الخاصة التي توصف في برنامج الخطة، وتخاطب حاجات المعاق سمعيًا، فمثلاً يحدد الفريق المواد التي تعكس التقدم الأكاديمي للطالب، ومنهج التعليم العام، وما إذا كان الطالب يحتاج إلى زيادة مفرداته اللغوية التي تخاطب الخطة أم لا؟
- يحدد الفريق ما إذا كان هناك حاجة لتدريب أحد أعضاء الأسرة في لغة الإشارة، أو طرق التواصل مع المعاق سمعيًا، أو كيفية الاستفادة من المعينات السمعية أم لا؟

أعضاء فريق العمل بمركز مصادر التعلم للصم:

أما أهم أعضاء فريق العمل فهم ما يلي:

1. **المدير:** وهو المسئول أمام الجهات الأعلى والوالدين على جميع الشؤون التربوية والتعليمية والإدارية، وخدمات التوجيه والإرشاد التي تتطلبها الخطة التربوية بمركز مصادر التعلم، وتشجيع جميع المعلمين على استخدام مصادر التعلم بالطرائق الصحيحة، ومتابعة المهام الوظيفية لاختصاصي المركز والتأكد من مدى تنفيذه لها، وعرض التقارير الشهرية الخاصة باستخدام المعلمين للمركز.

ومن أهم صفات مدير مركز مصادر التعلم ما يلي:

- أن يكون حاصلاً على درجة الدكتوراه (في مجال تكنولوجيا التعليم لذوي الإعاقة السمعية).
- درجة عالية من الإعداد الأكاديمي في مجال التربية وتكنولوجيا التعليم تخصص إعاقة سمعية مع خبرة عملية في هذا المجال.
- يتميز بمهارات الاتصال، ويعمل على إزالة معوقات عملية التواصل والاتصال.
- الحصول على دورات تدريبية متخصصة في مجال الصم ومجال تكنولوجيا التعليم.
- يؤمن بدور مركز مصادر التعلم في تعليم الصم وخدمة المجتمع المحلي.

2. اختصاصي مركز مصادر التعلم: ومن أهم أدواره ومسئولياته ما يلي:

- دوره معلمًا: يتعاون اختصاصي مركز مصادر التعلم مع الطلاب وبقية أعضاء مجتمع التعلم في تحليل الحاجات التعليمية والمعلوماتية، من أجل تحديد استخدام المصادر التي تقابل هذه الاحتياجات. وأن يكون على معرفة ودراية بالدراسات والنظريات الحديثة في مجال التعليم والتعلم، وتطبيقها بفاعلية في المواقف التعليمية. وأن يكون عارفًا بالمنهج ومشاركًا فاعلاً في فريق التعلم.

- دوره شريكًا تعليميًا: يشارك في تحديد الروابط بين احتياجات المتعلمين المعلوماتية ومحتوى المنهج ومصادر المعلومات الإلكترونية. يعمل مع أعضاء فريق التعليم بدور قيادي في تطوير السياسات والممارسات والمناهج التي توجه الطلاب إلى تطوير مقدراتهم المعلوماتية والاتصالية. ويعمل بشكل وثيق من خلال التزامه بالعملية التعاونية مع كل فرد من المعلمين في تصميم المهام التعليمية وتقويمها.

- **دوره اختصاصي معلومات:** يقوم بدور الرائد والخبير في مجال الوصول إلى مصادر المعلومات بجميع أشكالها وتقويمها. وفي نشر الوعي لدى المعلمين والمديرين والمتعلمين في الموضوعات المعلوماتية، وفي تشكيل استراتيجيات المتعلمين في مجال اختيار المعلومات والوصول إليها وتقويمها.

- **دوره مديرًا لبرامج مصادر التعلم:** يعمل بشكل تعاوني مع أعضاء فريق التعليم على تحديد السياسات لبرنامج مركز مصادر التعلم من أجل توجيه جميع النشاطات المرتبطة به. يدافع عن برنامج المركز ويقدم المعرفة والرؤية والقيادة من أجل إدارة البرنامج بشكل مبدع ونشط في مجتمع واقتصاد المعرفة، يخطط مصادر التعلم، وينفذ البرنامج من أجل تحقيق معايير الجودة على المستويين العام واليومي، من خلال مهاراته في إدارة الفريق والميزانية والمعدات والتسهيلات.

3. **معلم الإعاقة السمعية:** وهو المحور الرئيس في العملية التربوية، بل قد يكون أهم من أية طريقة أو مادة تعليمية فهو الشخص الذي يعرف وضع الطالب وحركته في الصف، لذا يجب أن يكون متخصصًا وذا خبرة، ولديه خصائص وكفايات معلمي الإعاقة السمعية. **ومن أهم أدوار معلم الإعاقة السمعية ما يلي:**

- توفير بيئة صفية بعيدة عن مصادر الضوضاء والإزعاج، وتوفير تواصل لفظي بين المعلم والصُم.
- تشجيع الأطفال الصم على استخدام الوسائل السمعية المساعدة المناسبة
- التحدث مع الصُم بسرعة معتدلة أثناء الكلام، والتلميح البصري، بطريقة طبيعية تلقائية غير متكلفة، وهذا يُمثل نموذجًا للصُم في تواصلهم مع الآخرين السامعين.
- يجب على المعلم تجنب التحرك الكثير أمام الأطفال، وخلفهم لضمان مجال رؤية للطفل الأصم بشكل واضح.
- استخدام أمثلة لتوضيح كيف أن الأصم يُمكنه التغلب على إعاقته، من خلال عرض لسير بعض العلماء أو الشخصيات المؤثرة من المعاقين سمعيًا.

- استخدام الأجهزة السمعية بطريقة فعالة، وهذا يتضمن فهم كيفية عمل الجهاز واستخدامه بطريقة صحيحة فعالة.

- استخدام المدون والمترجم بطريقة فعالة، وهذا يتطلب أن يتوقف المعلم عن الحديث ويُعطى للطفل وقتًا كافيًا لتدوين مذكراته، أثناء عروض الفيديو والتلفزيون.

- متابعة التغيرات في أداء الطفل، ومن هذه التغيرات قلة الانتباه أو انخفاض مستوى الأداء والفهم.

- استخدام طرق فعالة للتواصل مع الآباء وأولياء أمور الأطفال الصم.

4. **الأخصائي النفسي:** يختص بتطبيق الاختبارات النفسية، وتقييم الأداء العام لتحديد طبيعة المشكلات التي يُعاني منها المعاق سمعيًا وانعكاساتها المُختلفة.

5. **أخصائي السمعيات:** وهو مؤهل أكاديميًا للقيام بإجراء الفحص السمعي ومخطط السمع من خلال طرائق قياس السمع، وتحديد درجة الفقد السمعي، واقتراح المعينات السمعية الملائمة. **ومن مهامه ما يلي:**

- قياس سمع الطلاب وتعبئة النماذج الخاصة بذلك.

- تحديد نوع السماعة المناسبة للطالب حسب درجة فقدان السمع.

- القيام بضبط السماعة حسب المقدرة السمعية لدى كل تلميذ.

- المتابعة اليومية للتأكد من استخدام الطلاب للمعينات السمعية.

- التأكد من صلاحية المعين السمعي وعمل الصيانة الأولية له.

- كتابة تقرير عن الحالة السمعية للطلاب في نهاية كل فصل دراسي.

- التعاون مع أخصائي السمع والكلام، ومعلم تدريبات النطق والكلام (أخصائي اضطرابات التواصل) فيما يخدم الطلاب المعاقين سمعيًا.

- تحويل الطلاب المرضي إلى طبيب الأنف والأذن والحنجرة.

- الاشتراك مع فريق العمل في التشخيص وإعداد الخطط التربوية الفردية.

-   الإرشاد السمعي للطالب وأسرته في ضوء نتائج الفحوصات.
-   المشاركة في الدراسات، والدورات، والندوات في مجال اختصاصه.
-   القيام بأي مهام تسند إليه في مجال عمله.

6. **أخصائي النطق والكلام:** يقوم بتشخيص وتقييم مشكلات النطق، وعمل الخطط والبرامج العلاجية والتدريبية الفردية والجماعية حسب التشخيص الفردي. لذا تتوقف كفاءة التأهيل على دور الأخصائي في تهيئة الطالب نفسيًا لتقبل الجلسات، ثم بعد ذلك القيام بالعديد من التدريبات أو التمرينات منها: تمارين التنفس، وتمارين الشفاه، وتمارين الفكين، وتمارين اللسان، وتمارين تقوية الأحبال الصوتية، وتمارين الانتباه والتركيز.

7. **المرشد الطلابي:** وهو الذي يقوم بوظائف إرشادية نفسية ومهنية متنوعة تسهم في مساعدة المعاق في فهم ذاته، ومساعدة الآخرين على تفهم احتياجاته الخاصة حسب ميوله ومتابعة مستوى تحصيله الدراسي في الخطة التربوية الموضوعة للمعاق سمعيًا.

8. **ولي الأمر وأفراد الأسرة (المشاركة الوالدية** Parent Participation**):** باعتبار ولي الأمر أكثر أعضاء الفريق قربًا ومعرفة بالمعاق سمعيًا، والمسئول عنه، وقد يكون له دور أساسي في التعرف على بعض المشكلات التي يعاني منها المعاق سمعيًا والتي من الصعب التعرف عليها من خلال البيئة المدرسية. **وللأسرة دور فاعل من خلال ما يلي:**

•   إمداد الفريق بمعلومات عن نقاط القوة والضعف لدى الطلاب.
•   المشاركة في الاجتماعات بغرض التقييم المستوى التربوي للطالب.
•   المشاركة في المناقشات عن حاجة الطفل للتربية الخاصة.
•   المشاركة في إدماج الطفل في المدرسة العادية، واندماجه مع أقرانه العاديين بدراسة المنهج العام، والمشاركة في الأنشطة العامة والخدمات.

- توفير جو نفسي للمعاق سمعيًا مليء بالحب والتقبل والتواصل.
- تنشئة المعاق سمعيًا وتربيته في بيئة ناطقة متحدثة، لتزويده بالثروة اللغوية.
- تشجيع ضعيف السمع على إصدار الأصوات ومحاولة التقليد.
- على الأسرة أن تطور نفسها من خلال برامج الإرشاد والتدريب.
- توفير بيئة مناسبة للاستماع الجيد مما يؤدي إلى تنمية سمعه ومقدرته على التحدث.
- المشاركة في برامج تدريب الوالدين والمهتمة بمهارات الإنصات وفهم مدلول الإشارة الصادرة من طفلهم المعاق سمعيًا.
- ينبغي على الوالدين أن يتوقعا من طفلهما تعلم الكلام، وأن يحاولا التحدث معه بعبارات بسيطة وكلمات ذات مدلول.
- التخلص من الحماس الذي يسيطر على معظم الآباء بالتحدث نيابة عن طفلهما إلى الآخرين بحجة مساعدته.
- تكوين اتجاه إيجابي نحو الطفل وفرص تعليمه وقدراته وحاجاته.
- التواصل مع المعاهد والبرامج ذات الصلة بطفلها المعاق.
- المشاركة في مجالس الآباء، للوقوف على المستوى التعليمي والاجتماعي للطفل.
- إجراء الفحوص واختبارات السمع بصورة دورية.
- تدريب الوالدين على الطريقة السمعية الشفهية، ولغة الإشارة، وتعلم الوالدين طرق وأساليب التعامل مع الأصم، والمشاركة في اختيار أشكال التواصل والبرنامج التعليمي المناسب، والمشاركة في تقدم الطالب واستمرار تقييم البرنامج، وتزويد الوالدين بقائمة مراجعة يمكن استخدامها في زيارة تستغرق ساعة أو ساعتين لفصل الطفل.
- معرفة جميع طرق التواصل اليدوية والشفاهية للمعاق سمعيًا.
- معرفة دور التكنولوجيا المساعدة في تعليم الصُم، والتأكد من أنها تعمل بشكل جيد، وترغيب الطفل في استخدامها، ومساعدة الطفل الأصم على التواصل،

وتركيز انتباهه وزيادة فهمه والمحافظة على التواصل البصري معه (مراقبة حركة الشفاه وتعابير الوجه وحركات الجسم).

- تعديل السلوكيات غير المرغوب فيها عند الطفل مثل (العناد، الغيرة، الغضب الزائد) من خلال الأساليب المختلفة من خلال: توفير الألعاب التي قد تساعده في التنفيس عن غضبه، مثل ورق وألوان، اللعب بالصلصال، وتعليمه كيفية الاندماج بمجموعة أخرى من الأطفال والمشاركة في الألعاب، وتقليل مدة مشاهدته للبرامج والألعاب التي تشجعه على العدوانية، ومراعاة الفروق الفردية بينه وبين الأطفال السامعين.

ولتفعيل دور أولياء أمور المعاقين سمعيًا في الخطة التربوية لمركز مصادر التعلم المُقترح، ينبغي للمشرف على الخطة تحسين التواصل بين أولياء الأمور وذلك بإتباع عدد من التوجيهات، منها ما يلي:

- تشجيع أولياء الأمور على المشاركة في اللقاء والتعبير عن آرائهم.
- النظر إلي أولياء الأمور كجزء من فريق العمل الذي يحدد البيانات الإضافية المطلوبة لطفلهم ومستواه التعليمي.
- تعريف أولياء الأمور بالتكنولوجيا المساعدة وأهميتها وفوائدها، وتعريف الوالدين بطرق التواصل مع الطفل الأصم، و تقديم النصائح حول كيفية تنشئة الطفل الأصم، وكيفية جعل حياته اليومية أكثر سهولة.

9. **شخص له معرفة بأسرة الطالب:** وذلك في حالة الضرورة كزميل له في الفصل، ولفاعلية ذلك، يوكل فريق العمل هذا القرار إلى حق الوالدين في دعوة أحد الأعضاء لديه معرفة أو خبرة بملاحظة الطالب.

10. **شخص له علاقة بوضع الخطة التربوية:** والذي بإمكانه التدخل لصالح المعاق سمعيًا طالما أن حالته تستدعي ذلك مثل (أخصائي اجتماعي، أخصائي عيون، أخصائي علاج مهني، طبيب، ....الخ).

11. **معلم الفصل العادي:** والذي لا يقل دوره عن دور معلم الإعاقة السمعية، والغرض من إدماجه في الفريق هو إسهامه في تهيئة بيئة تربوية شاملة للمعاق سمعيًا خاصة، وذلك في برامج دمج المعاقين سمعيًا في المدارس العادية.

12. **الطالب المُعاق سمعيًا:** لأنه محور العملية التعليمية للمركز.

صور لوحدات مركز مصادر التعلم للصم:

المراجــــــع

- المراجع العربية.
- المراجع الأجنبية

قائمة المراجع

أولاً: المراجع العربية:

1. آمال عبد القادر جودة (2007): الوحدة النفسية والاكتئاب لـدى عينـة مـن المراهقين الصـم والعاديين دراسة مقارنة، المؤتمر العلمي الأول: **التربية الخاصة بين الواقع والمأمول**، كلية التربية، جامعة بنها، المجلد(2)، (15-16) يوليو.

2. إبراهيم القريوتي(2002): استخدام الحاسوب في تعليم الأطفال ذوي الإعاقة السمعية لمادة اللغة العربية بدولة الإمارات المتحدة: دراسة تجريبية، كلية التربية، جامعة الإمارات، **الندوة العلمية السابعة للاتحاد العربي للهيئات العاملة في رعاية الصم**، الدوحة، (28-30 ابريل).

3. إبراهيم عباس الزهيري (2003): **فلسفة تربية ذوي الحاجات الخاصة ونظم تعليمهم**، القاهرة، مكتبة زهراء الشرق للنشر والتوزيع.

4. إبراهيم عبد الفتاح يونس (2006أ): التكاملية في توظيف تكنولوجيا التعليم، في: مصطفى عبـد السميع(مُحررًا): **تكنولوجيا التربية (دراسات وبحوث)، أعمال المؤتمر العلمي: المعلوماتيـة ومنظومة التعليم**، الجمعية المصرية لتكنولوجيا التربية (5 – 6 يوليو).

5. ــــــــــ (2006ب): التكنولوجيا، بـين التعلـيم والتربيـة، فـي: مصطفى عبـد السـميع(مُحـررًا): **تكنولوجيا التربية (دراسات وبحوث)، أعمال المؤتمر العلمي: المعلوماتيـة ومنظومـة التعلـيم**، الجمعية المصرية لتكنولوجيا التربية، (5 – 6 يوليو).

6. ــــــــــ (2001): **المكتبات الشاملة في تكنولوجيا التعليم**، القاهرة، دار قبـاء للطباعـة والنشرـ والتوزيع.

7. إبراهيم محمد شعير، إسماعيل حسن (2000): واقع الوسائل التعليمية التي يتطلبها تدريس العلوم بمدارس ذوى الاحتياجات الخاصة، **مجلة كلية التربية**، جامعة المنصورة، ع44.

8. أبوبكر يوسف عبده غنام (2001): **تطوير مراكز مصادر التعلم لتلبية حاجات الأطفال الموهوبين في مرحلة التعليم الأساسي**، رسالة ماجستير، كلية التربية، جامعة حلوان.

9. أحلام رجب عبد الغفار (2003): **الرعاية التربوية للصُم والبكم وضعاف السمع**، القاهرة، دار الفجر للنشر والتوزيع.

10. أحمد بن عبد المحسن حكيم، عبد الحافظ سلامة، عادل سرايا، عبد اللطيف زينو، حمدي أبو مجاب (1426هـ): **حقيبة تدريبية في مجال دمج التقنية في التعليم**، وزارة التربية والتعليم السعودية بالتعاون مع وكالة الوزارة لكليات المعلمين، الرياض، السعودية.

11. أحمد بن عبد المحسن حكيم (2005): **تصميم نموذج مقترح لمركز مصادر التعلم بالمملكة العربية السعودية في ضوء الوضع الراهن والتجارب الدولية والاتجاهات المعاصرة**، رسالة دكتوراه غير منشورة، كلية التربية، الجامعة الأمريكية بلندن.

12. أحمد السعيد يونس، مصري عبد الحميد حنورة (1999): **رعاية الطفل المعوق: صحيًا، نفسيًا، اجتماعيًا**، القاهرة، دار الفكر العربي.

13. أحمد حسين اللقاني، أمير القرشي (1999): **مناهج الصُم والتخطيط والبناء والتنفيذ**، القاهرة، مكتبة عالم الكتب.

14. أحمد نبوي عبده عيسى(2006): **فاعلية الألعاب التعليمية في إكساب بعض المفاهيم العلمية لأطفال الرياض المعاقين سمعيا بالمملكة العربية السعودية**، رسالة دكتوراه غير منشوره، معهد الدراسات التربوية، جامعة القاهرة.

15. أروى علي عبد الله أخضر (2007أ)، واقع استخدام الحاسب الآلي ومعوقاته في مناهج معاهد وبرامج الأمل للمرحلة الابتدائية بالمملكة العربية السعودية، **المؤتمر العلمي الأول: التربية الخاصة بين الواقع والمأمول**، كلية التربية، جامعة بنها، (15-16) يوليو 2007، المجلد (1).

16. ــــــــــــ (2007ب): إتيكيت الصم، **مجلة المعرفة**، وزارة التربية والتعليم، المملكة العربية السعودية، العدد (148)، يوليو.

17. إدارة مراكز مصادر التعلم والمكتبات المدرسية (2004أ): **مراكز مصادر التعلم**، التطوير التربوي، الإدارة العامة لتطوير تقنيات التعليم، المملكة العربية السعودية: مُتاح على الإنترنت في : *www.edc.gov.sa* **14 ذو القعدة 1425- 25 ديسمبر 2004.**

18. إدارة مراكز مصادر التعلم والمكتبات المدرسية (2004ب): **مكونات مشروع مراكز مصادر التعلم**، التطوير التربوي، الإدارة العامة لتطوير تقنيات التعليم، المملكة العربية السعودية: مُتاح على الإنترنت في : *www.edc.gov.sa* **14 ذو القعدة 1425- 25 ديسمبر 2004.**

19. إلهام سويلم أحمد دسوقي (2006) : **إستراتيجية مقترحة قائمة على استخدام المنظمات بالرسوم لتنمية المفردات اللغوية لدى التلاميذ المعاقين سمعيًا في الصف الثامن من التعليم الأساسي**، رسالة ماجستير، غير منشورة، معهد الدراسات والبحوث التربوية، جامعة القاهرة.

20. أمل عبد الفتاح سويدان، منى الصفي الجزار (2007): **استخدام التكنولوجيا في التربية الخاصة**، القاهرة، مركز الكتاب للنشر.

21. انتصار محمد علي إبراهيم (2002): دمج الأطفال ذوي الاحتياجات الخاصة بالتعليم الأساسي في مصر على ضوء الاتجاهات العالمية المعاصرة، **المؤتمر العلمي السنوي الثالث: قضايا ومشكلات ذوي**

الاحتياجات الخاصة في التعليم قبل الجامعي(رؤى مستقبلية)، المركز القومي للبحوث التربوية والتنمية، القاهرة،(12-14 مايو)

22. انشراح عبد العزيز إبراهيم (2003): توظيف الألعاب التعليمية في تنمية مهارات الثقافة البصرية لدى المعاقين سمعيًا، المؤتمر العلمي السنوي التاسع الجمعية المصرية لتكنولوجيا التعليم بالاشتراك مع جامعة حلوان، **تكنولوجيا التعليم لذوي الاحتياجات الخاصة**، 3-4 ديسمبر.

23. إيمان فؤاد الكاشف، عطية عطية محمد (2008): **القياس النفسي والمرشد التعليمي للإعاقة السمعية: اكتشاف وتعليم المعاقين**، القاهرة ، دار الكتاب الحديث.

24. أيمن فوزي خطاب مدكور(2006): **تصميم برمجية تعليمية وأثرها على الأداء المعرفي والمهاري للتلاميذ الصُم بالصف السادس الابتدائي**، رسالة ماجستير، غير منشورة، كلية التربية النوعية، جامعة عين شمس.

25. الغريب زاهر(2003): مستحدثات تكنولوجيا التعليم لذوي الاحتياجات الخاصة، **تكنولوجيا التعليم لذوي الاحتياجات الخاصة**، المؤتمر العلمي السنوي التاسع، الجمعية المصرية لتكنولوجيا التعليم بالاشتراك مع جامعة حلوان، 3 – 4 ديسمبر.

26. بدر بن عبدالله الصالح، عبدالله بن سالم المناعي، أحمد بن عبد المحسن حكيم (2003): **الإطار المرجعي الشامل لمراكز مصادر التعلم**، الرياض، مكتب التربية العربي لدول الخليج.

27. جمال الخطيب (2005): **استخدامات التكنولوجيا في التربية الخاصة**، عمان، الأردن، دار وائل للنشر والتوزيع.

28. ـــــــ (2004): **تعليم الطلبة ذوي الاحتياجات الخاصة في المدارس العادية**، عمان: الأردن، دار وائل.

29. جـمال الخطيـب (1998): **مقدمـة في الإعاقـة السـمعية**، عـمان، الأردن، دار الفكـر للطباعـة والنشر والتوزيع.

30. جميل توفيق إبراهيم (1994): التخاطب طريق الاندماج الاجتماعي لضعاف السـمع، المـؤتمر السادس لاتحاد هيئات الفئات الخاصة والمعوقين: **نحو مسـتقبل أفضـل للمعـوقين**، جمهوريـة مصر العربية، (29-31 مارس).

31. حاتم جاد الكريم محمد حقي(2006): تكنولوجيا التعليم في الوطن العربي: الواقع والطموح، في مصطفى عبد السميع (مُحررًا): **تكنولوجيا التربية (دراسات وبحوث)، أعمال المؤتمر العلمي: المعلوماتية ومنظومة التعليم**، الجمعية المصرية لتكنولوجيا التربية، (5 – 6 يوليو).

32. **حسن بن علي بن حسن شريف (2007): برنامج تدريبي مُقترح لتنمية قـدرات أمنـاء مراكـز مصادر التـعلم بالمملكة العربيـة السعوديـة باستخدام مـدخل النـظم**، رسـالة ماجسـتير، غير منشورة، كلية التربية، جامعة حلوان.

33. **حسن حسين زيتون (1428هـ): أساسيات الوسائل التعليمية وتكنولوجيا التعليم: المفهومـات والممارسات**، الرياض، السعودية، الدار الصوتية للتربية.

34. ـــــــــ (2005): **رؤية جديدة في التعليم الإلكتروني: المفهـوم، القضـايا، التطبيـق، التقيـيم**، الرياض، السعودية الدار الصولتية للتربية.

35. حسن علي محمود الأنصاري(2006): **معوقات تفعيل مراكز مصادر التعلم بتعليم العاصمـة المقدسة وطرق العلاج المقترحة لها**، رسالة دكتوراه " غير منشورة " الولايات المتحـدة الأمريكيـة، كلية التربية، جامعة كولومبوس.

36. حسن عـواد السـريحي، ريـم عـلي الرابغـي (1424/2003هـ): خـدمات المعلومـات المتاحـة للأطفال ذوي الاحتياجات الخاصة في مدينة جدة: دراسة

مسحية، **مجلة مكتبة الملك فهد الوطنية**، الرياض، مج9، ع1، (المحرم- جمادي الأخر/ مارس- أغسطس).

37. حسين أحمد عبد الرحمن التهامي(2006): **تربية الأطفال المعاقين سمعيًا في ضوء الاتجاهات العالمية المعاصرة**، القاهرة، الدار العالمية للنشر والتوزيع.

38. حسين حمدي الطوبجي (1980): مركز مصادر التعلم، **مجلة تكنولوجيا التعليم**، القاهرة، العدد (4)، السنة (3)، ديسمبر.

39. حلمي الوكيل، حسين بشير محمود (1987): الاتجاهات الحديثة في تخطيط وتطوير مناهج المرحلة الأولى، القاهرة، مكتبة الأنجلو مصرية.

40. حمد إبراهيم العمران (2007): **مراكز مصادر التعلم في المملكة العربية السعودية: دراسة للواقع مع التخطيط لمركز نموذجي**، جامعة الرياض للبنات، عمادة شؤون المكتبات.

41. ــــــــ (2006): **فاعلية مراكز تقنيات ومصادر التعلم**، إدارة مراكز مصادر التعلم والمكتبات المدرسية، التطوير التربوي، الإدارة العامة لتطوير تقنيات التعليم، المملكة العربية السعودية: مُتاح على الإنترنت في: *www.edc.gov.sa*، 8 **جماد أول 1427هـ - 4 يونيو.**

42. حمد عبد القادر الهيمات (1996): مهارات الوسائل التعليمية المتوافرة لدى العاملين في مراكز مصادر التعلم في الأردن: دراسة مسحية، **مجلة البحث في التربية وعلم النفس**، كلية التربية، جامعة المنيا، ع4، مج9، إبريل.

43. خالد محمد الجندي (2007): فاعلية برنامج تدريبي في تغيير اتجاهات الأطفال العاديين نحو ذوي الاحتياجات الخاصة في غرف المصادر، المؤتمر العلمي الأول: **التربية الخاصة بين الواقع والمأمول**، كلية التربية، جامعة بنها، 15-16 يوليو.

44. خالد مصطفى محمد مالك (1992): **تحديد العقبات التي تحول دون إفادة تلاميذ المدرسة الابتدائية، الحلقة الأولى من التعليم الأساسي من المكتبة المدرسية**، رسالة ماجستير (غير منشورة) كلية التربية، جامعة حلوان.

45. خلود السيد على متروك(2002): **الخدمة المكتبية للصم: دراسة للخدمات المكتبية التي تقدمها بعض مراكز الخدمة للمعوقين في الرياض وإمكانية النهوض بتلك الخدمات**، رسالة ماجستير (غير منشورة) كلية الآداب، جامعة القاهرة.

46. ديان براولى، مارغريت سيرز، ديان سوتلك (2000): **الدمج الشامل لذوى الاحتياجات الخاصة: مفهومه وخلفيته النظرية**، ترجمة: زيدان السرطاوى، عبد العزيز الشخص، عبد العزيز عبد الجبار، العين، الإمارات، دار الكتاب الجامعي.

47. رائد مصطفى الدبب (2007): المشكلات التي تواجه عملية دمج الأطفال ذوي الاحتياجات الخاصة، المؤتمر العلمي الأول: **التربية الخاصة بين الواقع والمأمول**، كلية التربية، جامعة بنها، المجلد(2)، (15-16) يوليو.

48. ربحي مصطفى عليان (1424هـ): مراكز مصادر التعلم: تطوير نوعى للمكتبات المدرسية (دراسة وثائقية)، **مجلة مكتبة الملك فهد الوطنية**، مج (9)، ع(2)، ذو الحجة، (سبتمبر 2003 – فبراير 2004م).

49. ــــــــ (2002): **إدارة وتنظيم المكتبات ومراكز مصادر التعلم**، عمان، الأردن، دار صفاء للنشر والتوزيع.

50. ربحي مصطفى عليان (1996): مراكز مصادر التعلم وتجربة دولة البحرين، **الاتجاهات الحديثة في المكتبات والمعلومات**، ع5، مج3، يناير، القاهرة، المكتبة الأكاديمية.

51. رحاب أحمد منير عبد الله شومان(2005): **قاموس الكتروني للاتصال غير اللفظي باستخدام الرسوم المتحركة في تنمية التحصيل الدراسي للأطفال الصُم في مادة اللغة العربية**، رسالة ماجستير، غير منشورة، معهد الدراسات التربوية، جامعة القاهرة.

52. رضا عبد الحكيم رضوان (1999م): تأهيل الأشخاص الصم بين العلوم التربوية والتكنولوجيا الحديثة، **مجلة عالم الإعاقة**، السنة(2)، العدد (7)، (ذو القعدة- مارس)

53. رضا عبده إبراهيم القاضي، صلاح الدين عرفة محمود (1999): برنامج لتدريس مقرر الدراسات الاجتماعية بالوسائل البصرية في ضوء بعض الأساليب المعرفية لدى التلاميذ الصم، **تكنولوجيا التعليم سلسلة دراسات وبحوث**، مج9 ، ك4 ، خريف.

54. رضا عبد القادر درويش (1992): **تطوير مناهج العلوم للطلاب المعاقين سمعيًا بمرحلة التعليم الأساسي** ، رسالة دكتوراه (غير منشورة) ، كلية التربية ببنها، جامعة الزقازيق.

55. ريفيوس دي سيلفا، أليسون توريف (2001): **مراكز مصادر التعلم: مفهومها- أهدافها- أهميتها**، ترجمة: أحمد الجمعة، أحمد محمد عيسوي، منشورات دار السلاسل، ط1، الكويت.

56. زكريا يحيى لال، عبد الله الجندي (2005): **الاتصال الإلكتروني وتكنولوجيا التعليم**، ط3، الرياض، السعودية، مكتبة العبيكان.

57. زينب محمد أمين (2003): دور التكنولوجيا الحديثة في تعليم ذوي الاحتياجات الخاصة، المؤتمر العلمي السنوي التاسع الجمعية المصرية لتكنولوجيا التعليم بالاشتراك مع جامعة حلوان، **تكنولوجيا التعليم لذوي الاحتياجات الخاصة**، (3-4 ديسمبر).

58. زينب محمود شُقير(2005أ): **طرق التواصل والتخاطب للصامتون والمتعثرون في الكلام والنطق**، القاهرة، مكتبة النهضة المصرية.

59. زينب محمود شُقير (2005ب): **همسات ولمسات "طرق التواصل والتخاطب للصامتون والمتعثرون في الكلام والنطق"**، المجلد (4)، النهضة المصرية، القاهرة.

60. ــــــ (2002): **خدمات ذوي الاحتياجات الخاصة: الدمج الشامل- التدخل المبكر- التأهيل المتكامل**، القاهرة، النهضة المصرية.

61. سارة بنت على الشيحة (2005): **دراسة تقويمية لاستخدام التقنيات التعليمية في معاهد الأمل لصم بمدينة الرياض**، رسالة ماجستير غير منشورة، كلية التربية، جامعة الملك سعود.

62. سامي عبد الحميد محمد عيسى (2007) : **فعالية برنامج تعليمي ذكى في تنمية مهارة حل المشكلات لدى المعوقين سمعيًا**، رسالة دكتوراه، غير منشورة، معهد الدراسات والبحوث التربوية، جامعة القاهرة.

63. سعد بن عبد الرحمن الدايل، عبد الحافظ سلامة (1425هـ): **تصميم الوسائل التعليمية وإنتاجها**، الرياض، ، مكتبة دار الخريجي للنشر والتوزيع.

64. سعد هنداوي سعد محمد (2005): **تطوير مراكز مناهل المعرفة بمرحلة التعليم الثانوي في ضوء احتياجات الطلاب والمعلمين والإدارة المدرسية**، رسالة ماجستير، غير منشورة، كلية التربية، جامعة حلوان.

65. سعيد عبد الرحمن محمد (2007): التأهيل اللغوي للأطفال ضعاف السمع في مرحلة ما قبل المدرسة لإلحاقهم بمدارس العاديين (نظرة مستقبلية)، **المؤتمر العلمي الأول للتربية الخاصة بين الواقع والمأمول**، كلية التربية، جامعة بنها، (15-16 يوليو).

66. سعيد محمد السعيد، فاطمة محمد عبد الوهاب، عبد القادر محمد عبد القادر(2006): **برامج التربية الخاصة ومناهجها: بين الفكر والتطبيق والتطوير**، القاهرة، عالم الكتب.

67. سمر أبو مرزوق (2007): برنامج التعليم الجامع (الدمج) بين الفكرة والتطبيق في مدارس قطاع غزة، المؤتمر العلمي الأول، **التربية الخاصة بين الواقع والمأمول**، كلية التربية، جامعة بنها، (15-16) يوليو 2007، مج (1).

68. سمر عبد الفتاح لاشين (2000): **علاج بعض الصعوبات التي تواجه ذوى الإعاقة السمعية في الرياضيات بالصف الأول الإعدادي**، رسالة ماجستير، غير منشورة، كلية التربية، جامعة عين شمس.

69. سمير دبابنة (1996): **نافذة على تعليم الصم**، عمان، مركز الكتب الأردني.

70. شبكة ألم الإمارات: **مراكز رعاية وتأهيل المعوقين**، مُتاح على: *www.Alamuae.com/uae* في 2007/9/8م.

71. سهير محمود أمين (2007): فاعلية برنامج إرشادي في تحسين الأداء الوظيفي الوالدى لدى مجموعتين من أسر الأطفال المعاقين عقليًا وسمعيًا، المؤتمر السنوي الرابع عشر، **الإرشاد النفسي- من أجل التنمية في ظل الجودة الشاملة: توجهات مستقبلية**، مركز الإرشاد النفسي، كلية التربية، جامعة عين شمس، (8-9 ديسمبر).

72. شعبان عبد العزيز خليفة، محمد عوض العايدي (2002): المواد السمعية والمصغرات الفيلمية في المكتبات ومراكز المعلومات، القاهرة، مركز الكتاب للنشر.

73. شكري سيد أحمد، وضحى على السويدي(1992): الاحتياجات التدريبية وأولوياتها لدى معلمين ومعلمات التربية الخاصة في دولة قطر، **مجلة مركز البحوث التربوية** (قطر)، ع1 ، س1 ، يناير.

74. طارق بن صالح الريس(2007أ): **ثنائية اللغة- ثنائية الثقافة: تربية وتعليم الصم**، أطفال الخليج ذوي الاحتياجات الخاصة، مُتاح في: ***www.gulfkids.com***

75. طارق بن صالح الريس (2007ب): لغة الإشارة والإعلام المرئي: رؤية واقعية، ورقة عمل مقدمة إلى **الملتقى السابع للجمعية الخليجية للإعاقة**، مملكة البحرين،(6-8 مارس).

76. عادلة عبد الله التركيت، عبد الله حسين رزق (1987): إنشاء وإدارة مراكز مصادر التعلم، **المؤتمر التربوي السابع عشر: التقنيات التربوية ودورها في تطوير العملية التربوية**، جمعية المعلمين الكويتية، الكويت، (21-26 مارس).

77. عاطف عدلي فهمي (2007): **المواد التعليمية للأطفال**، عمان الأردن، مكتبة دار المسيرة للنشر والتوزيع والطباعة.

78. عباس حسن القصاب (2005): مراكز مصادر التعلم نحو تعلم أفضل، **مجلة المعلوماتية**، العدد (18)، مركز المصادر التربوية، وزارة التربية والتعليم السعودية، الرياض: ***www.informatics.gov.sa***

79. عبد الحافظ محمد سلامة (1995): **إدارة مركز مصادر التعلم، سلسلة المصادر التعليمية**، (4)، عمان، الأردن، مكتبة دار الفكر للنشر والتوزيع.

80. عبد الحميد محمد (2007): العلاقات الأسرية كما تدركها أمهات الأطفال الصم وعلاقتها بالسلوك الاجتماعي والتواصل لدى أبنائهن، المؤتمر السنوي الرابع عشر **الإرشاد النفسي من أجل التنمية في ظل الجودة**

الشاملة: **توجهات مستقبلية**، مركز الإرشاد النفسي، كلية التربية، جامعة عـين شـمس، (8-9 ديسمبر).

81.   عبد الرحمن نقاوة (2007): **دليل التذكر المبكر للأطفال الـذين يعـانون مـن ضـعف سـمعي (استمع....تعلم....وتكلم) من سن الولادة إلى سن ما قبل المدرسة**، مركز جدة للنطق والسـمع، جدة، المملكة العربية السعودية.

82.   ــــــــــ (2006): **تطوير المهارات اللغوية، سلسلة تطوير المهارات التواصلية**، مركز جدة، المملكة العربية السعودية.

83.   عبد العزيز السرطاوي (1427هـ / 2006م): التربية الخاصة: المفهوم والتوجيهات الحديثة: لـن يبقى أحد خارج المدرسة، **مجلة المعرفة**، وزارة التربية والتعليم السعودية، العـدد (133)، (ربيـع الآخـر – مايو).

84.   عبد العظيم عبد السلام الفرجاني (د.ت): **جدوى نماذج التصنيف في مجال الوسائل التعليمية: دراسة تحليلية**، القاهرة، مركز البحوث التربوية.

85.   عبد الغفار عبد الحكيم الـدماطي (2002): مراحل النمـو المعرفي لـدى عينـة سـعودية مـن التلاميذ الصم والعاديين(دراسة مقارنه طبقًـا لجـان بياجيه)، **مجلـة أكاديميـة التربيـة الخاصـة**، الرياض، جامعة الملك سعود.

86.   عبد الغني اليوزبكي (2002): **المعوقون سمعيًا والتكنولوجيا العالميـة**، العـين، الأمـارات، دار الكتاب الجامعي.

87.   عبد اللطيف بـن صـفي الجـزار (2003): مصادر التعلم واحتياجات ذوي الفئات الخاصـة، المؤتمر العلمي السنوي التاسع الجمعية المصرية لتكنولوجيا التعليم بالاشتراك مع جامعة حلوان، **تكنولوجيا التعليم لذوي الاحتياجات الخاصة**،(3-4 ديسمبر).

88.   عبـد الله إسـماعيل الصـوفي (1421هـ): **التكنولوجيـا الحديثـة ومراكـز المعلومـات والمكتبـة المدرسية**، عمان، دار المسيرة للنشر والتوزيع والطباعة.

89. عبد المطلب أمين القريطي(2005): **سيكولوجية ذوي الاحتياجات الخاصة وتربيتهم**، ط4، القاهرة، دار الفكر العربي.

90. عبد المحسن بن زيد المحسن (2007): **دليل اختصاصي مركز مصادر التعلم الإرشادي**، مكتبة الشقري، الرياض.

91. عبير عبد الحميد فتحي(2006): الكمبيوتر وذوى الاحتياجات الخاصة، في: مصطفى عبد السميع (مُحررًا): **تكنولوجيا التربية (دراسات وبحوث)، أعمال المؤتمر العلمي: المعلوماتية ومنظومة التعليم**، الجمعية المصرية لتكنولوجيا التربية، (5- 6 يوليو).

92. عثمان ياسين الرواق (1419هـ/1999م) : مشكلات تعليم الصم، **مجلة المعرفة**، وزارة التربية والتعليم، المملكة العربية السعودية، العدد(42)، (رمضان - يناير).

93. عصام نمر يوسف، أحمد سعيد درباس (2007): **الإعاقة السمعية دليل عملي علمي للآباء والمربين: مقدمة في الإعاقة السمعية واضطرابات التواصل**، عمان، الأردن، دار المسيرة.

94. عصام فريحات (1425هـ): مراكز مصادر التعلم، مُتاح على الإنترنت في: *www.gulfkids.com*

95. عصام فريحات (2002): مركز مصادر التعلم في عصر المعلومات: معطيات جديدة، **مجلة المعلوماتية**، العدد (4).

96. علي بن محمد بكر هوساوي (2007): معوقات استخدام التقنيات التعليمية الخاصة في تدريس التلاميذ المتخلفين عقليًا كما يدركها معلمو التربية الفكرية بمدينة الرياض، المؤتمر العلمي الأول: **التربية الخاصة بين الواقع والمأمول**، كلية التربية، جامعة بنها، المجلد(2)، (15-16) يوليو.

97. علي بن حسن الزهراني (2007): التوجهات الحديثة للتعليم الشفهي للأطفال الصم وضعاف السمع "المفاهيم، المبادئ، والتطبيقات التي يستند

عليها"، **المؤتمر العلمي الأول: التربية الخاصة بين الواقع والمأمول**، كلية التربية، جامعة بنها، المجلد (3)، 15-16 يوليو.

98. علي عبد النبي حنفي(2007أ): **العمل مع أسر ذوى الاحتياجات الخاصة: دليل المعلمين والوالدن**، دسوق: جمهورية مصر العربية، مكتبة العلم والإيمان للنشر والتوزيع.

99. ــــــ (2007ب): واقع الخدمات المساندة للتلاميذ المعوقين سمعيًا وأسرهم والرضا عنها في ضوء بعض المتغيرات من وجهة نظر المعلمين والآباء، المؤتمر العلمي الأول: **التربية الخاصة بين الواقع والمأمول**، كلية التربية، جامعة بنها، (15-16) يوليو 2007، المجلد (1).

100. ــــــ (2007ج): دمج الطلاب الصم في المدرسة العادية: المتطلبات- الواقع، المؤتمر السنوي الرابع عشر، **الإرشاد النفسي من أجل التنمية في ظل الجودة الشاملة: توجهات مستقبلية، مركز الإرشاد النفسي، كلية التربية، جامعة عين شمس، (8-9 ديسمبر).**

101. ــــــ(2003): **مدخل إلى الإعاقة السمعية**، الرياض: المملكة العربية السعودية، إصدارات أكاديمية التربية الخاصة.

102. على عبده محمود (2004) : الأدوار الاجتماعية لعملية الدمج لذوى الاحتياجات الخاصة، **النشرة الدورية، للإتحاد هيئات رعاية الفئات الخاصة والمعوقين ذوى الاحتياجات الخاصة**، جمهورية مصر العربية، العدد (80) السنة (20)، ديسمبر.

103. على محمد أحمد(2003): **تصور مقترح لمنهج في الدراسات الاجتماعية للصم في المرحلة الإعدادية بالمملكة العربية السعودية**، رسالة ماجستير "غير منشورة " كلية التربية، جامعة عين شمس.

104. عماد محمد حسن حسان (2006): **تصميم برنامج تـدريبي لتنميـة كفايـات العـاملين بمراكـز مناهل المعرفة في ضوء احتياجـاتهم المهنيـة والمسـتحدثات التكنولوجيـة**، رسـالة ماجسـتير غـير منشورة، كلية التربية، جامعة حلوان.

105. عوشة أحمد محمد المهيري (2001): **فاعلية برنامج تدريبي لغوي على التوافق النفسي- لـدى المعاقين سمعيًا في مرحلة ما قبل المدرسة**، رسالة ماجستير، غـير منشـورة، كليـة التربيـة، جامعـة عين شمس.

106. فاروق محمد صادق (2006): تمكين غرف المصادر في علاج صـعوبات الـتعلم واسـتيعاب ذوي الاحتياجات الخاصة في المدرسة العادية، بحث **مقدم للمؤتمر الـدولي لصـعوبات** الـتعلم، الأمانـة العامة للتربية الخاصة، وزارة التربية والتعليم، الرياض، المملكة العربية السعودية، (28 شـوال- 2 ذي القعدة)، (19- 22 نوفمبر).

107. فاطمة أحمد عواد (2005): **الضغوط النفسية وأساليب مواجهتها لدى والدى المعـاق سـمعيًا وعلاقتها بصحته النفسية**، رسالة ماجستير، غير منشورة، كلية التربية، جامعة عين شمس.

108. فاطمة محمد عبد الوهاب (2003): **منهج مقترح في العلوم للطلاب المعاقين سـمعيًا بالمرحلـة الثانوية المهنية فى ضوء احتياجاتهم الثقافية والمهنية**، رسالة دكتوراه (غير منشورة) كلية التربيـة، جامعة الزقازيق.

109. فتح الباب عبد الحليم سـيد (1995): مراكـز مصـادر الـتعلم: مفهومهـا، خصائصـها، تطورهـا، **ندوة تكنولوجيا التعليم**، جامعة القاهرة، مركز تطوير التعليم الجامعي.

110. ـــــــ (1991): **توظيف تكنولوجيا التعليم**، القاهرة، جامعة حلوان.

111. فتح الباب عبد الحليم سيد، سهير محفوظ، عبد التواب شرف الدين (1992): **ثورة المعلومات والتعليم دليل عملي لبرنامج مراكز مصادر التعلم**، القاهرة، دار الأشقاء.

112. فتحية أحمد بطيخ (2005): **المدخل لتدريس الرياضيات المعاصرة للتلاميذ الصم: وحدة المجموعات والعمليات عليها**، القاهرة، مكتبة عالم الكتب.

113. فريدة الدروزي (1989): نماذج تنظيمات المحتوى، **مجلة كلية التربية**، دمشق، مج2، يناير

114. فهيم مصطفى فهيم (2001): **المكتبة المدرسية مركز مصادر التعلم: دليل عمل للأمناء ودليل إرشادي للموجهين**، القاهرة، دار الفكر العربي.

115. فوزية محمد أخضر ـ (2007): المشكلات التي تواجه المعوقين سمعيًا في المعاهد الخاصة وبرامج الدمج بالمملكة العربية السعودية، **المؤتمر العلمي الأول: التربية الخاصة بين الواقع والمأمول**، كلية التربية، جامعة بنها، المجلد(2)، (15-16) يوليو.

116. فوزية محمد أخضر (1993): **دمج الطلاب الصُم وضعاف السمع في المدرسة العادية**، ط2، الرياض، مكتبة التوبة.

117. كمال زيتون (2003أ): **التدريس لذوي الاحتياجات الخاصة**، القاهرة، مكتبة عالم الكتب.

118. ــــــــــــ (2003ب): التكنولوجيا المعينة لذوي الاحتياجات الخاصة بين الأسطورة والواقع والخطوات الفعلية، المؤتمر العلمي السنوي التاسع الجمعية المصرية لتكنولوجيا التعليم بالاشتراك مع جامعة حلوان، **تكنولوجيا التعليم لذوي الاحتياجات الخاصة**، (3-4 ديسمبر).

119. ليلى كرم الدين(2001): **دور المكتبة في خدمة ورعاية الأطفال ذوى الحاجات الخاصة**، الاتجاهات الحديثة في المكتبات والمعلومات، ع 19، أكتوبر.

120. لينا بن عمر صديق (2007) الأداء العقلي المعرفي لدى فاقدات السمع والعاديات بالمرحلة المتوسطة "دراسة مقارنة" ورقة عمل، **المؤتمر العلمي الأول: التربية الخاصة بين الواقع والمأمول**، كلية التربية، جامعة بنها، (15-16) يوليو، المجلد (1).

121. ماجدة السيد عبيد (2000): **السامعون بأعينهم**، القاهرة، مكتبة النهضة المصرية.

122. مجدي عزيز إبراهيم، جمعة حمزة أبو عطية (2006): **تدريس الرياضيات للتلاميذ المعاقين سمعيًا**، القاهرة، مكتبة عالم الكتب.

123. مجدي عزيز إبراهيم (2003): **مفاهيم تعليم ذوى الاحتياجات الخاصة: في ضوء متطلباتهم الأساسية والاجتماعية والمعرفية**، القاهرة، مكتبة عالم الكتب.

124. محسن محمد على السعيد(2001): **دراسة لبعض مشكلات مؤسسات تربية الصم في المملكة العربية السعودية**، رسالة ماجستير (غير منشورة)، كلية التربية، جامعة الأزهر

125. محمد إبراهيم الدسوقي، إيمان صلاح، سعيدة عبد السلام (2006): **التكنولوجيا المساعدة، مشروع تطوير كليات التربية**، كلية التربية، جامعة حلوان.

126. محمد إبراهيم الدسوقي (2003): الألعاب التعليمية الإلكترونية "مدخل لرعاية ذوي الاحتياجات الخاصة"، المؤتمر العلمي السنوي التاسع الجمعية المصرية لتكنولوجيا التعليم بالاشتراك مع جامعة حلوان، **تكنولوجيا التعليم لذوي الاحتياجات الخاصة**، 3-4 ديسمبر.

127. محمد أحمد مهندس (2006): تطوير نظام تواصل متكامل مع الصم وضعاف السمع باستخدام الكومبيوتر، جامعة الملك فهد للبترول والمعادن. بالتعاون مع مركز الأمير سلمان لأبحاث الإعاقة، الاثنين 1427/1/21هـ الموافق (2006/2/20م)، مُتاح في:

128. *http://www.arabnet.ws/book/Arabic_presentation_2_06.ppt*

129. محمد السيد حلاوة (2002): الرعاية الاجتماعية للطفل الأصم: دراسة في الخدمة الاجتماعية، كلية رياض الأطفال، جامعة الإسكندرية.

130. محمد السيد عنان (2005): المواصفات التربوية والفنية لبرامج الكمبيوتر متعددة الوسائل للتلاميذ الصم وفعاليتها في اكتسابهم المفاهيم العلمية، رسالة ماجستير، غير منشورة، كلية التربية، جامعة حلوان.

131. محمد جعفر ثابت (2007): الانتباه والإدراك البصري وعلاقتهما بالتحصيل الدراسي لدى عينة من ذوي الاحتياجات السمعية الخاصة من طلاب الصف الأول والصف الثالث الابتدائي، **المؤتمر العلمي الأول: التربية الخاصة بين الواقع والمأمول**، كلية التربية، جامعة بنها، المجلد (2)، (15-16) يوليو.

132. محمد رشدي أبو شامة (1999): فعالية كل من الطريقة المعملية والعروض العملية في تنمية بعض أهداف تدريس العلوم للطلاب الصم البكم بالمرحلة الثانوية، رسالة ماجستير (غير منشورة)، كلية التربية، جامعة المنصورة.

133. محمد عبد الرحمن السعداني (2001): نظم الاستفادة من مراكز مناهل المعرفة وإدارتها في ضوء تجارب الاتصال الحديثة، رسالة ماجستير، غير منشورة، كلية التربية، جامعة حلوان.

134. محمد عبد المقصود حامد (2004): **تطوير المثيرات البصرية في الكتاب المدرسي للمعاقين سمعيًا من وجهة نظر المعلمين والطلاب**، رسالة ماجستير (غير منشورة) كلية التربية ، جامعة حلوان.

135. محمد عطية خميس (2003): متطلبات ذوي الاحتياجات الخاصة من تكنولوجيا التعليم، المؤتمر العلمي السنوي التاسع للجمعية المصرية لتكنولوجيا التعليم بالاشتراك مع جامعة حلوان، **تكنولوجيا التعليم لذوي الاحتياجات الخاصة**، (3-4 ديسمبر).

136. محمد عطية خميس (1997): واقع تدريب معلمي المرحلة الابتدائية بالسعودية أثناء الخدمة في مجالات تكنولوجيا التعليم من وجهة نظر المعلمين، **مجلة تكنولوجيا التعليم**، الجمعية المصرية لتكنولوجيا التعليم، القاهرة، المؤتمر العلمي الخامس للجمعية المصرية لتكنولوجيا التعليم، الكتاب الأول.

137. محمد فتحي عبد الحي (2001): **الإعاقة السمعية وبرنامج إعادة التأهيل**، العين: الإمارات، دار الكتاب الجامعي.

138. محمد كمال عفيفي (2004): **فاعلية تصميم برنامج كمبيوتر متعدد الوسائط في تنمية العمليات العقلية المعرفية لدى التلاميذ الصم**، كلية التربية بالعريش، جامعة قناة السويس.

139. محمد محمود الحيلة (2007): **تكنولوجيا التعليم بين النظرية والتطبيق**، ط5، عمان، الأردن، دار المسيرة لنشر والتوزيع.

140. ـــــــــ (2004): **تكنولوجيا التعليم بين النظرية والتطبيق**، عمان، الأردن، دار المسيرة للطباعة والنشر والتوزيع.

141. محمود بن أحمد هلال بلوش (1420هـ): **العلاقات الإرشادية والقلق لدى الطلاب والأطفال الصم (المقيمين): داخليا وخارجيا** في المرحلة المتوسطة بمعاهد الأمل في كل من (مكة المكرمة- الطائف- جدة):

دراسة مقارنة، رسالة ماجستير،غير منشوره، كلية التربية، جامعة أم القرى.

142. مراد علي عيسى، وليد السيد خليفة (2007): **كيف يتعلم المخ الأصم: النظرية والتطبيق**، سلسله كيف يتعلم المخ ذو الاحتياجات الخاصة،الإسكندرية، دار الوفاء لدنيا الطباعة والنشر.

143. مركز جدة للنطق والسمع (2005أ): **أجهزة أف أم FM ، دليل إرشادي لفوائد استخدام أف أم مع المعينات السمعية**، جدة، المملكة العربية السعودية.

144. ـــــــــ (2005ب): **دليل المعلم/ المعلمة للتعامل مع الطالب ضعيف السمع داخل الفصل الدراسي**، جدة، المملكة العربية السعودية.

145. ـــــــــ (2005ج): **كتيب ملاحظات الأسرة: دليل إرشاد للأسر التي لديها أطفال يستخدمون المعينات السمعية**، جدة، المملكة العربية السعودية.

146. ـــــــــ (2005د): **لا أحد يفهمني، دليل الوالدين لتعديل السلوكيات غير المرغوب فيها عند الأطفال**، جدة، المملكة العربية السعودية.

147. مركز جدة للنطق والسمع (2005هـ): **دليل أولياء الأمور لفهم مشكلة الضعف السمعي وسبل التعامل معها**، جدة، المملكة العربية السعودية.

148. مصباح الحاج عيسى، توفيق العمري، أياد ملحم، (1982): **مراكز مصادر التعلم وإدارة التقنيات التربوية: اتجاه جديد في تكنولوجيا التربية**، الكويت، مكتبة الفلاح.

149. مصطفى القمش، ناجي السعايدة (2008): **قضايا وتوجهات حديثة في التربية الخاصة**، عمان، الأردن، مكتبة دار المسيرة للنشر والتوزيع.

150. مؤسسة الأراضي المقدسة: ملاحظات وتوصيات للمعلمات والمعلمين، **مبادرات من أجل تعليم الصم في العالم الثالث**، مؤتمر مصر، ربيع 1997.

151. مؤسسة أطفال الخليج ذوي الاحتياجات الخاصة (أ): **واقع الصم العربي (حقوقهم واقعهم احتياجاتهم)**، مُتاح على الإنترنت في: www.gulfkids.com

152. مؤسسة أطفال الخليج ذوي الاحتياجات الخاصة (ب): **لغة الإشارة بين الواقع والتطبيق**، مُتاح على الإنترنت في: www.gulfkids.com

153. مندور عبد السلام فتح الله (2006): **أساسيات إنتاج واستخدام وسائل وتكنولوجيا التعليم**، الرياض، السعودية، دار الصميعي للنشر والتوزيع.

154. منى مصطفى (2007): برنامج القراءة للأطفال الصم وضعاف السمع مرحلة ما قبل المدرسة حلقة وصل بين التأهيل والتعليم، **المؤتمر العلمي الأول: التربية الخاصة بين الواقع والمأمول**، كلية التربية، جامعة بنها، (15-16) يوليو 2007، المجلد (1).

155. ميرفت محمود على(2005): **فاعلية إستراتيجية الألعاب التعليمية في تنمية التحصيل والاتجاه نحو مادة الرياضيات لدى التلاميذ الصم وضعاف السمع بالمرحلة الابتدائية**، رسالة ماجستير، غير منشورة، كلية التربية بالإسماعيلية، جامعة قناة السويس.

156. نادر سعيد شمس، سامح سعيد إسماعيل (2008): **مقدمة في تقنيات التعليم**، مراجعة مصطفى عبد السميع، عمان، الأردن، دار الفكر.

157. ناصر بن علي الموسى (1419هـ/1999م): **مسيرة التربية الخاصة بوزارة المعارف: في ظلال الذكرى المئوية لتأسيس المملكة العربية السعودية**، وزارة المعارف، الرياض.

158. ناصر بن علي الموسى (1420هـ/2000م): الاتجاهات المعاصرة في التعليم والتأهيل المهني للمعوقين سمعيًا، **مجلة المعرفة**، وزارة التربية والتعليم، المملكة العربية السعودية، العدد (57)، (ذو الحجة - مارس).

159. ناصر حسين الموسوي، فيصل أحمد الحلواجي (1994): واقع مركز مصادر التعلم بمدارس البحرين: دراسة تحليلية، **مجلة البحث في التربية وعلم النفس**، كلية التربية، جامعة المنيا، عدد أكتوبر.

160. نادي كمال عزيز، أسامة حسين باهي (1999): دراسة تقويمية لمراكز مصادر التعلم بكليات التربية بسلطنة عمان في ضوء أهدافها، **مجلة البحث في التربية وعلم النفس**، كلية التربية، جامعة المنيا، مج12، ع3، يناير.

161. نادي محمد السعيد (2001): **بعض المتطلبات التربوية لمعاهد الصم بالمملكة العربية السعودية : دراسة ميدانية**، رسالة ماجستير (غير منشورة) كلية التربية، جامعة الأزهر

162. نايف المطوع (2002): **تقويم تجربة مراكز مصادر التعلم في مدارس التعليم العام بمدينة الرياض من وجهة نظر المعلمين والمشرفين التربويين**، رسالة ماجستير، غير منشوره، كلية التربية، جامعة الملك سعود.

163. نديم جوزيف حامض، تهاني حسن الخليفة، عائشة حمد المعاودة (1996): **توظيفات مراكز مصادر التعلم لخدمة العملية التربوية**، مركز البحوث التربوية والتطوير، وزارة التربية والتعليم، دولة البحرين.

164. نعيمة حسن أحمد (2003): **مداخل تدريس العلوم لذوي الاحتياجات الخاصة**، القاهرة، مكتبة زهراء الشرق.

165. نيك باكارد، فيل ريس (2003): توظيف تكنولوجيا المعلومات في المدارس: دليل عملي للمدرسين، القاهرة، مكتبة دار الفاروق للنشر والتوزيع.

166. وائل محمد مسعود (2002): **الأجهزة التعويضية والوسائل المساعدة لذوى الاحتياجات الخاصة**، الرياض، سلسلة إصدارات أكاديمية التربية الخاصة.

167. وزارة التربية والتعليم (2006): **إدارة العوق السمعي**، نشرة صادرة عن المجموعة الاستشارية التخصصية للإعلام والتوعية التربوية، الأمانة العامة للتربية الخاصة، إدارة العوق السمعي، المملكة العربية السعودية. متاح في *www.moe.gov.sa/se*

168. وزارة التربية والتعليم (1422هـ أ): **مركز مصادر التعلم في العصر المعلوماتي**، الرياض.

169. وزارة التربية والتعليم (1422هـ ب): **دليل أمناء مراكز مصادر التعلم**، الرياض، المملكة العربية السعودية.

170. ــــــ (1422هـ ج): **المادة الثالثة والستون، والرابعة والستون من القواعد التنظيمية لمعاهد وبرامج التربية الخاصة**.

171. وزارة التربية والتعليم، الأمانة العامة للتربية الخاصة(2005): **النشرة الدورية للتربية الخاصة**، الرياض.

172. وزارة التربية والتعليم، الأمانة العامة للتربية الخاصة(1986): **الدليل التأسيسي لبرامج التربية الخاصة بالمملكة العربية السعودية**، الرياض.

173. يسري مصطفى السيد (2006): **كيف تحوّل الحصة المدرسية إلى متعة من خلال توظيف التقنيات الحديثة؟**، جامعة الإمارات العربية المتحدة، كلية التربية، مركز الانتساب الموجه بأبوظبي.

174. يوسف بن سلطان التركي(2005): **تربية وتعليم الصُم وضعاف السمع**، الرياض، المملكة العربية السعودية، مكتبة الملك فهد الوطنية.

ثانياً: المراجع الأجنبية:

175. Alberta، Alberta Education (2006). *Learning and Teaching Resources Branch، Individualized program planning (IPP): ECS to grade 12،* the Crown in right of Alberta، Canada، www.Irc.education.gov.ab.com

176. Belcastro، F. P. (2004): Rural Gifted students who are deaf or hard of hearing: How Electronic Technology Can Help، *American Annals of the Deaf،* v149 n4، p309-313.

177. Bermudez، Lydia، ، V. (1989): *Improving Early Educational Intervention Services for Deaf and Hearing Impaired Preschool by Establishing a Resource center for Parents، Teachers and other Professionals Ed. D. Practicum،* Nova University، ERIC، ED 312873.

178. Boxer، J.A.; Woodward، J.; & Olson، D. (2001): Effects of reform- Based Mathematics Instruction on Low Achievers in five third- grade classrooms، *Elementary school journal،* v.10.

179. Carole Howell (2004). *Using Technology to Engage Deaf and Hard of Hearing Students،* Forsyth Country school، *www.enchantedlearning.com*

180. Council for Exceptional Children (wd.)، Reston، VA. Center for Special Education Technology، Hearing Impairments. Tech Use Guide: Using Computer Technology. Special Education Programs (ED/ OSERS)، Washington، DC

181. David P. Driscoll (2004): *The Learning Center for Deaf Children.* Massachusetts Department of Education.

182. Davie. Ann R. (1990). *Students Who Are Deaf or Hard of Hearing in Postsecondary Education.* American Council on Education. Washington. DC. HEATH Resource Center. Department of Education. Washington. DC.. ED 343 290.

183. Davis. Cheryl D. *You Don't Know what you have Been Missing: Alerting and Signaling Devices.* Western Oregon university. Monmouth. Northwest outreach center. Western Region outreach center and Consortia. Northridge. CA.; office of special Education and Rehabilitative Services (ED). Washington. DC.

184. Department of Public Instruction (2002): *Assistive listening devices for children with hearing impairments.* available at: http://www.wati.org/pdf/atfactsheets.pdf

185. Folder- Aural Habilitation Audiology (Assistive listening Devices). Montreal (5)

186. Gentry. C. and others (1990). *The Sign Connection: An Interactive Videodisk Instructional Program for Deaf children and their Hearing Associates. Designed to Teach selected Signed Phrases and Language Patterns. Users Guide (and videotape).* Michigan state university East Lansing. Coll. Of Education. ED 408810.

187. Haffner. Richard; and others (Jun 1995). *Filling The Gap: A Manual for Integrating the Deaf Adults into*

Adult Basic Education Classes. Revised. Columbus Speech and Hearing Center. OH. Ohio State Dept. of Education. Columbus. Div. of Adult and Community Services.

188. Hansen. E. and others (1994). Interactive Video and Sign Language for Improving Literacy Skills of Deaf Students. 6p.; In: Educational Multimedia and Hypermedia. Proceeding of *ED-MEDIA 94- World Conference on Educational Multimedia and Hypermedia* (Vancouver. British Columbia. Canada. June 25-30.; see IR 017 359.

189. Hend Al-Showaier (2006). *The Social Life of Saudi Deaf.* Prince Salman Center for Disability Research. P2

190. Holt. George (2000). *Minnesota Deaf Blind Technical Assistance Project. Final Report: October (1995) to September (2000).* Minnesota state Dept. of Education. st. paul.

191. James. W Brown. AV(1989). Instruction technology : media and methods. 6th ed. new york : Mcgrow hill.

192. Johnson. Harold. A. (1997): Internet Solutions for Isolation: Education Resources& Professional Development Opportunities for Educators of Deaf and Hard Hearing students. *Rural Special Quarterly.* v16 n2. p33-41. spr. EJ549650.

193. Johnsen. John H. & Johanson. James A. (1993). *American Education An Introduction to Teaching.* Oxford: Broun.

194. Kaplan، Harriet; ant others (1993). *Research Synthesis on Design of Effective Media، Materials and Technology for Deaf and Hard- of- Hearing students*. Technical Report No. 1، National Center to Improve the tools of Educators، Eugene، OR.; Organ Univ.، Eugene. COLL. Of Education، Special Education programs (ED/ OSERS)، Washington، DC، ED 386 850.

195. Kath Taylor (wd.): Teacher of Special Needs/ Hearing Impaired، Thomas Metcalf Lab School، ISu *www.ILSTU.edu*

196. Lerner، J. (2003). *Learning Disabilities: Theories، diagnosis and Teaching Strategies*. (9th ed). Boston، MA، Houghton Mifflin Company.

197. Lightwriters، 2ygo Industries، Inc. 1993، USA.

198. Marilyn S. L.; Donna M. and Kathryn M- Orlans (2001). *Experiences of Families with young children who are Deaf and hard of Hearing: Implications for Professional Preparation*. Gallaudent University Washington، D.C.، Association of College Educators- Deaf and Hard of Hearing، San Diego، February 2001.

199. Marschark، M.; Lang، H.G. and Albertini، J.A. (2002): *Educating Deaf Students، From Research to Practice*. New York، Oxford University Press.

200. Mercer C.D (1999). *Teaching student with learning problems*، 2nd. ed، Boston، U.K. hall Co.

201. Michael S. Rosenberg; Lawrence O'Shea and Dorothy J. O'Shea (1991). *Student Teacher to Master Teacher; A*

Handbook for Persevere and Beginning Teachers of Students with Mild and Moderate Handicaps. Macmillan Publishing Company. New York. pp. 62-70

202. Molly R. and Simonton. M.S. (2006). *Modes of Communication Orientation to Deaf Education.* www.deafed.net. April 4. 2006

203. National Information Center for Children and Youth with Disabilities (Jun 1996). *Deafness and Hearing Loss. Academy for Educational Development.* Inc.. Washington. D.C.; National Information Center for Children and Youth with Disabilities. Washington. DC.. Special Education Programs (ED/ OSERS). Washington. DC.

204. Nordon kerstin (1991).learning processes and personality development in Deaf children. *international of rehabilitation research.* vol4. No3.sep.

205. Nover. Stephen M. and Andrews. Jean F. (1999). *Critical Pedagogy in Deaf Education: Bilingual Methodology and Staff Development. USDLC Star Schools Project Report No.2 year two. 1998-1999.* New Mexico School for the Deaf. Santa Fe.. Office of Educational Research and Improvement.

206. Nyberg. J. R. (1996). *Learning Resource center characteristics of the 25 most profitable u.s. industrial corporations: Implications for Business and higher education.* Dissertation of PhD. the Graduate Council of the university of North Texas.

207. O-Farrell، W. V. (1995): *Innovation in Deaf Education: philosophy and Methodology of the Learning Center for Deaf Children*، phD.، Gallaudet University، Dissertation Abstracts، AA 19534582.

208. Ottolino، Tris J. (2000). *Availability and use of Technology by teachers in Training and early Career educators of the Deaf and Hard of Hearing: A Descriptive Analysis*، Northen Illinois University، De- Kalb، Illinois، August.

209. Patrick، P. Pillai (1998): *Instructional Technology use among Educators of Deaf and Hard of Hearing students in Rural Alaskan General Education Settings*، PhD، the Department of Education and the Graduate school of Gallaudet University، April.

210. Pillai، Patrick (1999). Using Technology to educate Deaf and Hard of Hearing children in Rural Alaskan general education setting، *American Annals of the deaf*، Dec.; 144، 5.

211. Retting M. (2002). *Assistive technology for students with disabilities، department*، Ph.D. Washburn University، Department of Education، available at:

      http://www.washburn.edu/cas/education/specialeducation/web.Assistive%20t echnology.html

212. Roberson، Len (2001). Integration of Computers and related Technologies into Deaf education Teacher preparation programs، *American Annals of the Deaf*، Mar. vol. 146، No. 1; proQuest Medical library.

213. Rodford city schools (2005). *Descriptions of the Disabilities* (http://www.rcs.rcps.k12.va.us/specialplace/descriptions.htm).

214. Sallop، Marvin، B. and others (1990): *Texas school for the Deaf: A New Resource Role for the Center- Based School.* ERIC، ED 333663.

215. Sears، Shannon، Marie (2006). *The Effects of Simulated hearing loss on the auditory brainstem response components.* PhD، James Madison University.

216. Sedi service europeén de diffusion des inventions، Egyptian Business System، Cairo، Egypt.

217. Shelley Ardis (2006). *Resource Materials & Technology Center: Deaf/ Hard of Hearing (RMTC)،* St. Augustine، FL. *http://breeze.fsdb.kiz.fl.us/writing*

218. Smith، D. D. (2007). *Introduction to Special Education،* Sixth Edition. Boston، London.

219. Stella Keenan (1998). *Learning Resource Centers in Schools in the sultmate of Oman by the target 2000 editor،* online CD- Rom Review، vol 22، No. 5.

220. Stuart، J. (1997). *Design of the new Library and Learning resources center for the university of paisley،* New Library world، London; Vol. 98، Iss. 1135.

221. Swersky، Jessica (2006). *Academic Performance Profile of Adolescent students with hearing loss.* MA، University of Colorado- at- Boulder.

222. Tighe، R.J. (1994): *The Impact of using Computer Technology on people with Disabilities (Deaf)*، PhD، University of Toronto، Canada.

223. Volterra، V.; Pace، C. B. and Corazza، S. (1995): Advanced Learning Technology for Bilingual Education of Deaf Children، *American- Annals of the Deaf*. Vol. 140(5) Dec.، pp 402-409، ERIC.

224. Walker، Gwendolyn Lee (1990): *The Effectiveness of a Learning Resource Center on Academic Performance and self- esteem of low-achieving students*، PhD.، University of Minnesota; AAT 9109378.

225. Warger، C. (2003). Integrative assistive technology into the standard curriculum، available at: *http://www.Idolnlive.org/Idindepth/technology/ERIC.EE68.html*

226. Western Pennsylvania School for the Deaf: available online at *www.wpsd.org/teachnology/center.html (2/9/2007)*

227. White، E.، Wegener، S. & Wetzel، D. (2003). *Accessible education through assistive technology horizons in education*، available at: http://www.thejournal.com/magazine/vault/A432/cfm-202

228. Wilberton، Ann (2000). *Learning Resources Center in Transition*: Dunwoody Institute، Community and Junior College Libraries. V9 n2 p25-30، in the ERIC Database، EJ 11805.

229. Witte, Sheree and Howell, Ruth (1996). *Developing a Satellite Educational program for Deaf and Hard of Hearing Students Residing in a Rural Setting.* ED 394786.